スクランブル
構文とイディオム
Scramble 3rd Edition

旺文社

はじめに

　本書『スクランブル 構文とイディオム 3rd Edition』は『ハイグレード 英語問題総合演習』の改訂版です。『英語問題総合演習』というタイトルではこの本の特徴を的確に伝えているとは言えないので，書名を本書の内容にふさわしい「構文とイディオム」に戻しました。

　本書は，基本的な骨組み，つまり「構文」「イディオム」「読解演習」の3部構成であることと見開き2ページ完結であるというスタイルはそのまま残しながら，全面改訂のたびに見出し項目・問題・解説の全面見直しと大幅な差し換えなどを行って，本書の基幹部は静かに大きく進化してきました。今回の改訂では，時代にそぐわなくなった約一割の問題を最新の問題に差し換えています。

　本書の前身『入試頻出構文とイディオム』は，1976年4月に駸々堂出版より刊行されたものです。今回の改訂で，本書は実質五訂版になります。38年にもわたって多くの学習者に愛用されていることに，執筆者として心から感謝しています。とりわけ，本書は私の「参考書づくり」の原点とも言えるので，その喜びはひとしおです。

　『入試頻出構文とイディオム』は単問演習の学習効果が広く認識されるようになった時代に先駆けて著したものですが，英語の基礎力固めに最適な単問演習の次のステップは何なのか，単問演習と有機的な関連を持つ学習は何なのか，そういった疑問に答えようとしたのが前身（1976年版）なのです。単問演習で基礎を固めたら読解演習へ進むという，その合理的な道筋の提案を本書でも踏襲しています。

　本書はそもそも，英文法・語法問題対策本ではなく，英語そのものの総合的な力をつける上で大いに役立ててもらいたいという意図で書かれたものですから，第1章から順を追って学習するとともに，INDEX（索引）を十二分に活用して，あらゆる英語学習の際に本書を利用されることを期待します。「継続は力なり」という言葉がありますが，英語の学習においてもまさにその通りで，途中で投げ出さずに最後まで本書をやり抜いてもらいたい。そうすれば，比較的短期間で入試に必要な知識が整理され，君たちの英語の得点が飛躍的にアップすることを約束します。

2014年　盛夏
中尾　孝司

本書の構成と利用法

1 本書の構成

　本書は，Part 1「表現・構文編」，Part 2「イディオム編」，Part 3「読解演習編」の3部構成である。入試対策には読解演習が欠かせないが，その取り組みに必須の構文力，表現力を獲得し，さらにそれらの運用のコツをつかむために工夫された演習書である。

■ Part 1, 2：

　最新の入試傾向をふまえ，過去十数年の入試問題から良質かつ頻出の単問925題を選定し，910項目にまとめた。この2編は全て，左ページに問題，右ページに解説があり，見開き2ページ完結である。問題を解き，解答を確認して解説を熟読し，ポイントを整理・集約したコラムにも目をとおし，知識をしっかり身につけてほしい。

■ Part 3：

　短い文章の中に，重要文法・語法事項，頻出かつ重要な構文・イディオム・表現を多数含んだ英文が，90篇用意されている。Part 1, 2で学んだことを，実際の入試に求められる読解訓練に生かしてみよう。

■ Appendix：付録

　かつて入試に出題されたものをふくめた『ことわざ』を80個と，入試によく出る『(会話・口語) 表現』を，9つの場面別に81個集めた。付録扱いではあるが，英語独特の表現に触れ，知識の奥行きを深めてほしい。

■ INDEX：索引

　見出し語(句)，見出し語(句)の言い換え，解説や整理コラム中の類似表現・関連表現，語句を網羅。必要な文法・構文，イディオム・表現の検索や，入試直前の総整理に利用できるだろう。

■ コラム：

　イディオムの覚えかたや，スランプの脱出法などの特別コラムは読み切り。学習の合間にご一読を。

2 問題演習について

▶ (　　　) のある問題は，空所に適当な1語を記入すること。
　(1) 選択肢のあるものは，その中から解答を選び，その番号を答えること。
　(2) 文頭に文字が与えられているものは，その指定されている文字で始まる語を答えること。
　(3) 和訳の与えられている問題では，その意味になるように，空所に適当な語を記入すること。
　(4) 複数の英文が与えられていて，その英文中に空所がある問題では，同じ意味になるように，空所に適当な語を記入すること。
▶ 和文が与えられ，(　　　) が長いものは，部分的に英文を作ること。
▶ 英文に下線のあるものは，下線部と同じ意味になるものを答えること。
▶ (　　　) 内に語（句）が複数与えられている問題は，並べ替えて正しい英文を作ること。
▶ その他の問題は，問題文や〔　　　〕内の指示に従うこと。
　《注意》次のような (　　　) 内の語（句）は，問題文中の下線部の意味を示す。
　　His new novel will come (　　　) next month.（= be published）

3 問題の難易度，重要度表示について

▶ Part 1 :
　[基本] ……… 英文法・語法・構文の土台となる基礎知識を問う問題
　[標準] ……… 入試にあって押さえておかなければならない標準的な問題
　[発展] ……… 発展事項を含む難易度の高い問題
▶ Part 2 :
　★★ ……… 入試最重要の「超頻出問題」
　★★ ……… 「超頻出問題」に次いで頻出する重要問題
　★★ ……… そのほかの重要問題

4 解答・解説について

▶ 問題の解答，および和訳の与えられていない問題の訳文は右ページの下に掲載している。

▶ **Power Up!** コラムは，各項で，これはぜひとも覚えておきたいという知識をまとめたものである。チェック欄などを活用し，確実に覚えよう。
▶ 解答を含む赤字の部分は「暗記フィルター」で消えるようになっている。問題を解く際や，重要事項の確認などに役立ててほしい。

⑤ Power Up! コラムについて

▶ 本書に収録した問題に対してだけでなく，応用・発展問題にも十分対処できるよう，次の3つの役割を持たせて整理した。
　・解説で示した文法項目を，図表形式でわかりやすくまとめたもの。
　・解説で示した項目の類似表現や発展・応用事項をまとめたもの。
　・文法・語法事項のうち，紛らわしいものについて，その使い分けや考えかたを簡潔にまとめたもの。

⑥ 記号・略語一覧

▶	注意すべきポイント，および補足説明
⇔	反意語（句）を示す。
=	同意語（句）を示す。
cf.	比較・参照せよ。
[ ]	直前の語と置き換え可能な語句を示す。
( )	省略可能な語句を示す。
自 他	自動詞・他動詞を示す。
動 名	各品詞を示す。
《米》	主に米国で用いる。
《英》	主に英国で用いる。
to *do*	不定詞
doing	現在分詞
done	過去分詞
one / *oneself*	人を表す
one's	所有格
⇒ 2	その番号の項目を参照せよ。

CONTENTS

- はじめに ……………………………………………………………………… 1
- 本書の構成と利用法 ………………………………………………………… 2
- 音声ダウンロードについて ………………………………………………… 15

Part 1　表現・構文編

第1章　it を中心とする構文

Theme 1　形式主語の it とその慣用表現 ………………………… 18
　　Power Up! 1　形式主語構文 ……………………………………… 18
　　Power Up! 2　不定詞の意味上の主語に of を用いる主な形容詞 …… 18
　　Power Up! 3　that 節で should または原形を用いる形容詞・動詞 …… 20
　　Power Up! 4　目的語が that 節の場合の受動態 ………………… 20

Theme 2　It seems that 節型の構文 ……………………………… 22
　　Power Up! 5　seem の4つの時制関係 …………………………… 22
　　Power Up! 6　seem と類似の構文をとる動詞 …………………… 22

Theme 3　形式目的語の it とその慣用表現 ……………………… 24
　　Power Up! 7　形式目的語の it …………………………………… 24
　　Power Up! 8　「～することにしている」の表現 ………………… 24

第2章　代名詞を用いた表現

Theme 4　that / those の用法 ……………………………………… 26
　　Power Up! 9　that を用いる慣用表現 …………………………… 26

Theme 5　相関的に用いる不定代名詞 …………………………… 26
　　Power Up! 10　相関的に用いる不定代名詞の基本パターン …… 26

Theme 6　something / nothing を用いた慣用表現 ……………… 28
　　Power Up! 11　something / nothing を用いたほかの慣用表現 …… 28

| Theme | 7 | 再帰代名詞の慣用表現 | 30 |

- Power Up! 12　再帰代名詞の用法 …… 30
- Power Up! 13　〈前置詞＋ *oneself*〉の慣用表現 …… 31

第3章　助動詞を用いた表現

| Theme | 8 | would *do* と used to *do* | 32 |
| Theme | 9 | must [may / cannot] have *done* | 32 |

- Power Up! 14　〈助動詞＋ have *done*〉① …… 32

| Theme | 10 | should [ought to] have *done* | 34 |

- Power Up! 15　〈助動詞＋ have *done*〉② …… 34

| Theme | 11 | 助動詞を用いた慣用表現 | 34 |

- Power Up! 16　「〜するほうがよい」の表現 …… 36

第4章　不定詞を用いた表現

| Theme | 12 | 〈疑問詞＋ to *do*〉 | 38 |

- Power Up! 17　〈疑問詞＋ to *do*〉の訳しかた …… 39

| Theme | 13 | 〈be ＋ to *do*〉 | 38 |

- Power Up! 18　〈be ＋ to *do*〉の表す意味 …… 38

| Theme | 14 | 独立不定詞 | 40 |

- Power Up! 19　独立不定詞 …… 40

| Theme | 15 | 〈S ＋ V ＋ O to *do*〉 | 40 |

- Power Up! 20　〈S ＋ V ＋ O to *do*〉の形をとる動詞 …… 41

| Theme | 16 | 〈S ＋ V（知覚動詞）＋ O *do*〉 | 42 |

- Power Up! 21　〈S ＋ V（知覚動詞）＋ O *do*〉 …… 42

| Theme | 17 | 〈S ＋ V（使役動詞）＋ O *do*〉 | 42 |

- Power Up! 22　〈S ＋ V（使役動詞）＋ O *do*〉 …… 43
- Power Up! 23　see A *do* / make A *do* の受動態 …… 42

Theme 18	不定詞を用いた慣用表現―〈動詞＋ to *do*〉	44
Power Up! 24	never fail to *do* と don't fail to *do*	44

第5章 動名詞を用いた表現

Theme 19	動名詞の『意味上の主語』と『完了形』	46
Theme 20	動名詞のみを目的語にとる動詞	46
Power Up! 25	動名詞のみを目的語にとる動詞	46
Theme 21	目的語が動名詞か不定詞かで意味が異なる動詞	48
Power Up! 26	目的語が動名詞か不定詞かで意味が異なる動詞	48
Theme 22	動名詞を用いた慣用表現①― to *doing* の構文	50
Theme 23	動名詞を用いた慣用表現②― in が省略可能な表現	50
Power Up! 27	その他の動名詞を用いた慣用表現	50
Theme 24	動名詞を用いた慣用表現③	52
Power Up! 28	「その本は読む価値がある」の表現 6 つ	52

第6章 分詞を用いた表現・構文

Theme 25	S ＋ V（知覚動詞）＋ O *doing* / *done*	54
Power Up! 29	S ＋ V（知覚動詞）＋ O *do* [*doing* / *done*]	54
Power Up! 30	lie と lay	54
Power Up! 31	〈S ＋ V（知覚動詞）＋ O *do* [*doing* / *done*]〉の用法の違い	55
Theme 26	S ＋ V（have / get / make）＋ O *done*	56
Power Up! 32	S ＋ V（have / get / make）＋ O *done*	56
Theme 27	S ＋ V（keep / leave）＋ O *doing* / *done*	58
Power Up! 33	S ＋ V（keep / leave）＋ O *doing* [*done*]	58
Theme 28	There be ＋ S ＋ *doing* / *done*	58
Power Up! 34	〈There be ＋ S ＋ *doing* [*done*]〉構文の訳しかた	58

Theme 29	分詞構文の基本	60
Power Up! 35	分詞構文の作りかた	60
Theme 30	完了形の分詞構文と受動態の分詞構文	60
Theme 31	独立分詞構文	62
Theme 32	慣用的な独立分詞構文	62
Power Up! 36	慣用的な独立分詞構文	62
Theme 33	with ＋ A ＋分詞［形容詞 / 副詞 / 場所を示す句］	62
Power Up! 37	付帯状況の with 構文	62

第7章 関係詞を用いた表現

Theme 34	関係代名詞の基本	64
Power Up! 38	関係代名詞 who / which / that の基本用法	64
Power Up! 39	関係詞の省略	64
Theme 35	前置詞＋関係代名詞	66
Power Up! 40	前置詞＋関係代名詞	66
Theme 36	関係代名詞 what の用法	66
Power Up! 41	目的語と補語（目的語と句）の逆転	66
Theme 37	関係代名詞 what を用いた慣用表現	68
Power Up! 42	関係代名詞 what を用いた慣用表現	68
Theme 38	関係代名詞としての as / but / than	70
Power Up! 43	関係代名詞 as を用いた表現	70
Theme 39	関係副詞	72
Power Up! 44	関係副詞の種類と先行詞	72
Power Up! 45	関係副詞の先行詞の省略	72
Theme 40	非制限用法の関係詞	74
Power Up! 46	非制限用法の関係詞	74
Theme 41	複合関係詞	76
Power Up! 47	複合関係代名詞	76
Power Up! 48	複合関係副詞	76

| Theme 42 | 関係形容詞 | 78 |

Power Up! 49　関係形容詞としての whichever / whatever ……… 78

| Theme 43 | 関係詞の注意すべき用法 | 78 |

Power Up! 50　離れた先行詞の発見 ……… 78

第8章　比較を用いた表現

| Theme 44 | 原級比較の基本と倍数表現 | 80 |

Power Up! 51　倍数の表しかた ……… 80

Power Up! 52　（倍数＋）the ＋名詞＋ of ～ ……… 80

| Theme 45 | 原級を用いた慣用表現 | 82 |

Power Up! 53　最上級に近い意味を表す原級表現 ……… 82

| Theme 46 | 比較級の基本と強調 | 84 |

Power Up! 54　比較の強調 ……… 84

Power Up! 55　比較の差を表す形 ……… 85

| Theme 47 | 比較級を用いた重要表現 | 86 |

Power Up! 56　A rather than B の意味の more A than B / less B than A ……… 86

Power Up! 57　その他の『比較級を用いた重要表現』……… 88

| Theme 48 | 否定語を含む比較表現 | 90 |

Power Up! 58　no ＋比較級＋ than ～の書き換え公式 ……… 90

Power Up! 59　not more than ～と not less than ～ ……… 91

| Theme 49 | than ではなく to を用いる比較級 | 92 |

Power Up! 60　ラテン系比較級 ……… 92

| Theme 50 | 最上級を用いた表現 | 92 |

Power Up! 61　『譲歩』の最上級 ……… 92

| Theme 51 | 原級・比較級を用いた最上級表現 | 94 |

Power Up! 62　原級・比較級を用いた最上級表現① ……… 94

Power Up! 63　注意すべき語順 ……… 94

Power Up! 64　原級・比較級を用いた最上級表現② ……… 95

第9章 否定を用いた構文

Theme 52 弱い否定 ……………………………………………………………… 96
- Power Up! 65　弱い否定 ……………………………………………… 96

Theme 53 部分否定と全体否定 …………………………………………… 98
- Power Up! 66　部分否定と全体否定 ……………………………… 98
- Power Up! 67　not ～ any の使いかた …………………………… 98

Theme 54 not と接続詞を用いた構文 ……………………………… 100
- Power Up! 68　主語と動詞の一致① ― 相関的表現が主語の場合 ……… 100
- Power Up! 69　主語と動詞の一致②
  ― most of A 型の表現が主語の場合 …………………… 100

Theme 55 否定の慣用表現 ……………………………………………… 102
- Power Up! 70　強い否定を表す副詞句 ………………………… 102

Theme 56 否定語を用いない否定表現 ……………………………… 104
- Power Up! 71　far from ～と free from ～の使い分け ……… 104
- Power Up! 72　〈beyond ＋名詞〉の表現 ……………………… 104
- Power Up! 73　remain to be *done* と have [be] yet to *do* [be *done*]
  の使い分け ………………………………………………… 104

第10章 『仮定・条件』を表す構文

Theme 57 仮定法過去と仮定法過去完了 …………………………… 106
- Power Up! 74　仮定法過去の基本形 …………………………… 106
- Power Up! 75　仮定法過去完了の基本形 ……………………… 106
- Power Up! 76　過去形は「隔たり」を表す …………………… 106

Theme 58 未来の事柄についての仮定法 …………………………… 108
- Power Up! 77　未来の事柄についての仮定法 ………………… 108

Theme 59 if を省略した仮定法 ………………………………………… 108
- Power Up! 78　if を省略した仮定法 …………………………… 108

Theme 60	「～がなければ / ～がなかったら」の表現	110
Power Up! 79	「もし～がなければ [なかったら]」の表しかた	110
Theme 61	if の代用	112
Power Up! 80	unless と if ... not の使い分け	112
Theme 62	if 節の代用	114
Power Up! 81	副詞 otherwise の 3 つの意味	114
Power Up! 82	if 節の省略	114
Theme 63	命令文＋ and ［or］	116
Theme 64	仮定法の慣用表現	116
Power Up! 83	as if 以下の動詞の形に注意！	116
Power Up! 84	その他の『願望を表す仮定法』	118

第11章 『時』を表す構文

Theme 65	『時』を表す注意すべき接続詞	120
Power Up! 85	time を用いた接続詞表現	120
Power Up! 86	「～するたびに」の表現	120
Theme 66	『時』の接続詞を用いた重要構文	122
Power Up! 87	「S が～してから…になる」の書き換えパターン	122
Theme 67	「～するとすぐに」の表現	124
Power Up! 88	「～するとすぐに」の表現	124

第12章 『原因・理由』を表す構文

Theme 68	『原因・理由』を表す接続詞	126
Power Up! 89	『原因・理由』を表す because と since / as の違い	126
Theme 69	『原因・理由』を表す群前置詞	128
Power Up! 90	「～のために / ～が原因で」の表現	128

第13章 『譲歩』を表す構文

Theme 70 『譲歩』を表す接続詞 ……………………………………… 130
    Power Up! 91 　even if と even though の使い分け ……………… 130
    Power Up! 92 　whether ～ or ... の用法 ……………………………… 132
Theme 71 『譲歩』を表す（群）前置詞 ……………………………… 132

第14章 『目的』を表す構文

Theme 72 『目的』を表す接続詞 ……………………………………… 134
    Power Up! 93 　so that の用法 ……………………………………… 134
Theme 73 『目的』を表す句 …………………………………………… 136
    Power Up! 94 　「～するために」の表現 …………………………… 136
    Power Up! 95 　「～しないように」の表現 ………………………… 136

第15章 『程度・結果』を表す構文

Theme 74 『程度・結果』を表す接続詞 ……………………………… 138
    Power Up! 96 　so ... that ～と such ... that ～の使い分け ………… 138
Theme 75 『程度・結果』を表す不定詞 ……………………………… 140
    Power Up! 97 　『結果』を表す不定詞 ……………………………… 140

第16章 名詞構文・無生物主語

Theme 76 名詞構文 ……………………………………………………… 142
    Power Up! 98 　基本動詞＋a＋（形容詞＋）動詞派生の名詞 ……… 142
    Power Up! 99 　〈of＋抽象名詞〉と〈with＋抽象名詞〉 ……………… 144
Theme 77 無生物主語 …………………………………………………… 144
    Power Up! 100 　無生物主語 …………………………………………… 146

第17章 特殊な構文

Theme 78 強調構文 ……………………………………………………… 148
　　Power Up! 101　強調構文と形式主語構文の見分けかた ……………… 148
Theme 79 語句による強調 …………………………………………… 148
Theme 80 強調のための倒置 ………………………………………… 150
　　Power Up! 102　補語・目的語の倒置 ……………………………… 150
Theme 81 慣用的な倒置 ……………………………………………… 150
Theme 82 省略・代用 ………………………………………………… 152
　　Power Up! 103　その他の慣用的な省略 …………………………… 152
Theme 83 共通関係 …………………………………………………… 154
　　Power Up! 104　長文に頻出する共通関係を見抜く ……………… 154
● コラム：イディオムの覚えかた ……………………………………… 156

Part 2　イディオム編

第18章 同意熟語（Theme 84 〜 Theme 98）……………………… 158

　　Power Up! 105　「すっかり / 完全に」の意味の out と up ………… 172
　　Power Up! 106　「〜ずつ」の意味の by を用いた表現 …………… 184

第19章 反意熟語（Theme 99 〜 Theme 103）…………………… 188

　　Power Up! 107　その他の〈out of ＋名詞〉の表現 ………………… 194

第20章 まぎらわしい熟語（Theme 104 〜 Theme 114）………… 198

　　Power Up! 108　「調べる」の意味のイディオム …………………… 202

第21章 基本動詞を中心とする熟語（Theme 115 ～ Theme 132）……220

- Power Up! 109　catch A by the arm のパターン……226
- Power Up! 110　make *one's* way のバリエーション……240
- Power Up! 111　「始まる / 始める」の set……248

第22章 その他の重要熟語（Theme 133 ～ Theme 142）……256

- Power Up! 112　rob A of B タイプのイディオム……258
- Power Up! 113　「〜に似ている」の表現……262
- Power Up! 114　〈under ＋名詞〉の表現……268
- Power Up! 115　〈at ＋名詞〉の表現……270
- Power Up! 116　『状態・従事』の on……272

● コラム：読解演習について ― 英語の実力，カンを養うには ―……276

Part 3　読解演習編

第23章 短期征服 読解演習 90……278

● コラム：スランプ「超」脱出法……307

APPENDIX 1　IMPORTANT PROVERBS 80……308

APPENDIX 2　IMPORTANT EXPRESSIONS 80 ＋ 1……314

● INDEX……322

校正・校閲　：株式会社シナップス，岡田真紀（h+m lab），Jason A. Chau
装丁デザイン：牧野剛士（マキノパークスタジオ）
本文デザイン：三浦 悟（trap）
録　　　音　：株式会社 巧芸創作
ナレーター　：Howard Colefield（米），Katie Adler（米），夏目ふみよ
編集担当　　：鈴木基弘

音声ダウンロードについて

▶ 書籍に掲載されている 1〜910 の完成問題英文と 911〜1000 の読解英文の音声ファイルを，専用ウェブサイトから無料でダウンロードすることができます。

▶ 音声ファイルのダウンロードは，以下の手順にしたがって行ってください。

① パソコンからインターネットで専用サイトにアクセス
http://www.obunsha.co.jp/service/scramble-k
（すべて半角英字で入力）

※ 検索エンジンの「検索欄」は不可。また，スマートフォンからはダウンロードできません。

② パスワードを入力
下記パスワードを入力し，「ログイン」ボタンをクリックしてください。
scramble-k （すべて半角英字で入力）

③ ファイルをダウンロード
リストの中からダウンロードしたい音声の「DOWNLOAD」ボタンをクリックしてファイルをダウンロードしてください。

④ ファイルの解凍・再生
音声ファイルは ZIP 形式にまとめられた形でダウンロードされますので，解凍後，デジタルオーディオプレーヤーなどでご活用ください。

※ 音声は MP3 形式となっています。音声の再生には MP3 を再生できる機器などが別途必要です。

※ デジタルオーディオプレーヤーなどの機器への音声ファイルの転送方法は，各製品の取扱説明書等をご覧ください。

※ ご使用機器，音声再生ソフト等に関する技術的なご質問は，ハードメーカーもしくはソフトメーカーにお問い合わせください。

※ 本サービスは予告なく終了されることがあります。

Part 1

表現・構文編

入試の英文解釈に必要かつ十分と考えられる重要構文の習熟が，本編の目標です。定型構文に加えて，文法・語法知識が理解と定着に結びつく構文を，340項目にわたって集めています。

- 第1章　itを中心とする構文 …………………… 18
- 第2章　代名詞を用いた表現 …………………… 26
- 第3章　助動詞を用いた表現 …………………… 32
- 第4章　不定詞を用いた表現 …………………… 38
- 第5章　動名詞を用いた表現 …………………… 46
- 第6章　分詞を用いた表現・構文 ……………… 54
- 第7章　関係詞を用いた表現 …………………… 64
- 第8章　比較を用いた表現 ……………………… 80
- 第9章　否定を用いた構文 ……………………… 96
- 第10章　『仮定・条件』を表す構文 ………… 106
- 第11章　『時』を表す構文 …………………… 120
- 第12章　『原因・理由』を表す構文 ………… 126
- 第13章　『譲歩』を表す構文 ………………… 130
- 第14章　『目的』を表す構文 ………………… 134
- 第15章　『程度・結果』を表す構文 ………… 138
- 第16章　名詞構文・無生物主語 ……………… 142
- 第17章　特殊な構文 …………………………… 148

第1章 it を中心とする構文

Theme 1

☑ 1　1ヶ月や2ヶ月で私たちが英語に熟達するのは不可能だ。　　（広島経済大）
　　　It's (for / to / impossible / English / master / us) in a month or two.

☑ 2　❶ It was foolish (　　　) me to trust a person like her.
　　　　① of　　　② in　　　③ but　　　④ that　　（同志社女子大）
　　　❷ It was (　　　) of us not to come on time.
　　　　① same　② careless　③ minute　④ sure　　（亜細亜大）

☑ 3　My room was a mess. It (　　　) me over an hour to clean it up.
　　　　① did　　② had　　③ took　　④ worked　　（南山大）

☑ 4　その川を泳いで渡るとしたら、どれだけ時間がかかるだろうか。
　　　How (　　　) would it (　　　) to swim across the river?　（高知女子大）

☑ 5　I paid twenty dollars for the watch to be repaired.　　（北海道大）
　　　= It (　　　) (　　　) twenty dollars to have the watch repaired.

☑ 6　How much does it (　　　) to spend a month in Italy?　（日本福祉大）
　　　　① bet　② cost　③ make　④ want　⑤ waste

Power Up! 1　形式主語構文　　　⊃ 1〜11

主語が不定詞句や that 節などで長くなっている場合，形式上の主語 it を文頭に置いて，真の主語である不定詞句や that 節などを後ろに回す構文。

　It is necessary **for** him **to** prepare for the worst.〔不定詞句〕
　= **It** is necessary **that** he (should) prepare for the worst.〔that 節〕
　（彼は最悪の事態に備えておく必要がある）

Power Up! 2　不定詞の意味上の主語に of を用いる主な形容詞　⊃ 2

□ **kind** / **nice** / **good**	「親切な」	□ **careless**	「不注意な」
□ **foolish** / **stupid** / **silly**	「愚かな」	□ **cruel**	「残酷な」
□ **rude** / **impolite**	「失礼な」	□ **polite**	「礼儀正しい」
□ **wise** / **clever**	「賢明な」	□ **thoughtful**	「思いやりのある」

Theme 1 形式主語の it とその慣用表現　　⊃ 1〜11

1　It is ... (for A) to do 「(A が [A にとって])〜することは…だ」　　[基本]
- ▶ It は形式主語で，あとにくる真主語である不定詞句を受けている。to 以下が真主語であるから，It を「それ」とは訳さない。不定詞の意味上の主語を表す必要がある場合は，for A で表す。

2　It is ... of A to do 「〜するとは A は…だ」　　[基本]
- ▶ It is の後ろに『人の性質』を表す形容詞が続く場合，不定詞の意味上の主語は of A で表す。
- ▶ 一般に，この構文は A を主語にして，A is ... to do のように書き換えられる。
  本問 ❶ = **I was** foolish **to trust** a person like her.
  　　　❷ = **We were** careless not **to come** on time.

3　It takes (＋ A) ＋『時間・労力』＋ to do　　[標準]
　　「(A が)〜するのに (時間・労力が) …かかる」
[語句] mess [名] 「散らかった [乱れた] 状態 / ひどいありさま」

4　How long does it take to do?　　[標準]
　　「〜するのにどのくらい (時間が) かかりますか」
- ▶ かかる時間の長さを尋ねる場合は，How long ...? を用いる。本問は to 不定詞が if I swam across the river という仮定条件を表すので，How long would it take to do? の形になる。(⊃ 241)

5　It costs (＋ A) ＋『費用』＋ to do 「(A が)〜するのに (費用が) …かかる」
- ▶ cost は，『品物』＋ cost (＋人) ＋『費用』の形でも用いられる。　　[標準]
  The hat **cost me ten dollars**.
  = I paid ten dollars for the hat. (その帽子は 10 ドルした)

6　How much does it cost to do?　　[標準]
　　「〜するのにどのくらい (費用が) かかりますか」
- ▶ かかる費用を尋ねる場合は，How much ...? を用いる。
- ▶ ① bet 「(金など) を賭ける」，⑤ waste 「〜を浪費する」

解答
1　It's (impossible for us to master English) in a month or two.
2　❶ (①) 彼女のような人を信じるなんて，私は愚かだった。
　　❷ (②) 私たちが時間どおりに来なかったのは不注意だった。
3　(③) 私の部屋はちらかっていた。片づけるのに 1 時間以上かかった。
4　(long, take)　5　(cost, me) その時計を修理してもらうのに 20 ドルかかった。
6　(②) イタリアで 1 ヶ月過ごすのにどのくらいかかりますか。

☑ 7 ❶ 多くの歩行者が交通事故で死ぬのは恐ろしいことだ。
It (many / are / that / pedestrians / accidents / terrible / killed / traffic / is / in).　　　　　　　　　　　　　　　　　　　　（玉川大）

❷ It is essential that the patient (　　) to the hospital as soon as possible.
① be admitted　　　② admits
③ should admit　　　④ was admitted　　　　　　　　　（杏林大）

☑ 8 People say health is the most precious thing of all.
= It is (　　) that (　　) is (　　) precious as health. （岡山理科大）

☑ 9 自分のしたことを他人に認めてもらおうともらうまいと問題ではない。
It (approve / doesn't / matter / may / others / whether) of your work or not.　　　　　　　　　　　　　　　　　　　　　　（日本大）

☑ 10 It makes (　　) to me whether he will come to the party or not.
① no difference　　　② no idea
③ no importance　　　④ no problem　　　　　　　　　（東北学院大）

Power Up! 3　that 節で should または原形を用いる形容詞・動詞　⇨ 7

形容詞： **necessary**「必要な」　**essential**「絶対必要な」
　　　　 important「重要な」　**desirable**「望ましい」
動　詞： **suggest** [**propose**]「提案する」　**order** [**command**]「命令する」
　　　　 demand [**require**]「要求する」　**advise**「忠告する」
　　　She **suggested** (to him) that he (**should**) **visit** the museum.
　　　（彼女は博物館を訪ねてはどうかと彼に言った）

Power Up! 4　目的語が that 節の場合の受動態　⇨ 8

目的語が節の場合，形式主語 it を用いた受動態と，that 節中の主語を文の主語にした受動態の 2 通りが可能である。
They [People] say that A 〜
➡ ① **It is said that A 〜**　② **A is said to** *do* [**to have** *done*] 〜
▶ that 節の動詞が過去または現在完了形の場合，to have *done* になる。
　They say that he got married last year.
　= It is said that he got married last year.
　= He is said **to have got married** last year.（彼は昨年結婚したそうだ）

7　It is ... that 節「〜であることは…だ」 [基本]

▶ It は形式主語で，後ろにくる真主語である that 節を受けている。「…」の部分には形容詞がくることが多い。

▶「…」の部分に essential「絶対必要な」, necessary「必要な」などの形容詞がきて，話し手の『要求』や『願望』が間接的に示される場合，that 節中では〈should + 原形〉または〈原形〉を用いる。

　It is necessary **that** every new member (**should**) **inform** himself of the rules of the club as soon as possible. (センター)

　（すべての新メンバーができるだけ早く，クラブの規則を知る必要がある）

[語句] ❷ be admitted to the hospital「病院に入ることを許される ➡ 入院する」

8　It is said that 節「〜だと言われている / 〜だそうだ」 [標準]

▶ They [People] say that 節の受動態。It は that 節を受ける形式主語。

[語句] Nothing is as [so] + 原級 + as A「A ほど…なものはない」（⊃ 195）

9　It doesn't matter (to A) whether 節 [標準]
　　　　「〜かどうかは（A にとって）どうでもよい（← 重要ではない）」

▶ It は whether 節を受ける形式主語。

[語句] approve of 〜「〜に賛成する / 〜をよいと認める」（⊃ 821）

10　It makes no difference (to A) whether 節 [標準]
　　　　「〜かどうかは（A にとって）どうでもよい（← 違いが生じない）」

▶ It doesn't matter (to A) whether 節と同意。

　本問 = **It doesn't matter to me whether** he will come to the party or not.

▶ It が whether 節ではなく，疑問詞（who / which / what / when / where / why / how）によって導かれる名詞節を受ける場合もある。

　It makes no difference to me **what she said**.

　= It doesn't matter to me **what she said**.

　（彼女が何を言ったって私にはどうでもよい）

解答

7　❶ It (is terrible that many pedestrians are killed in traffic accidents).
　　❷ （①）その患者はできるだけ早く入院することが絶対に必要だ。
8　(said, nothing, as [so]) 健康ほど貴重なものはないと言われている。
9　It (doesn't matter whether others may approve) of your work or not.
10　（①）彼がパーティーに来るか来ないかは私にはどうでもよい。

☐ 11　私の言ったことが彼女を傷つけるとは考えもしなかった。
　　　It never (　　)(　　) me that my words would hurt her feelings.　　　（西南学院大）

Theme 2

☐ 12　❶ It seems that she is ill.
　　　　= She (　　)(　　)(　　) ill.　　　（別府大）
　　　❷ It seems that he stayed up all last night.
　　　　= He seems to (　　) all last night.
　　　　① have stayed up　　② stay up
　　　　③ be staying up　　　④ have been stayed up　　（流通科学大）

☐ 13　彼女がその部屋に入ってきたとき彼らはたまたま外出していた。　（九州産業大）
　　　(　　)(　　) that they were out when she came into the room.
　　　= They (　　)(　　)(　　) out when she came into the room.

Power Up! 5　seem の 4 つの時制関係　⇒ 12

❶ It **seems** that she **is** ill.（彼女は病気のようだ）
　 = She **seems to be** ill.
❷ It **seems** that she **was** [**has been**] ill.（彼女は病気だったようだ）
　 = She **seems to have been** ill.
❸ It **seemed** that she **was** ill.（彼女は病気のようだった）
　 = She **seemed to be** ill.
❹ It **seemed** that she **had been** ill.（彼女は病気であったようだった）
　 = She **seemed to have been** ill.

Power Up! 6　seem と類似の構文をとる動詞　⇒ 12, 13

☐ **seem / appear**　　「〜のように見える / 〜らしい」
☐ **happen / chance**　「たまたま〜する / たまたま〜である」
☐ **follow**　　　　　「（当然の結果として）〜ということになる」
　It does not follow that he is a man of character because he is wealthy.
　（金持ちだからといって，彼が立派な人だということにはならない）（姫路工業大）

11 It occurs to A that 節「A（人）に～という考えが思い浮かぶ」 [発展]

▶ it は that 節を受ける形式主語。
▶ occur to A「（考えなどが）A（人）の頭に浮かぶ」
  （= strike A / come into A's mind）
  cf. hit on [upon] ～「～を思いつく / ～を考えつく」〔人が主語〕
    A good idea **occurred to** me. = I **hit on** [**upon**] a good idea.
    （私には名案が浮かんだ）（芝浦工業大）

Theme 2 It seems that 節型の構文 ⊃ 12, 13

12 It seems that 節「～のように思われる / ～らしい」 [標準]

▶ この構文の it は，特に何かを指しているのではなく，文を整えるために主語として文頭に置かれたもの。形式主語とは違うので，it の代わりに that 節を文頭に置くことはできない。
▶ この構文は to 不定詞を用いて書き換えられる。❷ の場合，that 節の動詞は stayed で，文の動詞 seems よりも前の『時』を表すから，完了不定詞 to have stayed になる。

[語句] ❷ stay up all night「徹夜する」（⊃ 784）

13 It happens that 節「たまたま～する［～である］」 [発展]

▶ It seems that 節と類似の構文。
▶ happen to *do*「たまたま～する」で書き換えられる。happen to *do* のほうがふつうの表現。

  It happened that I met him in Tokyo.
  = I **happened to** meet him in Tokyo.
  = I met him in Tokyo **by chance**. （⊃ 534）
  （私は偶然東京で彼に出会った）（亜細亜大）

---

11 (occurred, to)
12 ❶ (seems, to, be) 彼女は病気のようだ。
   ❷ (①) 彼は昨夜徹夜したようだ。
13 (It, happened / happened, to, be)

Theme 3

14 ジョンは新しい学校での生活になじむことがとても難しいと思いました。
John found (to / adapt / to / very / it / difficult) life in the new school.　　　　　　　　　　　　　　　　　　　　　　　　　　（明海大）

15 コンピューターのおかげで多くの時間と労力の節約が可能になった。
(computers / have / it / made / possible / to) save a lot of time and labor.　　　　　　　　　　　　　　　　　　　　　　　　　　（近畿大）

16 She makes a point of attending important meetings.
　＝ She makes it a (　　) to attend important meetings.
　① process　② need　③ trial　④ rule　　　　　　　　（中央大）

17 I took it (　　) granted that he had received the letter.
　① to　　② in　　③ from　　④ for　　　　　　　　（上智大）

18 今後は十分気をつけます。
I'll (it / it / that / to / see / again / happen / won't).　　（獨協大）

Power Up! 7　形式目的語の it　　⊃ 14〜18

〈S + V + O + C〉の文型で目的語（O）が不定詞句や that 節などの場合，形式上の目的語 it を目的語の位置に置き，真の目的語である不定詞句や that 節などを C の後ろに回す。この構文は整序問題で頻出。
　We thought **it** wrong **for you to punish** him.〔不定詞句〕
　＝ We thought **it** wrong your **punishing** him.〔動名詞句〕
　＝ We thought **it** wrong **that you should punish him**.〔that 節〕
（君が彼を罰するのは間違っていると私たちは思った）

Power Up! 8　「〜することにしている」の表現　　⊃ 16

それぞれ多少のニュアンスの違いはあるが，ほぼ同意表現と考えよう。
☐ **make it a rule [point] to** do「〜することにしている」
☐ **make a rule [point] of** doing「〜することにしている」
☐ **be in the habit of** doing「〜するのが習慣である／〜することにしている」
　I **make it a rule [point] to** go for a walk at five in the morning.
　＝ I **make a rule [point] of** going for a walk at five in the morning.
　＝ I **am in the habit of** going for a walk at five in the morning.

Theme 3　形式目的語の it とその慣用表現　⇒ 14～18

14　find it ... to do「～するのは…だとわかる」　[基本]
- it は形式目的語で，あとにくる事実上の目的語である to 以下を受ける。
- この構文には find のほかに，think / believe / make などもよく用いられる。

  I **thought it** better **to tell** him the truth.
  (彼に真実を話したほうがよいと思った)

  [語句] adapt to ～「～に順応する / ～に慣れる」

15　make it possible (for A) to do「(A が) ～するのを可能にする」　[標準]
- it は to 以下を受ける形式目的語。
- make it impossible for A to do「A が～するのを不可能にする」

  The mist **made it impossible for us to see** a foot ahead.
  (霧で私たちは 1 寸先が見えなくなった)

16　make it a rule to do「いつも～することにしている」　[標準]
- 形式目的語 it を用いた慣用表現の 1 つ。it は to 以下を受ける。
- 同意表現に make a point of *doing* / be in the habit of *doing* がある。
- やや古風で堅い表現なので，日常的には現在形を用いて She (always) attends important meetings. のように言うことが多い。

17　take it for granted that 節「～を当然のことと思う」　[標準]
- 形式目的語 it を用いた慣用表現の 1 つ。it は that 節を受ける。
- 形式目的語 it を用いない形 take ～ for granted も重要。take A for B「A を B と思う」(⇒ 792) の B に grant「認める」の過去分詞 granted を置いたもの。

  He **took** his job **for granted** until he lost it. (龍谷大)
  (彼は仕事を失うまで，仕事はあってあたりまえだと思っていた)

18　see (to it) that 節「～するように取り計らう［気をつける］」　[標準]
- 形式目的語 it を用いた慣用表現の 1 つ。it は that 節を受ける。口語では to it を省略することが多い。
- see to ～「～を取り計らう / ～の世話をする」(⇒ 775)

  OK, I'll **see to** it personally. (了解，私のほうでやっておきます)

[解答]
14　John found (it very difficult to adapt to) life in the new school.
15　(Computers have made it possible to) save a lot of time and labor.
16　(④)　彼女は重要な会議には出席することにしている。
17　(④)　当然彼がその手紙を受け取ったものと思っていた。
18　I'll (see to it that it won't happen again).

第2章 代名詞を用いた表現

Theme 4

☐ 19　オレゴンの気候はカリフォルニアの気候よりずっと穏やかだと思います。
　　I think the climate of Oregon (milder / that / of / much / California / than / is).　　（東洋大）

☐ 20　The duties of a policeman are more dangerous than (　　).
　　① a teacher　　② that of a teacher
　　③ teachers　　④ those of a teacher　　（龍谷大）

☐ 21　他人に親切である人々はみんなに愛される。　　（九州国際大）
　　(who / others / kind / to / are / those) are loved by everybody.

☐ 22　(　　) present at the meeting supported the bill.
　　① This　　② These　　③ That　　④ Those　　（名古屋外国語大）

Theme 5

☐ 23　I have two brothers. One is in Kumamoto and (　　) is in Tokyo.
　　① another　　② others　　③ the other　　④ the others　　（東京国際大）

Power Up! 9　that を用いる慣用表現　⊃ 19

☐ **and that**「しかも」　that は先行する節を受ける。
　You must help her, **and that** immediately.（関西外国語大）
　（君は彼女を助けなければならない。しかもすぐに）

☐ **that is (to say)**「すなわち / つまり」（＝ namely / in other words）
　I went to London ten years ago, **that is**, in 1990.（九州東海大）
　（私は 10 年前，つまり 1990 年にロンドンへ行きました）

Power Up! 10　相関的に用いる不定代名詞の基本パターン　⊃ 23〜25

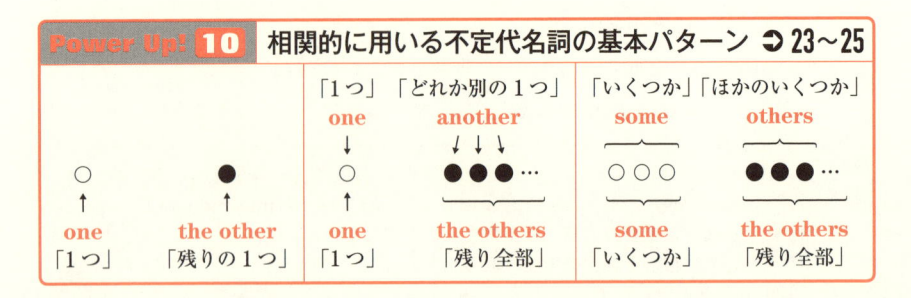

		「1つ」「どれか別の1つ」		「いくつか」「ほかのいくつか」	
		one ↓	another ↓↓↓	some	others
○	●	○	●●●…	○○○	●●●…
↑	↑	↑			
one	the other	one	the others	some	the others
「1つ」	「残りの1つ」	「1つ」	「残り全部」	「いくつか」	「残り全部」

Theme 4 　that / those の用法　　⊃ 19〜22

19　前に出た名詞のくり返しを避ける that　[標準]
▶ 〈the + 単数名詞〉の代わりに用い，後ろに of 〜 などの修飾語を伴う。本問の that は，the climate を表す。

20　前に出た名詞のくり返しを避ける those　[標準]
▶ 複数名詞を受ける場合は，those を用いる。本問では those は，the duties を表す。

21　those who 節「〜する［である］人々」（＝ (the) people who 〜）　[標準]
▶ those には「人々」（＝ people）の意味を表す用法がある。
▶ 本問のように those who 〜 の形で用いられることが多い。

22　those present 「出席者」　[標準]
▶ those who 節の動詞が be 動詞の場合は，しばしば〈who + be 動詞〉は省略される。本問では，those present ＝ those who were present「出席者」。

Theme 5 　相関的に用いる不定代名詞　　⊃ 23〜25

23　one 〜 the other ...「（2 つのうちの）1 つは〜，残りの 1 つは…」　[基本]
▶ 対象が 2 つ［2 人］の場合は，一方を one で表すと，残りの 1 つ［1 人］は特定のもの［人］なので the other と the がつく。
　cf. **one 〜 the others**「（3 つ以上のうちの）1 つは〜，残り（全部）は…」
　One of them was a girl, and **the others** were all boys.
　（彼らのうち 1 人は女の子で，残りは全員男の子だった）

19　I think the climate of Oregon (is much milder than that of California).
20　（④）警官の任務は教師の任務より危険だ。
21　(Those who are kind to others) are loved by everybody.
22　（④）その会議に出席していた人たちはその法案に賛成した。
23　（③）私には兄弟が 2 人いる。1 人は熊本に，もう 1 人は東京にいる。

☑ 24　Some were killed and (　　) were injured in the accident.
　　① another　② others　③ the other　④ other
　　　　　　　　　　　　　　　　　　　　　　　　　　（関西学院大）

☑ 25　蔵書を持っていることと，それを利用することはまったく別である。
　　It is (　　) thing to own a library; it is quite (　　) to use it.
　　　　　　　　　　　　　　　　　　　　　　　　（和歌山県立医科大）

Theme 6

☑ 26　私はそのスキャンダルとは何の関係もない。
　　I (do / nothing / with / have / to) the scandal.　（札幌学院大）

☑ 27　この車は私が2年前に買って以来故障ばかりしている。
　　(me / but / has / this car / problems / nothing / caused) since I bought it two years ago.　（名古屋外国語大）

☑ 28　I got a ticket for the baseball game for (　　).
　　① nothing　② good　③ all things　④ all methods
　　　　　　　　　　　　　　　　　　　　　　　　　　（西南学院大）

Power Up! 11　something / nothing を用いた
ほかの慣用表現　　　⇒ 26〜30

□ **leave nothing to be desired**「申し分ない」（⇒ 733）
　⇔ **leave something [much] to be desired**
　　　　　　　　　　「不満な点がいくらか［たくさん］ある」
His performance **left nothing to be desired**.
（彼の演奏は申し分なかった）

□ **There is something** + 形容詞 + **about** 〜「〜にはどこか…なところがある」
There is something strange **about** that company.
（あの会社にはどこか変なところがある）（玉川大）

□ **something of a** 〜「ちょっとした〜／かなりの〜」（= **a fairly good**）
He is **something of an** artist.（彼はちょっとした芸術家だ）

24 some ~ others ... 「~のものもあれば，…のものもある」 [基本]

▶ others の代わりに some を用いて，some ~ some ... としても可。
▶ **some ~ the others ...**「あるものは~，残り（全部）は…」

cf. { **Some** said yes, and **others** said no.
（賛成するものもいたし，反対するものもいた）
Some said yes, and **the others** (= the rest) said no.
（あるものは賛成したが，残りのものは全員反対した） }

25 A **is one thing**, (**and**) B **is another**「A と B は別物である」 [標準]

▶ 不定代名詞を用いた慣用表現として押さえておくこと。
To say is **one thing**, and to do is **another**.
= Saying is quite different from doing.（言うこととすることは別問題だ）
▶ 本問では，A，B にはそれぞれ後ろの不定詞を受ける形式主語 it がきている。

Theme 6 　something / nothing を用いた慣用表現 ⊃ 26～30

26 **have nothing to do with** ~「~と何の関係もない」 [標準]

▶ **have to do with** ~「~と関係がある」（= **be connected with**）
have の次に nothing「何の…ない」，something「いくらか」，much [a lot]「大いに」などを入れて関係の程度を表すことができる。
The politician is said to **have something to do with** the scandal.
（その政治家は，そのスキャンダルと何か関係があると言われている）

27 **nothing but** ~「ただ~だけ / ~にすぎない」（= **only**） [標準]

▶ but は「~以外の / ~を除いて」の意味の前置詞。
「~以外の何ものでもない」 ➡ 「ただ~だけ」
語句 cause A B「A（人）に B（苦痛・損害など）をもたらす」

28 **for nothing**「ただで / 無料で」（=（**for**）**free** / **free of charge**） [標準]

▶ ② for good「永久に」（⊃ **876**），④ all methods「すべての方法」
▶ for nothing には「無駄に」（= **in vain**）の意味もある。
Unfortunately, all my efforts went **for nothing**.（武蔵大）
（残念ながら，私のすべての努力は無駄に終わった）

---

 24 （②）その事故で死んだ人もいれば，けがをした人もいた。
25 （one， another） 26 I（have nothing to do with）the scandal.
27 （This car has caused me nothing but problems）since I bought it two years ago. 28 （①）私は野球の試合のチケットをただで手に入れた。

☐ 29　ジョンは顔色が悪いね。どうかしたの。
　　　John looks pale. Is something the (　　) with him?　　　（和光大）

☐ 30　My watch is out of order.
　　　= There is something (　　) with my watch.　　　（長崎大）

Theme 7

☐ 31　どうぞテーブルの上の好きな物をお召し上がりください。　（立命館大）
　　　Please (anything / help / like / on / to / you / yourself) the table.

☐ 32　あなたはお客様なんですから。どうぞおくつろぎください。
　　　You're our guest. So, please (m　　) yourself at home.　　　（長崎大）

☐ 33　She likes to work alone.
　　　= She likes to work (　　) herself.　　　（中京大）

Power Up! 12　再帰代名詞の用法　　　⇒ 31〜33

人称代名詞の所有格または目的格に -self や -selves をつけた形で、「〜自身」の意味を表す。再帰代名詞には次の2用法がある。

❶ **再帰用法** ― 動詞や前置詞の目的語になる。
I love **myself**.（私は自分が好きだ）〔動詞の目的語〕
enjoy *oneself*「楽しく時を過ごす」などの慣用表現には特に注意。
　The party was great. We **enjoyed ourselves** very much.
　= The party was great. We had a very good time.（九州産業大）
　（パーティーはすばらしかった。私たちは大いに楽しんだ）

❷ **強調用法** ― 主語・目的語・補語の直後に置かれ、意味を強める。
I **myself** did it. = I did it **myself**.《口語的》〔主語を強調〕
（私が自分でそれを行った）
　▶ 主語を強調する場合は文末に置くことも多い。
I spoke to the manager **himself**.〔目的語を強調〕
　（私は支配人自身と話をした）

29 **Something is wrong [the matter] with ~** 〔標準〕

「~はどこか故障している / ~はどこか具合が悪い」

▶ 疑問文は Is anything the matter with him? も可。

30 **There is something wrong [the matter] with ~** 〔標準〕

「~はどこか故障している / ~はどこか具合が悪い」

語句 out of order「故障して」(⊃ 526)

Theme 7 再帰代名詞の慣用表現　⊃ 31～33

31 **help *oneself* to ~**「~を自由に取って食べる［飲む］」〔標準〕

▶ 本問 = **Please have** anything you like on the table.
　　　 = **You may take and eat** whatever you like on the table.

▶ **help A to B**「A（人）に B（食べ物など）を取ってやる［すすめる］」
Shall I **help** you **to** another glass of wine?
（ワインをもう一杯おつぎしましょうか）

32 **make *oneself* at home**「くつろぐ」(= **feel at home [at ease]**) 〔標準〕

▶ **at home**「くつろいで / 気楽に」(= **at ease** ⊃ 522)

33 **by *oneself***「ひとりで（= **alone**）/ 独力で」〔標準〕

The old man lives (all) **by himself**.〔all by *oneself* は強調形〕
（その老人は（まったくの）ひとり暮らしです）

Power Up! 13　〈前置詞＋*oneself*〉の慣用表現　⊃ 33

☐ **by *oneself***「ひとりで（= alone）/ 独力で」
☐ **for *oneself***「独力で / 自分で」「自分のために自ら」の意味。
　He cooked lunch **for himself**.（彼は自分で昼食をつくった）
☐ **beside *oneself***「（喜び・怒りなどで）我を忘れて / 夢中になって」
　He was **beside himself** with rage.（彼は怒りのあまり逆上した）
☐ **in itself [themselves]**「それ自体では / 元来」
☐ **to *oneself***「自分だけに / 自分専用に / 心中ひそかに」
　She has a car (all) **to herself**.（彼女は自分専用の車を持っている）
　Keep the secret **to yourself**.（その秘密を胸にしまっておきなさい）
☐ **between ourselves**「ここだけの話だが」(= between you and me)

29　(matter)　30　(wrong) 私の時計は調子が悪い。
31　Please (help yourself to anything you like on) the table.
32　(make)　33　(by) 彼女はひとりで働くのが好きです。

第3章 助動詞を用いた表現

Theme 8

☐ 34　When John lived in Oxford, he (　　) often come to see me.
　　① can　　② would　　③ should　　④ used　　（桜美林大）

☐ 35　He (　　) to the museum, but now he hardly ever goes.
　　① used to going　　　　② used to go
　　③ would go　　　　　　④ is used to going　　（玉川大）

☐ 36　There (　　) a castle on the hill.
　　① used to be　　　　　② used to being
　　③ was used to be　　　④ was used to being　　（松山大）

Theme 9

☐ 37　❶ 通りが濡れている。きっと寝ている間に雨が降ったのだろう。
　　　The streets are wet; it (　　) while I was asleep.
　　　① must rain　　　　　② might rain
　　　③ cannot have rained　④ must have rained　　（成城大）
　　❷ ジョンは自分の眼鏡を台所に置き忘れたにちがいない。
　　　John must (　　　　　　　　　　).　　（学習院大）

☐ 38　I (　　) him someplace, but I cannot remember where.
　　① may meet　　　　　② will meet
　　③ may have met　　　④ might meet　　（桜美林大）

Power Up! 14　〈助動詞 + have *done*〉①　　⇒ 37〜39

過去のことに対する現在の『推量』を表す構文。
☐ **must have** *done*　　　「〜したにちがいない」
☐ **may** [**might**] **have** *done*　「〜したかもしれない」
☐ **cannot** [**can't**] **have** *done*　「〜したはずがない」

cf.
　He **must have seen** it.（彼はそれを見たにちがいない）
　= It is **certain** that he saw it.
　He **may have seen** it.（彼はそれを見たかもしれない）
　= It is **possible** [**probable**] that he saw it.
　He **cannot have seen** it.（彼はそれを見たはずがない）
　= It is **impossible** that he saw it.

Theme 8　would *do* と used to *do*　⊃ 34〜36

34　would *do*「(よく)〜したものだった」— 過去の不規則な習慣　[基本]
▶ しばしば後ろに often / sometimes などの副詞（句）を伴って，過去によく行われた習慣的な動作を表す。

35　used to *do*「(今はしていないが) 以前はよく〜したものだった」　[標準]
　　　　　　　　　　　　　　　　— 現在と対比される過去の習慣
▶ 現在と対比して，『過去の習慣』を表すには used to *do* を用いる。would *do* には現在と対比して『過去の習慣』を表す用法はない。
▶ **be used to** ＋ 名詞［動名詞］「〜に慣れている」と混同しないように。
　cf. { I **used to** *get* up early.（以前はよく早起きしたものだ）
　　　 { I **am used to** *getting* up early.（早起きするのに慣れている）
[語句] hardly ever「めったに〜ない」（= seldom）⊃ 199

36　used to *do*「(今はそうではないが) 以前は〜だった」— 過去の状態　[標準]
▶ used to *do* には，現在と対比して『過去の状態』を表す用法もある。would *do* には，この用法はない。

Theme 9　must [may / cannot] have *done*　⊃ 37〜39

37　must have *done*「〜した［だった］にちがいない」　[標準]
▶ 過去のことに対する現在の『確信のある推量』を表す。
[語句] ❷ leave A ＋ 場所を表す副詞句「A を〜に置き忘れる」

38　may have *done*「〜した［だった］かもしれない」　[標準]
▶ 過去のことに対する現在の『確信の持てない推量』を表す。
▶ might have *done* もほぼ同じ意味を表す。
　A : I don't see Tom. I wonder why he's late.
　B : Well, he **might have missed** his train, or maybe he overslept.
　A : トムの姿が見えない。どうして遅れているのかな。
　B : うーん，おそらく電車に乗り遅れたか，寝坊したのだろう。（センター）

34　(②) ジョンはオックスフォードに住んでいたころ，よく私に会いに来た。
35　(②) 彼は以前よくその博物館に行ったものだが，今はめったに行かない。
36　(①) かつてはその丘の上に城があった。
37　❶ (④)　❷ John must (have left his glasses in the kitchen).
38　(③) どこかで彼に会ったかもしれないが，どこだったか思い出せない。

☑ 39　It is impossible that he told a lie.
　　　= He (　　)(　　) told a lie. （東北学院大）

Theme 10

☑ 40　It is a pity that you didn't see it.
　　　= You (　　) have seen it. （中央大）

☑ 41　昨日のうちに病院に行けばよかったのに。
　　　You (the doctor / have / to / ought / consulted) yesterday. （佛教大）

☑ 42　君は彼の誤りを笑うべきではなかった。
　　　You (not / to / ought / laughed / have) at his error. （愛媛大）

Theme 11

☑ 43　You have good reason to be angry.
　　　= You may (　　) be angry. （愛媛大）

☑ 44　Anyway, you (　　) as well get started now.
　　　① had better　　② may
　　　③ must　　　　　④ should （日本女子大）

Power Up! 15　〈助動詞 + have *done*〉②　⊃ 40〜42

過去のことに対する『非難・後悔』を表す構文。
☐ **should [ought to] have *done*** 「〜すべきだったのに（実際はしなかった）」
☐ **should not have *done***
☐ **ought not to have *done*** 　}「〜すべきではなかったのに（実際はした）」

▶ **should [ought to] have *done*** には「（当然）〜した［している］はずだ」という『推量』を表す用法もある。
My sister **should [ought to] have arrived** here by now; she took the early train. （センター）
（妹［姉］は今ごろはもうここに着いているはずだ。早い時間の列車に乗ったのだから）

☐ **needn't [need not] have *done*** 「〜する必要はなかったのに」
You **needn't have bought** such a large house. Your wife would have been quite happy in a smaller house. （玉川大）
（君はこんなに大きな家を買う必要はなかったのに。奥さんはもっと小さな家でもとても喜んだだろうに）

39 cannot [can't] have *done* 「～した［だった］はずがない」 [標準]
▶過去のことに対する現在の『確信のある否定的推量』を表す。
▶could not [couldn't] have *done* もほぼ同じ意味を表す。

Theme 10　should [ought to] have *done*　⊃ 40～42

40 should have *done* 「～すべきだったのに」 [標準]
▶「～すべきだったのに（実際はしなかった）」という『過去のことに対する非難・後悔』などの気持ちを表す。

[語句] It is a pity that ～「～とは残念だ」

41 ought to have *done* 「～すべきだったのに」（= should have *done*） [標準]

[語句] consult a doctor「医者に診てもらう」（= see a doctor）

42 ought not to have *done* 「～すべきではなかったのに（実際はした）」 [標準]
（= should not have *done*）

Theme 11　助動詞を用いた慣用表現　⊃ 43～50

43 may well *do* 「～するのももっともだ」（= have good reason to *do*） [標準]
▶助動詞 may *do*「～してもよい」と副詞 well「もっともな理由で」が組み合わさったもの。
▶**may well** には「たぶん～だろう」の意味もある。
　It **may well** be true.（たぶん本当だろう）

44 may [might] as well *do* 「～するほうがよいだろう」 [標準]
▶may [might] as well は後ろに as not が省略された形で，「しないより（as not）～するほうがよい」というのが元の意味。had better *do* よりも意味が弱く，遠回しな表現。
▶might を用いるほうが多少控えめな表現になるが，実質的な差異はないと考えてよい。

解答
39　(cannot [can't], have) 彼がうそをついたはずがない。
40　(should) 君がそれを見なかったとは残念だ。= 君はそれを見るべきだったのに。
41　You (ought to have consulted the doctor) yesterday.
42　You (ought not to have laughed) at his error.
43　(well) あなたが怒るのももっともだ。
44　(②) とにかく，今すぐ出発したほうがいいよ。

☐ 45　その虫歯を抜いてもらいなさい。
　　　You (bad tooth / better / had / have / out / pulled / that).　　（中央大）

☐ 46　You (　　) go to school because you have a slight fever.
　　　① had better not　　　② had better not to
　　　③ had not better　　　④ had not better to　　（近畿大）

☐ 47　できましたら，あなたの切手のコレクションを見たいものです。（亜細亜大）
　　　I (　　)(　　) to have a look at your collection of stamps.

☐ 48　What would you (　　)?
　　　① like me doing　　　② like me to do
　　　③ like me for doing　　④ like me done　　（名古屋学院大）

☐ 49　I prefer being deceived to deceiving.
　　　= I would rather (　　) deceived than (　　).　　（玉川大）

☐ 50　Since I'm very tired, I (　　) join the party tonight.
　　　① had not rather　　　② would not rather
　　　③ would rather not　　④ had better not to　　（埼玉医科大）

Power Up! 16　「～するほうがよい」の表現　　⇒ 44, 45

番号の順に意味が強くなる。
❶ I **suggest** (that) you take a few days off.
　（2, 3日休暇をとってはどうですか）
❷ You **might** [**may**] **as well** take a few days off. (⇒ 44)
　（2, 3日休暇をとるほうがいいですよ）
❸ You **should** [**ought to**] take a few days off.
　（2, 3日休暇をとるといいですよ）
❹ You **had better** take a few days off. (⇒ 45)
　（2, 3日休暇をとりなさい［とらないとだめですよ］）

45　had better *do*「〜するほうがよい / 〜しなさい」　[基本]

▶ had better は 2 語で 1 つの助動詞の働きをする。助動詞なので，had better のあとは動詞の原形。

▶ you が主語の場合は『忠告・軽い命令』を表すので，目下の人や子供に対して使うことが多い。

[語句] have A *done*「A を〜させる［してもらう］」（→ 99）

46　had better not *do*「〜しないほうがよい」　[標準]

▶ had better で 1 つの助動詞なので，否定形は had better not である。not を better の後ろに置くことに注意。

47　would like to *do*「〜したいのですが」（《口》'd like to *do*）　[標準]

▶ want to *do* よりも丁寧で遠慮がちな『願望』の表現。

I **would like**（**to** drink）a glass of beer.
（ビールを 1 杯欲しい［飲みたい］です）

[語句] have a look at 〜「〜を見る」（= look at）（→ 305）

48　would like A to *do*「A に〜してほしいのですが」　[発展]

▶ would like のあとに目的語 A が入ると，「A に〜してほしいのですが」という意味になる。

49　would rather *do*（than *do*）「(…するよりも) むしろ〜したい」　[標準]

▶ would rather で 1 つの助動詞の働きをする。than 以下の省略も多い。

I **would rather** go to the seaside this summer. I've had enough of the mountains.〔seaside の後ろに than go to the mountains の省略〕
（この夏はむしろ海辺へ行きたい。山はもううんざりだ）（センター）

50　would rather not *do*「むしろ〜したくない」　[標準]

▶ 否定形 would rather not *do* は入試頻出。短縮形は 'd rather not *do*。

I'm tired. **I'd rather not** go out for dinner, if you don't mind.
（疲れています。君が構わないなら，夕食に出かけたくないのだけど）

解答
45　You (had better have that bad tooth pulled out).
46　(①) 少し熱があるから学校に行かないほうがいいよ。
47　(would, like)
48　(②) あなたは私に何をしてもらいたいのですか。
49　(be, deceive) 私はだますよりもむしろだまされたい。
50　(③) とても疲れているので，今夜はパーティーに参加したくない。

第4章 不定詞を用いた表現

Theme 12

51 She didn't know (　　) to express her feeling at that moment.
　　① what　　② why　　③ which　　④ how　　（松山大）

52 いつコーヒーを彼らに出せばよいのか彼女に聞きなさい。
　　Ask（when / them / to / her / serve）coffee.　　（広島経済大）

Theme 13

53 彼女の誕生日のお祝いは土曜日に催される予定でした。　　（獨協大）
　　（be / birthday celebration / Saturday / held / on / was / her / to）.

54 私はこのような種類の間違いがどうしたら避けられるのかわからない。
　　I cannot see how this kind（avoided / be / is / mistake / of / to）.　（立教大）

Power Up! 18　〈be ＋ to *do*〉の表す意味　　⊃ 53, 54

to はもともと「行きつく先・方向」を意味する前置詞なので，to *do* は「未来志向」になる。〈be ＋ to *do*〉の意味の分類はあくまで便宜的なもので，「これから〜する状況にある」を基本に考える。

❶ 予定・運命「〜することになっている / 〜する運命である」
　He **was** never **to see** his mother again.
　（彼は二度と母に会えない運命であった）
❷ 義務・命令「〜すべきである / 〜しなければならない」
　What **am** I **to do** next?（次は何をしたらよいでしょうか）
❸ 可能「〜できる」
　We searched everywhere, but the ring **was** nowhere **to be found**.
　（私たちは至る所を探したが，その指輪はどこにも見当たらなかった）（明治学院大）
❹ 意図・願望「〜するつもりである / 〜したいと思う」
　If you **are to pass** the examination, you should study more efficiently.
　（試験に合格したいなら，もっと能率よく勉強すべきだ）
▶ ただし，〈be ＋ to *do*〉は文字どおりに「〜することである」と訳すべき場合も少なくない。
　His aim **is to become** a doctor.〔名詞用法で補語〕
　（彼の目標は医者になることだ）

Theme 12 〈疑問詞 ＋ to *do*〉 ⊃ 51, 52

51 **how to *do***「どのように～すべきか［したらよいか］／～の仕方」 [基本]
- ▶ 疑問詞が to 不定詞と結びついて名詞句を作り，文中で主語・目的語・補語になる。本問では how to express her feeling が know の目的語。
- ▶ ① what，③ which は疑問代名詞なので，不定詞の目的語(her feeling)をすでに含む what［which］to express her feeling の形はない。why to *do* の形もないので，② why も不可。

52 **when to *do***「いつ～すべきか［したらよいか］」 [基本]
- ▶ when to serve them coffee が Ask の目的語。

Theme 13 〈be ＋ to *do*〉 ⊃ 53, 54

53 **be ＋ to *do*** ─ 『予定』「～することになっている」 [標準]
- ▶ 〈be ＋ to *do*〉は助動詞のように働き，①『予定・運命』，②『義務・命令』，③『可能』，④『意図・願望』など，さまざまな意味を表す。本問では「～することになっている」（『予定』）の意味を表している。

54 **be ＋ to *do*** ─ 『可能』「～できる」 [標準]
- ▶ 本問では〈be ＋ to *do*〉が「～できる」（『可能』）の意味を表している。通例否定文で，be to be *done* の形（受身形）で用いられる。

Power Up! 17　〈疑問詞 ＋ to *do*〉の訳しかた ⊃ 51, 52

まず疑問詞を訳し，次に不定詞の部分を「～すべきか」，「～したらよいか」と訳す。
- ☐ **what** to *do*「何を～すべきか」
- ☐ **who**［**whom**］to *do*「だれを［に］～すべきか」
- ☐ **which** to *do*「どれ［どちら］を～すべきか」
- ☐ **when** to *do*「いつ～すべきか」　☐ **where** to *do*「どこに～すべきか」
- ☐ **how** to *do*「どのように～すべきか／～の仕方」
  - ▶ how to *do* は「～の仕方」と訳すほうが適切な場合がある。

解答
51 (④) 彼女はそのとき，自分の気持ちをどのように表現したらよいかわからなかった。
52 Ask (her when to serve them) coffee.
53 (Her birthday celebration was to be held on Saturday).
54 I cannot see how this kind (of mistake is to be avoided).

Theme 14

☐ **55** 実は少年のころ私はアメリカで教育を受けました。　（工学院大）
　　To (　　) the truth, I was educated in America in my boyhood.

☐ **56** 〔共通の1語を入れよ〕
　　She is very frugal, not to (　　) stingy.
　　He can speak German, to (　　) nothing of English.　（青山学院大）

Theme 15

☐ **57** When he asked me (　　) him, I thought he was joking. （千葉商科大）
　　① marriage　② marrying　③ to marry　④ to get married

☐ **58** I (　　) you to think again before you decide.
　　① advise　② suggest　③ hope　④ introduce　（駒澤大）

☐ **59** 援助を求めることは彼の誇りが許さなかった。
　　His (ask / to / for / allow / didn't / help / pride / him).　（和光大）

Power Up! 19　独立不定詞　⊃ 55, 56

文のほかの部分から独立して，文全体を修飾する副詞用法の不定詞は，独立不定詞と呼ばれる。慣用句として覚えよう。
☐ **to tell (you) the truth**「実を言うと」
☐ **to be frank [honest] with you**「率直に［正直に］言って」
☐ **to be sure**「確かに」
☐ **to make matters [the matter] worse**「さらに悪いことには」
☐ **to say nothing of ~ = not to mention ~ = not to speak of ~**
　　　　　　　　　　　　　　　　　　「~は言うまでもなく」
☐ **not to say ~**「~とは言わないまでも」
☐ **to say the least (of it)**「控えめに言っても」
☐ **to do A justice**「Aを公平に評すると」
☐ **to begin [start] with**「まず第一に」（= **in the first place**）
☐ **needless to say**〔通例文頭で〕「言うまでもなく」
　▶ 独立不定詞には「言う／話す」の意味の動詞を用いるものが多い。

Theme 14 独立不定詞 ⊃ 55, 56

55 **to tell (you) the truth**「実を言うと」 [基本]
▶独立不定詞と呼ばれる慣用表現。

56 **not to say ~**「~とは言わないまでも」 [標準]
　　to say nothing of ~「~は言うまでもなく」
　　(= not to mention ~ = not to speak of ~)
▶どちらも独立不定詞。形も意味もまぎらわしいので違いに注意すること。

Theme 15 〈S + V + O to *do*〉 ⊃ 57～59

57 **ask A to *do***「Aに~するように頼む」 [基本]
▶ask は目的語 A の後ろに to *do* をとる代表的な動詞。
[語句] marry「~と結婚する」(= get married to ⊃ 696)

58 **advise A to *do***「Aに~するように忠告する」 [基本]
▶advise のみ〈S + V + O to *do*〉の形をとる動詞。② suggest, ③ hope は〈S + V + O to *do*〉の形をとりそうでとらない典型的な動詞。

59 **allow A to *do***「Aが~するのを許す」(= permit A to *do* / let A *do*)
▶allow も〈S + V + O to *do*〉の形をとる重要動詞。 [標準]

Power Up! 20 〈S + V + O to *do*〉の形をとる動詞 ⊃ 57～59

O の後ろに to 不定詞をとる代表的な動詞には次のようなものがある。
- □ **tell**「~するように言う」　　□ **ask**「~するように頼む」
- □ **advise**「~するように忠告する」　□ **want**「~してほしい」
- □ **expect**「~するのを期待する」　□ **allow**[**permit**]「~するのを許す」
- □ **persuade**「説得して~させる」　□ **encourage**「~するよう励ます」
- □ **remind**「~するのを思い出させる」□ **invite**「~するように勧める」
- □ **enable**「~するのを可能にする」　□ **cause**「~させる」

解答
55 (tell)
56 (say) 彼女はけちとは言わないまでも，とてもつましい。
　　　彼は，英語は言うまでもなくドイツ語もしゃべれる。
57 (③) 彼が私に結婚してくれと言ったとき，私は彼が冗談を言っているのだと思った。
58 (①) 決める前にもう1度考えるように忠告します。
59 His (pride didn't allow him to ask for help).

Theme 16

☐ 60 ニュートンはリンゴが木から落ちるのを見た。
　　　Newton (an / apple / fall from / saw / the tree).　　（大阪電気通信大）

☐ 61 He heard someone (　　) his name when he was about to go to bed.
　　　① is called　② call　③ to call　④ to be called　（立正大）

Theme 17

☐ 62 He didn't like (　　), but they made him (　　).
　　　① to sing — to sing　　② sing — sing
　　　③ singing — to sing　　④ to sing — sing　（上智大）

☐ 63 How about having your father (　　) our picture?　（広島経済大）
　　　① take　② to take　③ taken　④ to be taken

☐ 64 He got her (　　) him with his reports.
　　　① help　② helped　③ help to　④ to help　（松山大）

☐ 65 Please (　　) me know your answer by tomorrow.
　　　① tell　② lead　③ get　④ let　（中央大）

Power Up! 21　〈S + V（知覚動詞）+ O *do*〉　　⊃ 60, 61

☐ **see** [**look at** / **watch**] **A** *do*　「A が〜するのを見る」
☐ **hear** [**listen to**] **A** *do*　「A が〜するのを聞く」
☐ **feel A** *do*　「A が〜するのを感じる」
☐ **notice** [**observe**] **A** *do*　「A が〜するのに気づく」

Power Up! 23　see A *do* / make A *do* の受動態　　⊃ 60, 62

知覚動詞の see / hear などや，使役動詞の make の補語の原形不定詞は，受動態にすると to 不定詞になる点が重要。
　We *saw* him **get** into his car.
　➡ He *was seen* **to get** into his car.
　（彼は自分の車に乗り込むのを見られた）（法政大）
　My father *made* me **go** though it was raining very hard.
　➡ I *was made* **to go** by my father though it was raining very hard.
　（とても激しく雨が降っていたけれど，私は父に行かされた）（浜松大）

Theme 16 〈S + V（知覚動詞）+ O *do*〉　　⊃ 60, 61

60 **see A *do*** 「Aが〜するのを見る」　　[基本]
　▶ see / hear などの知覚動詞は〈S + V + O *do*〉の形をとる。

61 **hear A *do*** 「Aが〜するのを聞く」　　[基本]
　[語句] be about to *do* 「まさに[今にも]〜しようとしている」（⊃ 350）

Theme 17 〈S + V（使役動詞）+ O *do*〉　　⊃ 62〜65

62 **make A *do*** 「（無理やりに）Aに〜させる」　　[基本]
　　　　　　　　　　　　　　　　（= force [compel] A to *do*）
　▶ make / have / let などの使役動詞は〈S + V + O *do*〉の形をとる。

63 **have A *do*** 「（自分でしないで）Aに〜させる[してもらう]」　　[標準]
　▶ 使役動詞としての have は目的語になっている人に（頼んだり説得したりして）何かをさせる[してもらう]場合に用いる。
　[語句] How about *doing*? 「〜してはどうですか」（⊃ 85）

64 **get A to *do*** 「（自分でしないで）Aに〜させる[してもらう]」　　[標準]
　▶ get A to *do* は have A *do* とほぼ同じ意味。get の場合は，目的語 A の後ろが to 不定詞であることに注意。
　　本問 = He had her help him with his reports.

65 **let A *do*** 「（望みどおり[勝手に]）Aに〜させる」（= allow A to *do*）　[標準]
　▶ let A know 「Aに知らせる」は慣用表現として覚えよう。

Power Up! 22 〈S + V（使役動詞）+ O *do*〉　　⊃ 62〜65

☐ **make A *do*** 「（無理やりに）Aに〜させる」（= force [compel] A to *do*）
☐ **have A *do*** 「（自分でしないで）Aに〜させる[してもらう]」（= get A to *do*）
☐ **let A *do*** 「（望みどおり[勝手に]）Aに〜させる」（= allow A to *do* ⊃ 59）

[解答]
60　Newton (saw an apple fall from the tree).
61　(②) 彼は寝ようとしたとき，だれかが自分の名前を呼ぶのを聞いた。
62　(④) 彼は歌いたくなかったが，彼らは無理に歌わせた。
63　(①) 君のお父さんに私たちの写真を撮ってもらうのはどうだろう。
64　(④) 彼は彼女に報告書を手伝ってもらった。
65　(④) 明日までにどうかあなたの返事を知らせてください。

Theme 18

- [ ] **66** いつどこで彼女と知り合いになったのですか。
  When and where did you (c　　) to know her?　　　　　（国士舘大）

- [ ] **67** 私はなんとかその列車に乗ることができたので，5時前に京都に着いた。
  I (m　　) to catch the train, so I arrived in Kyoto before five.
  　　　　　　　　　　　　　　　　　　　　　　　　　　　　　　　　（京都教育大）

- [ ] **68** I can't (　　) to eat in such an expensive restaurant.
  ① have　　② find　　③ spend　　④ afford　　（センター）

- [ ] **69** People who like that kind of music (　　) to be very young.
  ① like　　② come　　③ tend　　④ become　　（千葉大）

- [ ] **70** 装置はうまく作動しなかった。
  (the / failed / device / operate / to)．　　　　　　（浜松大）

- [ ] **71** This story never (　　) to impress the audience.
  ① sees　　② fails　　③ makes　　④ becomes　　（関西学院大）

Power Up! 24　never fail to *do* と don't fail to *do*　　➲ 71

- [ ] **never fail to *do*** ― 習慣的な行為に用いる。(always の意味を含む)
- [ ] **don't fail to *do*** ― 1回限りの特定の行為に用いる。

cf. 　He **never fails to** write to his parents every month.
　　　（彼は毎月必ず両親に手紙を出す）
　　　Don't [×Never] **fail to** post this letter.
　　　= Don't forget to post this letter.（➲ 79）
　　　= Be sure to post this letter.（➲ 615）
　　　= Post this letter without fail.（➲ 880）
　　　（必ずこの手紙を出してください）

▶ Don't fail to *do* はきつい言いかたなので，「必ず～してください」の意味では Don't forget to *do* / Be sure to *do* などを使うほうが一般的。

Theme 18　不定詞を用いた慣用表現 —〈動詞 + to *do*〉 ⊃ 66〜71

66 **come** to *do*「(自然と)〜するようになる」(= **get** to *do*)　[基本]

- ▶「〜するようになる」は become to *do* ではなく，come to *do* / get to *do* を用いる。
- ▶ learn to *do* も「〜する［できる］ようになる」と訳すことが多い。これは「〜することを学ぶ」から発展したもので，「学習して」の意を含む。

    If you are too protective of your children, they will never **learn to** cope with life's difficulties.（上智大）

    （子供たちを過保護にすれば，彼らは人生の難局にうまく対処できるようにならないでしょう）

67 **manage** to *do*「どうにか［なんとか］〜する」(= **succeed in** *doing*)　[標準]

- ▶ 本問 = I **succeeded in catching** the train, so I arrived in Kyoto before five.

68 **afford** to *do*「〜する余裕がある」　[標準]

- ▶ afford は can を伴って，通例否定文 / 疑問文で用いる。

    cf. afford A「A を買う［持つ / 支払う］余裕がある」の用法にも注意。

    My parents could not **afford the expense** of sending me to college.

    （両親には私を大学にやるだけの余裕はなかった）

69 **tend** to *do*「〜する傾向がある / 〜しがちである」(= **be apt to** *do*)　[基本]

- ▶ ① like to be「〜であることを好む」，② come to be「〜になる」の意味なので不可。④ become to be という形はない。

70 **fail** to *do*「〜しない / 〜できない」(= **do not** *do* / **cannot** *do*)　[標準]

- ▶ do not *do* / cannot *do* に比べて，多少文語調。

71 **never fail** to *do*「必ず〜する」　[標準]

- ▶ fail to *do* は，否定語 never と共に用いると「必ず〜する」と強い肯定を表す。

解答
- 66 (come)
- 67 (managed)
- 68 (④) 私はそんな高いレストランで食事をする余裕はない。
- 69 (③) あの種の音楽を好む人たちは，歳がとても若い傾向がある。
- 70 (The device failed to operate).
- 71 (②) この話は必ず聴衆に感動を与える。

第5章 動名詞を用いた表現

Theme 19

☐ 72　He insisted on (　　) a doctor.
　① that I should see　　② me to see
　③ me seeing　　④ I seeing　　　　　　　　　　　　（星薬科大）

☐ 73　こんなに長いこと返事を書かなかったことを心からおわびします。
　I sincerely apologize for (written to / having / you / for / not) such a long time.　　　　　　　　　　　　　　　　　　（日本大）

Theme 20

☐ 74　My children (　　) to the soccer game.
　① enjoyed to take　　② were enjoyed taken
　③ enjoyed being taken　　④ enjoyed to be taken　　（芝浦工業大）

☐ 75　Would you mind (　　) the door?　　　　　　　（愛知工業大）
　① to open　② opening　③ opened　④ have opened

☐ 76　The teacher asked his students if they had finished (　　) the book.
　① reading　　② having read
　③ to read　　④ to have read　　　　　　　　　　　（関東学院大）

☐ 77　Have you considered (　　) to school?
　① to be walking　　② to walk
　③ walk　　④ walking　　　　　　　　　　　　　　　（南山大）

Power Up! 25　動名詞のみを目的語にとる動詞　⊃ 74〜77

他動詞の中には，動名詞は目的語にとるが，不定詞は目的語にとらないものがある。入試での出題頻度が高いので正確に覚えること。頭文字をとって「(恐竜) メガフェップス (は) デカイ！」と覚えておこう。

☐ **m**ind	「〜するのを気にする」	☐ **m**iss	「〜しそこなう」
☐ **e**njoy	「〜するのを楽しむ」	☐ **g**ive up	「〜するのをやめる」
☐ **a**dmit	「〜するのを認める」	☐ **f**inish	「〜し終える／〜してしまう」
☐ **e**scape	「〜するのを逃れる」	☐ **p**ostpone	「〜するのを延期する」
☐ **s**top	「〜するのをやめる」	☐ **d**eny	「〜しないと言う」
☐ **e**vade	「〜するのを避ける」	☐ **c**onsider	「〜することを考える」
☐ **a**void	「〜するのを避ける」	☐ **i**magine	「〜することを想像する」

Theme 19 動名詞の『意味上の主語』と『完了形』　⊃ 72, 73

72 動名詞の意味上の主語 [基本]

▶動名詞の意味上の主語を表す必要がある場合は，名詞・代名詞の所有格か，または目的格を動名詞の前に置く。口語では目的格になることも多い。

本問 = He insisted that I should see [on my seeing] a doctor.

73 完了形の動名詞 — having *done* [標準]

▶動名詞には，単純形（*doing*）と完了形（having *done*）の2種類があり，完了形は述語動詞よりも前の『時』を表す。

cf. ┌ He is proud of **living** in the country. — 文の動詞と同じ『時』
　　│ （彼は田舎に住んでいることを誇りに思っている）
　　│ He is proud of **having lived** in the country in his youth.
　　│ = He is proud that **he lived** ... — 文の動詞より前の『時』
　　└ （彼は若いとき田舎に住んでいたことを誇りに思っている）

▶「書かなかった」のは「わびる」より前のことだから，完了形を用いるが，完了形の前に否定語 not を置き，not having written (to you) と表す。

Theme 20 動名詞のみを目的語にとる動詞　⊃ 74〜77

74 enjoy *doing*「〜するのを楽しむ」 [基本]

▶「連れて行ってもらって（楽しかった）」は動名詞の受動態（being *done*）で表すので，正解は ③ enjoyed being taken になる。

75 mind *doing*「〜するのを気にする［いやがる］」 [基本]

▶Would [Do] you mind *doing*?「〜していただけませんか」は頻出。
Would [Do] you mind my *doing*?「（私が）〜してもいいですか」と混同しないように。

cf. **Would you mind my opening** the door?（ドアを開けてもいいですか）

76 finish *doing*「〜し終える / 〜してしまう」 [基本]

77 consider *doing*「〜することを考える」 [標準]

解答
72　(③)　彼は私が医者に診てもらうべきだと主張した。
73　I sincerely apologize for (not having written to you for) such a long time.
74　(③)　私の子供たちはサッカーの試合に連れて行ってもらって楽しかった。
75　(②)　ドアを開けていただけませんか。
76　(①)　先生は生徒たちにその本を読み終えたかどうか尋ねた。
77　(④)　徒歩通学しようと考えたことがありますか。

Theme 21

☐ 78　❶ I don't remember (　　) the door, but perhaps I did.　（山梨大）
　　　　① to lock　② locking　③ locked　④ to have locked

　　　❷ Remember (　　) some orange juice on your way home.（南山大）
　　　　① for getting　② get　③ getting to　④ to get

☐ 79　Don't forget (　　) out the garbage tomorrow morning.
　　　① taken　② taking　③ took　④ to take　（高岡法科大）

☐ 80　My watch loses ten minutes a day, so it needs to be repaired.
　　　= My watch loses ten minutes a day, so it needs (　　　). （近畿大）

Power Up! 26　目的語が動名詞か不定詞かで意味が異なる動詞　⊃ 78〜80

他動詞の中には動名詞も不定詞も目的語にとるが，意味・用法が異なるものがあるので注意が必要。

❶ remember タイプ ― 動名詞が過去のこと，不定詞が未来のこと
- ☐ **remember** *doing*　「〜したことを覚えている」
- ☐ **remember to** *do*　「〜することを覚えておく / 忘れずに〜する」
- ☐ **forget** *doing*　「〜したことを忘れる」
- ☐ **forget to** *do*　「〜することを忘れる」
- ☐ **regret** *doing*　「〜したことを後悔する」
- ☐ **regret to** *do*　「残念ながら〜する」

cf.　I **regret** not **going** to school.
　　（私は学校へ行かなかったことを後悔している）
　　I **regret to say** this job has been filled.
　　（残念ながらその仕事はもう埋まってしまいました）

❷ need タイプ ― 動名詞が受動，不定詞が能動
- ☐ **need** *doing*　「〜される必要がある」（= need to be *done*）
- ☐ **need to** *do*　「〜する必要がある / 〜しないといけない」
- ☐ **want** *doing*　「〜される必要がある」（= need *doing*）
- ☐ **want to** *do*　「〜したいと思う」

❸ その他
- ☐ **try** *doing*　「試しに〜してみる」
- ☐ **try to** *do*　「〜しようと努力する」

Theme 21 目的語が動名詞か不定詞かで意味が異なる動詞 ⇒ 78〜80

78 **remember** *doing*「〜したことを覚えている」《過去》 [標準]
  remember to *do*「〜することを覚えておく / 忘れずに〜する」《未来》

▶ *doing* は過去の行為を，*to do* はこれからなすべきことを表す。79 も同じ。

cf. {
  I **remember writing** to her.（= I remember that I wrote to her.）
  （彼女に手紙を書いたことを覚えている）
  Please **remember to write** to her.
  （忘れずに彼女に手紙を書いてください）
}

79 **forget** *doing*「〜したことを忘れる」《過去》 [標準]
  forget to *do*「〜することを忘れる」《未来》

cf. {
  I'll never **forget seeing** him.
  （彼に会ったことを決して忘れないだろう）
  Don't **forget to see** him tomorrow.（= Remember to see him ...）
  （明日彼に会うのを忘れるな）
}

80 **need** *doing*「〜される必要がある」（= **need to be** *done*） [標準]
  need to *do*「〜する必要がある / 〜しないといけない」

▶ need や worth（⇒ 91）のあとでは，動名詞は能動の形のままで受動的な意味を持つ。

cf. {
  My car **needs washing**.（= My car needs to be washed.）
  （私の車は洗車の必要（= 洗われる必要）がある）
  I **need to wash** my car.
  （私は洗車しなければならない）
}

[語句] lose [他]「（時計が）〜だけ遅れる」⇔ gain [他]「（時計が）〜だけ進む」

[解答]
78 ❶（②）私はドアに鍵をかけたことを覚えていないが，たぶんかけただろう。
  ❷（④）家に帰る途中，忘れずにオレンジジュースを買ってきなさい。
79 （④）明日の朝忘れずにごみを出しなさい。
80 （repairing）私の時計は日に 10 分遅れるので，修理する必要がある。

Theme 22

□ 81 その外国人観光客たちの多くは京都を訪れるのを楽しみにしている。
Most of (foreign / looking / tourists / visiting / forward / are / to / the) Kyoto. （東洋大）

□ 82 I've got accustomed (　　) alone.
① live　　② to live　　③ living　　④ to living （武蔵大）

□ 83 When it comes (　　), he is quite skillful.
① to make things　　② to make out of things
③ making things　　④ to making things （愛知学院大）

□ 84 She did not object (　　) late last night. （芝浦工業大）
① work　　② to work　　③ to working　　④ being done

□ 85 しばらく休息してはどうですか。
(you / taking / what / a / to / do / say) rest for a while? （日本大）

Theme 23

□ 86 I have difficulty (　　) chopsticks. （岩手医科大）
① to eat by　　② eating from　　③ eating with　　④ to eat with

□ 87 They spent the summer in Niseko (　　) the beautiful scenery.
① will enjoy　　② been enjoying
③ enjoyed　　④ enjoying （札幌大）

□ 88 They are very busy (　　) their homework, aren't they?
① doing　　② to do　　③ to doing　　④ being done （芝浦工業大）

Power Up! 27　その他の動名詞を用いた慣用表現

□ **besides** *doing*「～するだけでなく」
Besides being the symbol of Tokyo, Tokyo Tower has many practical functions.（近畿大）
（東京のシンボルであるだけではなく，東京タワーは多くの実際的な機能を持っている）

□ **come near** *doing*「あやうく～しそうになる」
He **came near being** injured by a robber.（大阪学院大）
（彼はあやうく強盗にけがをさせられるところでした）

□ **of** *one's* **own** *doing*「自分で～した」
This is the picture **of his own painting**.（これは彼が自分で描いた絵です）
= This is the picture which he himself painted.（明治大）

Theme 22 動名詞を用いた慣用表現① — to doing の構文 ⊃ 81〜85

81 **look forward to** *doing*「〜するのを楽しみに待つ」 [基本]
(= **expect** / **anticipate**)
▶ この to は前置詞なので,後ろには動名詞または名詞がくる。〈to + 動詞の原形〉という不定詞の形と勘違いしないように。(82〜85 も同様)

82 **get** [**become**] **accustomed to** *doing*「〜することに慣れる」 [基本]
(= **get** [**become**] **used to** *doing*)
▶ be used [accustomed] to *doing*「〜することに慣れている」

83 **when it comes to** *doing*「〜することになると[関しては]」 [標準]

84 **object to** *doing*「〜することに反対する」(= **oppose**) [標準]

85 **What do you say to** *doing*?「〜してはどうですか / 〜しませんか」 [標準]
(= **How** [**What**] **about** *doing*?)
▶ 本問 = How [What] about taking a rest for a while?
[語句] take a rest「ひと休みする」(⊃ **Power Up! 98**)

Theme 23 動名詞を用いた慣用表現② — in が省略可能な表現 ⊃ 86〜88

86 **have difficulty** [**trouble**] (**in**) *doing*「〜するのに苦労する」 [標準]
▶ in は省略されるのがふつう。in がない場合は,*doing* を補語[または副詞]的な働きをする現在分詞と考えることもできる。(87, 88 も同様)
▶ 本問も in が省略されて直後に *doing* がくる形。(　)の後ろが chopsticks なので,『道具・手段』を表す with「〜で / 〜を使って」を用いた ③ eating with が正解。

87 **spend A** (**in**) *doing*「A(時間)を〜して過ごす[〜するのに費やす]」 [基本]

88 **be busy** (**in**) *doing*「〜するのに忙しい」 [基本]

解答
81　Most of (the foreign tourists are looking forward to visiting) Kyoto.
82　(④) 私はひとり暮らしに慣れてきた。
83　(④) ものを作ることになると,彼は非常にうまい。
84　(③) 彼女は昨晩遅くまで働くことに反対しなかった。
85　(What do you say to taking a) rest for a while?
86　(③) 私は箸で食べるのに苦労する。
87　(④) 彼らはその夏をニセコで美しい風景を楽しんで過ごした。
88　(①) 彼らは宿題をするのにとても忙しいのですね。

第5章 動名詞を用いた表現

Theme 24

☐ 89 There is (　　) when John will show up. 　　　(畿央大)
　　　① telling not　② no telling　③ not telling　④ not to tell

☐ 90 It is no use (　　) her any advice.
　　　① by giving　② give　③ giving of　④ giving　(高岡法科大)

☐ 91 This article on education is worth (　　).
　　　① reading　② to read　③ be read　④ reader　(大阪産業大)

☐ 92 テッドはとても疲れていたので，本を読む気がしなかった。(九州産業大)
　　　Ted was (that / he / like / so tired / feel / didn't) reading the book.

☐ 93 Needless to say, he knows much about science. 　(鹿児島大)
　　　= It goes (　　) saying that he knows much about science.

☐ 94 As soon as I saw the boy, he burst into tears.
　　　= On my (　　) the boy, he burst into tears. 　(玉川大)

Power Up! 28 「その本は読む価値がある」の表現6つ　⊃ 91

❶ The book **is worth reading**.
❷ **Reading** the book **is worth while**.
❸ **It is worth reading** the book. 〔It は漠然とした状況を指す〕
❹ **It is worth while reading** the book.
　　　　　　　〔It は形式主語，真主語は reading the book〕
❺ **It is worth while to read** the book.
　　　　　　　〔It は形式主語，真主語は to read the book〕
❻ The book **is worthy of being read**.〔be worth reading のほうが一般的〕

　▶ worth は「～するだけの価値がある」「(時間・手間など)をかけるだけの価値がある」という意味の，目的語をとる特殊な形容詞。❹・❺ の while は time の意味の名詞で，worth の目的語になっている。worth while は worthwhile と1語にすることが多い。

　▶ worth の目的語になるのは動名詞または名詞で，不定詞は不可。
　　×The book is worth to read.
　　×It is worth to read the book. 〔It を形式主語とすると目的語がないので×〕

　▶ worth は目的語を2つとれない。
　　×The book is worth while reading.
　　×The book is worth while to read.

Theme 24 動名詞を用いた慣用表現③　⊃ 89〜94

89 **There is no** *doing*「〜することはできない」　[標準]

　　　　　　　　　　(= **It is impossible to** *do* / **We cannot** *do*)

▶ 本問 = It is impossible to tell [know] when John will show up.
　　　 = We cannot tell [know] when John will show up.

[語句] show up「現れる / 姿を見せる」(⊃ 377)

90 **It is no use** [**good**] *doing*「〜しても無駄である」　[標準]

　　　　　　　　　　(= **There is no use** [**good / point**] (**in**) *doing*)

▶ 真主語が *doing* の形式主語構文。good は use より口語的。
▶ 本問 = It is useless to give her any advice.
　　　 = There is no use [good / point] (in) giving her any advice.

91 **A is worth** *doing*「A は〜する価値がある」　[標準]

　　　　　　　　　　(= **It is worth while** *doing* [**to** *do*] **A**)

▶ 本問 = It is worth while reading [to read] this article on education.

92 **feel like** *doing*「〜したい気がする」(= **feel inclined to** *do*)　[標準]

▶ 本問 = Ted was so tired that he didn't feel inclined to read the book.

93 **It goes without saying that** 〜「〜は言うまでもない」　[標準]

94 **on** *doing*「〜するとすぐに」(= **as soon as** + S + V)　[標準]

　cf. **in** *doing*「〜する際に / 〜するときに」(= **while** [**when**] + S + V)

　　You can't be too careful **in driving** a car.
　　（車を運転する際にはいくら注意してもしすぎることはない）

[語句] burst into 〜「突然〜し始める」(⊃ 353)

解答
89　(②) ジョンがいつ姿を見せるかわからない。
90　(④) 彼女にどんなアドバイスをしても無駄だ。
91　(①) 教育に関するこの記事は読む価値がある。
92　Ted was (so tired that he didn't feel like) reading the book.
93　(without) 彼が科学に広くつうじているのは言うまでもない。
94　(seeing) 私がその少年を見たとたん，彼は突然泣き出した。

第6章 分詞を用いた表現・構文

Theme 25

95 She saw some books (　　) on the piano.
① to lie　② lay　③ lying　④ lain 〈大阪産業大〉

96 I heard someone (　　) outside.
① singing　② to sing　③ sang　④ sung 〈大阪学院大〉

97 I was happy when I heard my name (　　) as the first prize winner.
① is calling　② was calling　③ calls　④ called 〈秋田県立大〉

98 The teacher (　　) him sleeping at his desk.
① caught　② delayed　③ made　④ pretended 〈日本福祉大〉

Power Up! 29　S + V (知覚動詞) + O do [doing / done]　⊃ 95〜98

① 知覚動詞 (see / watch / hear / feel など) は O のあとに C として動詞の原形 (⊃ **Power Up! 21**)・現在分詞・過去分詞をとる。
② O と C が能動関係 → C には動詞の原形または現在分詞を用いる。
　O と C が受動関係 → C には過去分詞を用いる。

□ **see** [**hear** / **feel**] A { *do*「A が〜するのを」 / *doing*「A が〜しているのを」 / *done*「A が〜されるのを」 } 見る [聞く / 感じる]

I **felt** someone **touch** my shoulder.（だれかが肩にさわるのを感じた）
= I **felt** my shoulder **touched** by someone.

Power Up! 30　lie と lay　⊃ 95

自動詞 lie と他動詞 lay の区別に注意しよう。

lie 自「横になる /（置いて）ある」	lay	lain	lying
lay 他「〜を横たえる / 〜を置く」	laid	laid	laying

The dog was **lying** [×laying] by the sofa.〔自動詞 lie の現在分詞形〕
（その犬はソファのそばに寝そべっていた）　一時的状態を表す。
She **lay** [×laid] down on the sofa.〔自動詞 lie の過去形〕
（彼女はソファに横になった）
She **laid** [×lay] the baby on the sofa.〔他動詞 lay の過去形〕
（彼女は赤ん坊をソファに寝かせた）

Theme 25 S + V (知覚動詞) + O *doing* / *done* ⊃ 95〜98

95 see A *doing* 「Aが〜しているのを見る」 [基本]

▶ see は目的格補語として to 不定詞をとらないので, ① to lie は不可。「本が(置いて)ある」という一時的な状態は, 自動詞 lie の現在分詞 ③ lying で表す。(⊃ **Power Up! 30**)

96 hear A *doing* 「Aが〜しているのが聞こえる」 [基本]

▶ 「だれかが歌っている」という能動関係があるので, 現在分詞が正解。

97 hear A *done* 「Aが〜されるのが聞こえる」 [基本]

▶ 「名前が呼ばれる」という受動関係があるので, 過去分詞が正解。

98 catch A *doing* 「Aが〜しているところを見つける」 [標準]

▶ この形では, catch は「見つける」の意味。原形不定詞・to 不定詞・過去分詞を目的格補語にはとらない。

▶ ② delay「〜を延期する」, ④ pretend「〜のふりをする」

Power Up! 31 〈S + V (知覚動詞) + O *do* [*doing* / *done*]〉の用法の違い ⊃ 95〜97

❶ I saw him **enter** the room. (⊃ **60**)
 (私は彼が部屋に入るのを見た)
❷ I saw him **entering** the room.
 (私は彼が部屋に入っていくところを見た)
❸ I saw him **knocked** down.
 (私は彼が殴り倒されるのを見た)

▶ ❶と❷はOとCの間に「Oが〜する」という能動関係があるのに対して, ❸は「Oが〜される」という受動関係がある。❶の原形の場合は, 「動作の始めから終わりまで全体を見る」, ❷の現在分詞の場合は「動作の途中[部分]を見る」という意味になる。

解答
95 (③) 彼女は本が何冊かピアノの上に(置いて)あるのを見た。
96 (①) だれかが外で歌っているのが聞こえた。
97 (④) 私は一等賞の受賞者として名前が呼ばれるのを聞いてうれしかった。
98 (①) 先生は彼が机で眠っているところを見つけた。

Theme 26

99 My car broke down yesterday. I need to (   ). 〈清泉女子大〉
① have it fix ② have it to fix ③ have it fixed ④ have it fixing

100 I was careless, so I (   ).
① had my camera stolen   ② was stolen my camera
③ was stealing my camera ④ stole my camera 〈共立女子大〉

101 I think I have to get my cell phone (   ).
① repair   ② repaired   ③ repairing   ④ to repair 〈高岡法科大〉

102 As soon as you (   ) the wall painted, you can go home.
① do   ② finish   ③ get   ④ make 〈センター〉

103 When I went to Britain for the first time, I couldn't (   ) in English at all.
① make me understand   ② have me understand
③ make myself understood ④ get myself understood 〈松山大〉

Power Up! 32 S + V (have / get / make) + O *done* ⊃ 99〜103

□ **have** [**get**] A *done* 〔get のほうが口語的〕
① 「(だれかほかの人に) A を〜してもらう / A を〜させる」── 使役
② 「(だれかほかの人に) A を〜される」── 被害
③ 「(自分が) A を〜してしまう」── 完了
▶ A は主に『物［こと］』である。A が主に『人』である have A *do* と比較して学習しよう。(⊃ 63)
I **had** [**got**] **my watch repaired** by him.
= I **had him repair** my watch.
= I **got him to repair** my watch. (⊃ 64)
(私は彼に時計を修理してもらった)

□ **make** A *done* 「A が〜されるようにする」
The minister **made his presence felt**.
(その大臣は自分の存在を印象づけた)
▶ make は現在分詞を目的格補語にとらない。(*make A *doing*)
▶ let は現在分詞も過去分詞も目的格補語にとらない。(*let A *doing* [*done*])

Theme 26　S + V (have / get / make) + O *done*　⇨ 99～103

99 **have** A *done*「Aを～してもらう」(= **get** A *done*) ─ 使役　[標準]
▶「車が修理される」という受動関係があることに注意。
語句 need to *do*「～する必要がある / ～しないといけない」(⇨ **80**)

100 **have** A *done*「Aを～される」(= **get** A *done*) ─ 被害　[標準]
▶ steal「～を（こっそり）盗む」の目的語は常に『物』なので、② was stolen my camera は不可。was robbed of my camera なら可。(⇨ **833**)
▶「カメラを盗んでもらった」の意にとられないように、so my camera was stolen とするほうが自然。

101 **get** A *done*「Aを～させる［してもらう］」(= **have** A *done*) ─ 使役　[標準]
▶ get A *done* は have A *done* とほぼ同じ意味を表す。

102 **get** A *done*「（自分が）Aを～してしまう」(= **have** A *done*) ─ 完了　[発展]
▶ この形では、A を *done* の状態にするのは主語である。

103 **make** *oneself* **understood**「自分の言うことを人にわからせる」　[標準]
▶ make A *done* の形の成句表現。「*oneself*（自分の言うこと［考え］）が理解される」という受動関係があるので、understood と過去分詞になることに注意。
▶ make *oneself* heard「自分の声を届かせる」も同類の成句。
　He shouted to **make himself heard** across the room.
　（部屋中に聞こえるように彼は大声で叫んだ）

解答　99　(③)　昨日，車が故障した。修理してもらう必要がある。
　　　100　(①)　不注意だったので，カメラを盗まれた。
　　　101　(②)　私は携帯電話を修理してもらわなければならないと思う。
　　　102　(③)　壁のペンキを塗り終えたらすぐに家に帰ることができます。
　　　103　(③)　私が初めてイギリスに行ったとき，私の英語はまったく通じなかった。

第6章　分詞を用いた表現・構文

Theme 27

☐ **104** I'm sorry to have kept you (　　) so long.
① waited　② to wait　③ waiting　④ wait　(同志社大)

☐ **105** You shouldn't leave the engine (　　) when you get out of the car.　(日本工業大)
① run　② running　③ to run　④ on running

☐ **106** 車にかぎをかけておかないと盗まれますよ。　(東京理科大)
Someone (you / will / steal / the car / if / it / leave / unlocked).

Theme 28

☐ **107** There was a road (　　) to the town on the other side of the river.
① for leading　② lead　③ leading　④ to lead　(明治学院大)

☐ **108** ホテルに帰ってみると，部屋のドアにメモが貼ってあった。
When I came back to the hotel, there (a note / to / attached / was) the door of my room.　(駒澤大)

Power Up! 33 S + V (keep / leave) + O *doing* [*done*]　⇨ 104〜106

☐ **keep** A *doing* [*done*]「A を〜している [される] 状態にしておく」
☐ **leave** A *doing* [*done*]「A を〜している [される] ままにしておく」

▶ keep ―「意図的に〜の状態にしておく」
　leave ―「〜の状態のままに放置しておく」

cf. { **Keep** the fire **burning**. (火を絶やさないようにしなさい)
　　　 Don't **leave** the engine **running**. (エンジンをかけっ放しにしないで)

Power Up! 34 〈There be + S + *doing* [*done*]〉構文の訳しかた　⇨ 107, 108

この構文の分詞は通例，直前の S にかかる形容詞用法のものではない。したがって「〜している [されている] S がある」と訳さないこと。S と分詞の間に意味上の〈S + V〉の関係があるので，〈S + be *doing* [*done*]〉と同じように考えて，「S が〜している [されている]」と訳せばよい。

There are many kinds of flowers **blooming** in the garden.
(庭にはいろんな種類の花が咲き乱れている)
From 1941 to 1943 **there were** seventeen short animated films **made** about Superman. (神戸大)
(1941 年から 1943 年までに，17 本のスーパーマンの短編アニメ映画が製作された)

Theme 27　S + V (keep / leave) + O *doing* / *done* ⇨ 104〜106

104　keep A waiting「A を待たせておく」　[標準]
▶「あなたが待つ」という能動関係があるので，現在分詞 ③ waiting が正解。
本問 = I'm sorry I've kept you waiting so long.
▶ keep A waiting は keep A *doing* の頻出表現。

105　leave A *doing*「A を〜しているままにしておく」　[標準]
▶「エンジンが作動している［かかっている］」という能動関係があるので，現在分詞 ② running が正解。
[語句] run [動]「(機械などが) 動く / 作動する」

106　leave A *done*「A を〜されたままにしておく」　[標準]
▶ leave it (= the car) unlocked「車のかぎをかけないでおく」

Theme 28　There be + S + *doing* / *done* ⇨ 107, 108

107　There be + S + *doing*「S が〜している」　[標準]
▶ There be + S + *doing* は，進行形と同じように訳してよいことが少なくない。
本問 = A road was leading to the town on the other side of the river.
[語句] lead to 〜「〜に通じる / 〜を引き起こす」(⇨ 819)

108　There be + S + *done*「S が〜されている」　[標準]
▶ There be + S + *done* は，受動態と同じように訳してよいことが少なくない。
本問 = ..., a note was attached to the door of my room.

[解答]
104　(③)　長い間お待たせしてすみません。
105　(②)　車から降りるときは，エンジンをかけたままにしておくべきではない。
106　Someone (will steal the car if you leave it unlocked).
107　(③)　1 本の道が川の向かい側の町に通じていた。
108　When I came back to the hotel, there (was a note attached to) the door of my room.

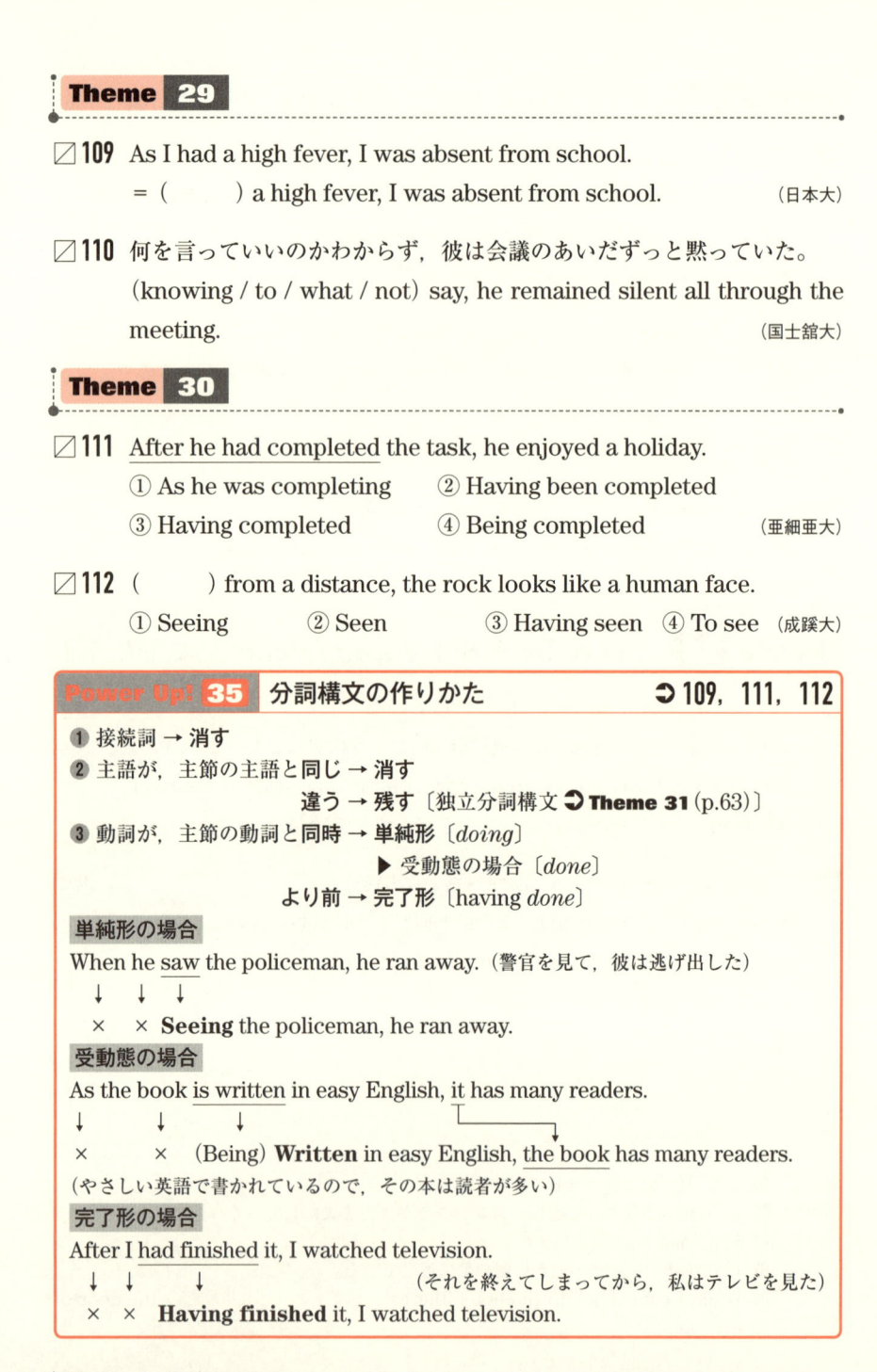

Theme 29

☐ **109** As I had a high fever, I was absent from school.
= (　　　) a high fever, I was absent from school. （日本大）

☐ **110** 何を言っていいのかわからず，彼は会議のあいだずっと黙っていた。
(knowing / to / what / not) say, he remained silent all through the meeting. （国士舘大）

Theme 30

☐ **111** <u>After he had completed</u> the task, he enjoyed a holiday.
① As he was completing　　② Having been completed
③ Having completed　　　　④ Being completed （亜細亜大）

☐ **112** (　　　) from a distance, the rock looks like a human face.
① Seeing　　② Seen　　③ Having seen　　④ To see （成蹊大）

Power Up! 35　分詞構文の作りかた　　⊃ 109, 111, 112

❶ 接続詞 → 消す
❷ 主語が，主節の主語と同じ → 消す
　　　　　　　　　　違う → 残す〔独立分詞構文 ⊃ **Theme 31** (p.63)〕
❸ 動詞が，主節の動詞と同時 → 単純形〔*doing*〕
　　　　　　　　　　　　　　▶ 受動態の場合〔*done*〕
　　　　　　　　　より前 → 完了形〔having *done*〕

単純形の場合
When he saw the policeman, he ran away.（警官を見て，彼は逃げ出した）
　↓　　↓　　↓
　×　　×　　**Seeing** the policeman, he ran away.

受動態の場合
As the book is written in easy English, it has many readers.
　↓　　↓　　↓
　×　　×　　(Being) **Written** in easy English, the book has many readers.
（やさしい英語で書かれているので，その本は読者が多い）

完了形の場合
After I had finished it, I watched television.
　↓　　↓　　↓　　　　　（それを終えてしまってから，私はテレビを見た）
　×　　×　　**Having finished** it, I watched television.

Theme 29 分詞構文の基本 ➡ 109, 110

109 分詞構文の基本 [基本]

- ▶ 分詞構文とは，分詞が接続詞と動詞の働きをかねて，副詞句として働く構文のことである。つまり，分詞だけで〈接続詞 + 主語 + 動詞〉の働きをする。どういう接続詞の働きをしているかは，話の流れ（文脈）に応じて考えていけばよい。ただし，分詞構文は本来「あいまいな構文」なので，意味の判断ができない場合も多く，必ずしも接続詞を用いて書き換えられるわけではない。
- ▶ 分詞構文を作るには，接続詞と主語を消して，動詞を分詞にする。本問の場合，As と I を消して，had を Having にする。

110 分詞構文の否定形 [標準]

- ▶ 分詞構文の否定形は分詞の直前に not または never を置く。
- 本問 = Since [As] he didn't know what to say, he remained silent all through the meeting.

Theme 30 完了形の分詞構文と受動態の分詞構文 ➡ 111, 112

111 完了形の分詞構文（having *done*） [標準]

- ▶ 完了形の分詞構文は主節の動詞の表す『時』よりも前のことを表す。

112 受動態の分詞構文（分詞構文の中では最頻出の形） [標準]

- ▶ 受動態(be *done* / have been *done*) を分詞構文にすると，being *done* / having been *done* という形になる。分詞構文では being / having been を省略することができるので，受動態の分詞構文は時制にかかわらず過去分詞で始まることが多い。
- ▶ 本問は，文の主語 the rock と see の間に「岩が見られる」という受動関係があるので，being を省略した ② Seen が正解。
- 本問 = When it is seen from a distance, the rock looks like a human face.

解答
109 (Having) 熱が高くて，私は学校を休んだ。
110 (Not knowing what to) say, he remained silent all through the meeting.
111 (③) 彼は仕事を完成させて（から），休暇を楽しんだ。
112 (②) 遠くから見ると，その岩は人間の顔のように見える。

Theme 31

☐ 113 (　　) stormy, all the flights to Hokkaido were canceled.
　　① Being　　② It being　　③ Be　　④ It was　　（神奈川大）

☐ 114 All things (　　), we can say Mary is an excellent nurse.
　　① consider　　　　　　② considered
　　③ considering　　　　④ to consider　　（日本女子大）

Theme 32

☐ 115 一般的に言って，九州の気候は温暖です。
　　Generally (　　), the climate of Kyushu is mild.　　（九州東海大）

☐ 116 Our teacher's skill in tennis is wonderful, (　　) his age.
　　① being considered　　② considered
　　③ considering　　　　④ to be considered　　（日本大）

Theme 33

☐ 117 He was watching the scene, folding his arms.
　　= He was watching the scene, (　　) his arms (　　).　　（天理大）

☐ 118 口にものを入れたまましゃべるなと母は私に言った。
　　Mother told me not to (full / mouth / my / talk / with).　　（中央大）

☐ 119 My sister is in the front row in the picture. She is the one (　　) in her hands.
　　① of everything　　　② of some things
　　③ with anything　　　④ with nothing　　（センター）

Power Up! 36　慣用的な独立分詞構文　　⊃ 115, 116

☐ **generally** [**frankly** / **strictly** / **roughly**] **speaking**
　　「一般的に［率直に／厳密に／おおざっぱに］言うと」
☐ **speaking** [**talking**] **of** 〜「〜と言えば」　☐ **judging from** 〜「〜から判断すると」
☐ **considering** 〜「〜を考えると／〜のわりには（= for）」

Power Up! 37　付帯状況の **with** 構文　　⊃ 117〜119

☐ **with** + A + { 分詞／形容詞　副詞／場所を示す句 }　「Aを〜（の状態に）して」
　　with her shoes **on**「くつをはいたまま」— 副詞

Theme 31 独立分詞構文　→ 113, 114

113 独立分詞構文 [標準]
- ▶分詞の意味上の主語が文の主語と異なる場合，意味上の主語を分詞の前に残す。
- ▶本問の分詞の意味上の主語 it は『天候・寒暖・時間・距離』などを述べる文の主語としてしばしば be 動詞とともに用いる。日本語には訳さない。

　本問 = As it was stormy, all the flights to Hokkaido were canceled.

114 all things considered「あらゆることを考えてみると」 [標準]
- ▶all things being considered の being が省略された受動態の独立分詞構文。

Theme 32 慣用的な独立分詞構文　→ 115, 116

115 generally speaking「一般的に言って」 [基本]
- ▶慣用的な独立分詞構文。分詞の意味上の主語が we / you など一般の人々の場合，文の主語と異なっていても慣用上省略される。

116 considering ～「～を考えると / ～のわりには（= for）」 [標準]
- ▶本問 = Our teacher's ... wonderful, if we consider his age.

Theme 33 with + A + 分詞[形容詞 / 副詞 / 場所を示す句]　→ 117～119

117 with one's arms folded「腕を組んで」 [標準]
- ▶〈with + A + 分詞〉の形で，「A を～（の状態に）して」という意味を表す。このような表現を『付帯状況の with 構文』と言う。
- ▶「腕は組まれる」という受動関係があるので，分詞は過去分詞になる。

118 with one's mouth full「口に食べ物をいっぱい入れたまま」 [標準]
- ▶『付帯状況の with 構文』では分詞の代わりに形容詞を置くことができる。

119 with nothing in one's hands「手に何も持たないで」 [発展]
- ▶『付帯状況の with 構文』では分詞の代わりに『場所』を示す句も置ける。
- ▶with の導く句は本来，文中で動詞を修飾する副詞句の働きをするが，本問では with nothing in her hands が形容詞句として直前の the one を修飾。

解答
113 (②) 荒れ模様だったので，北海道行きの便はすべて欠航になった。
114 (②) あらゆることを考慮すると，メアリーはすぐれた看護師だといえる。
115 (speaking)　116 (③) 歳を考えると，私たちの先生のテニスの技術はすばらしい。
117 (with, folded) 彼は腕組みをして，その光景を見つめていた。
118 Mother told me not to (talk with my mouth full).
119 (④) 妹［姉］は写真の前列にいます。手に何も持っていないのが妹［姉］です。

第6章　分詞を用いた表現・構文

第7章 関係詞を用いた表現

Theme 34

□ 120　All the students (studying abroad / interested in / attend / should / who are) next week's meeting.　　　（センター）

□ 121　A child (　　) parents are dead is called an orphan.
　　　① that　　② who　　③ whose　　④ whom　　（東京国際大）

□ 122　The mountain whose summit is covered with snow is called Mt. Asama.
　　　= The mountain the summit (　　) (　　) is covered with snow is called Mt. Asama.　　（桜美林大）

□ 123　あなたが見た記憶がある映画の中で，最も古いものは何ですか。（獨協大）
　　　(that / seeing / the / can / you / movie / oldest / is / remember / what)?

□ 124　あなたが昨日私に話してくれた物語はたいへん面白かった。（米沢女子短大）
　　　(told / yesterday / the story / interesting / me / was very / you).

Power Up! 38　関係代名詞 who / which / that の基本用法　　➲ 120～123

❶ 関係代名詞は文と文を結びつける働きと代名詞の働きを兼ねたもので，形容詞節を導いて，先行詞（関係詞によって修飾される名詞）を後ろから説明する。
❷ 関係代名詞は文中での働きによって，それぞれ決められた形（主格・所有格・目的格）をとる。所有格の出題が特に多い。

先行詞	主格	所有格	目的格
人	who	whose	whom / who（口語）
人以外	which	whose / of which	which
人 + 人以外	that	×	that

Power Up! 39　関係詞の省略　　➲ 124

名詞の後ろに〈S + V〉が連続していたら，関係代名詞の省略と考える。
The book **the teacher chose** was too difficult for the students.
（先生が選んだその本は，生徒たちにとっては難しすぎた）（中部大）
A friend **I went** to school with got a gold medal in the Olympics.（➲ 127）
（一緒に学校に通っていた友人がオリンピックで金メダルを取った）（立教大）
A friend of mine **I supposed** would pass the examination has failed.（➲ 159）
（試験にとおると思っていた私の友人は落ちてしまった）（福岡大）
▶ I supposed が挿入されて，名詞の後ろに〈S + V〉が連続する形になるので，A friend of mine のあとに主格の関係代名詞 who が省略されている。

Theme 34 関係代名詞の基本　　⊃ 120〜124

120 『人』が先行詞の主格関係代名詞 — who / that　[基本]

本問 ← <u>All the students</u> should attend next week's meeting.
　　　　　+ <u>They</u> are interested in studying abroad.

121 『人』が先行詞の所有格関係代名詞 — whose　[基本]

▶ whose は必ず直後に名詞を伴い，〈whose + 名詞〉の形で用いる。
本問 ← <u>A child</u> is called an orphan. + <u>His</u> [<u>Her</u>] parents are dead.

122 『人以外』が先行詞の所有格関係代名詞 — whose / of which　[標準]

▶『人以外』が先行詞の所有格関係代名詞には whose または of which を用いる。
本問 ← <u>The mountain</u> is called Mt. Asama.
　　　　　+ <u>Its</u> summit is covered with snow. → 上の文
　　　　　+ The summit of <u>it</u> is covered with snow. → 下の文

123 『人以外』が先行詞の目的格関係代名詞 — that　[標準]

本問 ← What is <u>the oldest movie</u>? + You can remember seeing <u>it</u>.
▶ 先行詞を特定化する修飾語(the first / the only / the very / 最上級形容詞など)がある場合，関係代名詞 that が好んで用いられる。
This is <u>the very</u> book **that** I need now. (これこそ今私に必要な本です)
ただし，先行詞が『人』の場合は who が用いられることも多い。

124 目的格関係代名詞の省略 — 目的格は省略可　[標準]

▶ 目的格の関係代名詞は省略されることが多い。本問の場合，The story と you told の間に，目的格の which [that] が省略されている。
本問 ← <u>The story</u> was very interesting. + You told me <u>it</u> yesterday.

解答
120 All the students (who are interested in studying abroad should attend) next week's meeting.　留学に興味のある学生は全員来週のミーティングに出席しなければならない。
121 (③) 両親が亡くなっている子供は，孤児と呼ばれる。
122 (of, which) 頂上が雪で覆われているその山は浅間山と呼ばれている。
123 (What is the oldest movie that you can remember seeing)?
124 (The story you told me yesterday was very interesting).

Theme 35

□ 125 These are the tools (　　) he built his own house.　　　（青山学院大）
　　① that　　② with that　　③ with which　　④ which

□ 126 He is married to a singer of (　　) you may have heard.
　　① that　　② who　　③ whose　　④ whom　　（愛知学院大）

□ 127 The hotel (　　) was very comfortable.
　　① I stayed　　　　　　② I stayed in
　　③ in that I stayed　　④ in I stayed　　（千葉工業大）

Theme 36

□ 128 それは私が欲しいものではありません。
　　It's (want / I / not / what).　　（大阪商業大）

□ 129 He often leaves undone (　　) he ought to do.
　　① that　　② what　　③ where　　④ which　　（日本女子大）

Power Up! 40　前置詞＋関係代名詞　　⇒ 125～127

関係代名詞が前置詞の目的語の場合，次の3通りの形が可能。
❶ 前置詞＋関係代名詞　❷ 前置詞の後置　❸ 関係代名詞の省略
　This is *the house*. + The poet was born in *it* (= the house).
　→ ❶ This is the house **in which** the poet was born.　《文語》
　→ ❷ This is the house **which** [**that**] the poet was born **in**.　↓
　→ ❸ This is the house (省略) the poet was born **in**.　《口語》
　　（これはその詩人の生家です）
▶ ❶の場合，関係代名詞は目的格でも省略できない。

Power Up! 41　目的語と補語（目的語と句）の逆転　⇒ 129

目的語が長い場合，目的語と補語，目的語と句の逆転が生じることがある。

❶ **目的語と補語の逆転** (make / leave の場合が多い)
　Henry Fielding made **famous the expression** that "An hour of sleep before midnight is worth two hours thereafter."（千葉大）
　（ヘンリー・フィールディングは「真夜中前の1時間の睡眠は，それ以降の2時間に値する」という表現を有名にした）

❷ **目的語と句の逆転** (keep [bear] A in mind「A を心に留めておく」など)
　Keep **in mind that you have a family to support**.（関東学院大）
　（あなたには養わなければならない家族がいることを心に留めておきなさい）

Theme 35 前置詞＋関係代名詞　　　➲ 125〜127

125 前置詞＋関係代名詞 — with which [標準]

▶ 関係代名詞が前置詞の目的語の場合，文末にあるべき前置詞が関係代名詞とセットで前に移動することがある。ただし，that の場合は前置詞は必ず後置される（×前置詞 ＋ that）。

本問 ← These are *the tools*. ＋ He built his own house with *them*.

126 前置詞＋関係代名詞 — of whom [標準]

▶ 前置詞が先行詞や関係詞節中の動詞［形容詞］と語法的に結びつく場合が多い。本問では hear of 〜「〜のうわさを聞く」に注意。

本問 ← He is married to *a singer*. ＋ You may have heard of *her*.

[語句] be married to 〜「〜と結婚している／〜と結婚する」(➲ 696)
　　　 may have *done*「〜したかもしれない」(➲ 38)

127 関係代名詞の省略 — 前置詞の後置 [標準]

▶ 目的格関係代名詞 which［that］が省略され，前置詞 in が後置された形。stay in［at］〜「（ホテルなど）に泊まる」

本問 ← *The hotel* was very comfortable. ＋ I stayed in *it*.

Theme 36 関係代名詞 what の用法　　　➲ 128, 129

128 関係代名詞 what の用法 — 節内で目的語，節全体は文中で補語 [基本]

▶ what は先行詞をとらず，what 1 語で the thing(s) which「〜すること［もの］」の意味の名詞節を導く。what 節は名詞の働きをするので，文中で主語・目的語・補語になる。

▶ 本問では，what は節内で want の目的語，what 節全体は文中で補語。

129 関係代名詞 what の用法 — 節内で目的語，節全体も目的語 [基本]

▶ what は節内で do の目的語，what 節全体は文中で leaves の目的語になっている。本問は，leaves の目的語である what 節が補語 undone の後ろに移動している形になっている。(➲ Power Up! 41)

[語句] leave ＋ O ＋ C「O を C のままにしておく」(➲ 106)

解答　125 (③) これらは彼が自分自身の家を建てるのに使った道具です。
　　　 126 (④) 彼はあなたがうわさに聞いたことがあるかもしれない歌手と結婚した。
　　　 127 (②) 私が泊まったホテルはとても快適だった。　128 It's (not what I want).
　　　 129 (②) 彼はすべきことをしないでおくことがよくある。

Theme 37

☑ 130 ❶ She is no longer (　　　) she used to be.
　　① which　② why　③ that　④ what　　（駒澤大）

❷ 人間の価値は財産よりむしろ人柄にある。
　　A man's worth lies not so much in what he (as / has / he / in / that / what / is).〔1語不要〕　　（立教大）

☑ 131 He is a famous scholar, and (　　　) is more, he is a talented poet.
　　① what　② who　③ that　④ which　　（関東学院大）

☑ 132 It began to rain, and (　　　) was worse, we lost our way in the dark.
　　① it　② which　③ such　④ what　　（福岡大）

☑ 133 Bill is (　　　) a walking dictionary.
　　① what is called　② what to say
　　③ that is said　④ that is called　　（関東学院大）

☑ 134 Reading is to intellectual development (　　　) is to physical development.
　　① which food　② what food　③ how food　④ that food　　（獨協医科大）

Power Up! 42　関係代名詞 what を用いた慣用表現　⊃ 130〜134

❶ **what + S + be**
　☐ **what S is**「現在の S」⇔ ☐ **what S was**［**used to be**］「昔の S」
　☐ **what S is**「S の人柄」⇔ ☐ **what S has**「S の財産」
　☐ **what S will be**「将来の S」　☐ **what S should be**「S のあるべき姿」
　☐ **what S appears**[**seems**] **to be**「S の見かけの姿」

❷ **what is + 比較級**「さらに〜なことには」
　☐ **what is more**「その上／おまけに」(= besides / in addition)
　☐ **what is worse**[**better**]「さらに悪い［良い］ことには」

❸ ☐ **what is called**「いわゆる」(= what we [you / they] call)

❹ ☐ **A is to B what C is to D**「A と B の関係は C と D の関係と同じだ」

❺ ☐ **what with A and** (**what with**) **B**「A やら B やらで」〔原因〕
　What with the heat **and** humidity, we've really suffered this summer.
　（暑さやら湿気やらで，この夏は本当に苦しんできた）（工学院大）

Theme 37　関係代名詞 what を用いた慣用表現　⇒ 130〜134

130 **what S was [used to be]**「昔の S（の姿）」　[標準]
　⇔ **what S is**「現在の S（の姿）／S の人柄」
　　He owes **what he is** to his mother.（実践女子大）
　　（彼が現在あるのは母親のおかげだ）
　▶ what S has「S が持っているもの ➡ S の財産」と対比的に使って，what S is が本問 ❷ のように「S の人柄」の意味になることもある。
　[語句] ❷ not so much A as B「A よりはむしろ B」（⇒ 167）
　　　　lies not so much in A as in B「A よりむしろ B にある」

131 **what is more**「その上／おまけに」（= besides / in addition）　[標準]

132 **what is worse**「さらに悪いことには」　[標準]
　⇔ **what is better**「さらに良いことには」
　▶ 同意表現に to make matters worse「さらに悪いことには」がある。（⇒ **Power Up! 19**）
　[語句] lose *one's* way「（人が）道に迷う」（= be lost / lose *oneself*）

133 **what is called**「いわゆる」（= **what we [you / they] call**）　[基本]
　cf. so-called「いわゆる」〔時に『不信』『軽蔑』の意を含む〕
　　a so-called doctor「やぶ医者」

134 **A is to B what C is to D**　[発展]
　「A と B の関係は C と D の関係と同じだ ➡ B にとっての A は D で言えば C にあたる」
　▶ A：B = C：D の関係を表す。この形では what の代わりに as を用いても意味は変わらない。

[解答] 130 ❶（④）彼女はもはや昔の彼女ではない。
　　　　❷　A man's worth lies not so much in what he (has as in what he is).〔that 不要〕
　　131（①）彼は有名な学者であり，その上，才能のある詩人でもある。
　　132（④）雨が降り出し，さらに悪いことに，暗闇で私たちは道に迷った。
　　133（①）ビルはいわゆる歩く辞書だ。
　　134（②）読書と知性の発達との関係は，食物と肉体の発達との関係に等しい。

Theme 38

135 自分のためになるような友人を選ぶべきです。　　　　　　（関西学院大）
You should (friends / as / benefit / choose / will / such) you.

136 若者にはよくあることだが，彼はジャズに夢中だ。
(with / often / the case / as / is) young people, he is mad about jazz music.　　　　　　　　　　　　　　　　　　　　　　　　　　（東亜大）

137 おじいちゃんはいつものように犬を散歩に連れて行った。
Grandpa, (him / with / usual / was / as), took the dog out for a walk.　　　　　　　　　　　　　　　　　　　　　　　　　　　　（早稲田大）

138 People say that there is no man (　　　) has some defects.
　① that　　② who　　③ but　　④ as　　　　　　　　　　　（東洋大）

139 Don't give little children more money (　　　) is necessary.
　① which　　② but　　③ that　　④ than　　　　　　　　　（国際商科大）

Power Up! 43 　関係代名詞 as を用いた表現　　　⇒ 135〜137

❶ **such / the same / as many [much]** と相関的に用いられる場合
- **such ~ as ...**「…するような~」
- **the same ~ as ...**「…するのと同じ~」
- **as many [much] ~ as ...**「…するだけの~」

We sold **as many** copies of the books **as** were printed.
（私たちは刷った本全部を売った）

❷ 節全体を先行詞にする場合（慣用的に使われるものが多い）
- **as is often the case (with ~)**「(~には) よくあることだが」
- **as is usual (with ~)**「(~には) いつものことだが [よくあることだが]」
- **as (might be [have been]) expected**「思ったとおり / やっぱり」

As might have been expected, she did a good job of it.　（早稲田大）
（思ったとおり，彼女はそれをうまくやってのけた）

Theme 38 関係代名詞としての as / but / than　⊃ 135〜139

135　such 〜 as ... 「…するような〜」　[基本]

▶ 関係代名詞としての as は，such / the same / as many [much] などと相関的に用いられる。本問では such friends を先行詞とする主格関係代名詞。

▶ 先行詞が〈the same + 名詞〉の場合は，the same 〜 as ... と the same 〜 that ... の形があり，現在では区別なく使われる。

I have **the same** trouble **as** [**that**] they had.
（私は彼らと同じ問題を抱えている）

136　as is often the case (with 〜)「(〜には) よくあることだが」　[標準]

▶ 関係代名詞の as を用いた慣用表現。前・後の節全体を先行詞とする点に注意。本問では，he is mad about jazz music が先行詞。

137　as is usual (with 〜)「(〜には) いつものことだが [よくあることだが]」
(= as is often the case (with 〜))　[標準]

138　関係代名詞としての but (= that 〜 not)《文語》　[標準]

▶ 関係代名詞としての but は，常に否定語を含む語句を先行詞とする。but 自体に否定の意味があるので，文全体では「…しない〜はない」と二重否定になる。文語体で古い用法なので，日常的には使わないほうがよい。

▶ ほとんどの場合〈There is no + 名詞 + but + V〉の形で，主格として用いる。

139　関係代名詞としての than　[発展]

▶ 関係代名詞としての than は比較級に続いて用いられる。本問では more money を先行詞とする主格関係代名詞。

解答
135　You should (choose such friends as will benefit) you.
136　(As is often the case with) young people, he is mad about jazz music.
137　Grandpa, (as was usual with him), took the dog out for a walk.
138　(③)　なんらかの欠点を持たない人はいないと人々は言う。
139　(④)　必要以上のお金を小さな子供に与えるな。

Theme 39

☑ **140** Please tell me the name of the shop (　　) you bought that camera.
　① which　② that　③ where　④ why　　　　（芝浦工業大）

☑ **141** London is a city (　　) I have always wanted to visit.
　① where　② which　③ in which　④ to which　（立命館大）

☑ **142** I can remember the time (　　) phones were still rare.
　① as　② since　③ until　④ when　　　　　（立教大）

☑ **143** 学生たちは講義に遅れた理由を私に説明した。
　The students explained to me (for / late / reason / the / they / were / why) the lecture.　　　　　　　　　　　　　（立命館大）

☑ **144** In this way I came to know it.
　= This is (　　) I came to know it.　　　　　　（東京家政大）

Power Up! 44　関係副詞の種類と先行詞　⊃ 140〜144

関係副詞は，先行詞と節をつなぐ接続詞の働きと，副詞の働きを兼ねるもので，where / when / why / how の4つがある。

先行詞	場所 (place / house など)	時 (time / day など)	理由 (reason のみ)	なし
関係副詞	where	when	why	how

Power Up! 45　関係副詞の先行詞の省略　⊃ 140〜144

関係副詞の where / when / why / how は，それ自体が『場所 / 時 / 理由 / 方法』を示すので，先行詞が省略されることが多い。先行詞が省略されると，関係副詞は名詞節を導くことになる。

　The enemy was within about twenty paces of (the place) **where** we had been sitting.（福岡大）
　（敵は，我々が座っていたところから約20歩以内にいた）
　New Year's Day is (the day) **when** everybody feels happy.（獨協大）
　（元日はだれもが幸せを感じる日です）
　This is (the reason) **why** I raised this question again.（福岡工業大）
　（こういうわけで私は再びこの問題を持ち出したのです）
▶ when と why は先行詞を残して，関係副詞そのものが省略されることがある。

Theme 39 関係副詞 ⊃ 140〜144

140 関係副詞 where =〈前置詞 + which〉— 先行詞は『場所』 [基本]

▶先行詞が the shop という『場所』を表す語で，空所の後ろが「完全な文」なので，関係副詞 ③ where が正解。

the shop + You bought that camera *there* (= *at the shop*).

➡ the shop **where** [**at which**] you bought that camera

141 関係副詞 where と関係代名詞 which の使い分け [標準]

▶『場所』を表す語が先行詞であっても，後ろが「不完全な文」の場合，関係代名詞を用いる。本問では他動詞 visit の目的語がない「不完全な文」なので，目的格関係代名詞 ② which が正解。

London is *a city*. + I have always wanted to visit *it*.

➡ London is a city **which** I have always wanted to visit.

142 関係副詞 when =〈前置詞 + which〉— 先行詞は『時』 [基本]

▶ *the time* + Phones were still rare *then* (= *at the time*).

➡ the time **when** [**at which**] phones were still rare

143 関係副詞 why =〈前置詞 + which〉— 先行詞は the reason [基本]

▶ *the reason* + They were late for the lecture *for the reason*.

➡ the reason **why** [**for which**] they were late for the lecture

[語句] explain A to B「A を B（人）に説明する」

本問のように，目的語 A が長い場合は explain to B A の形になる。

144 This is how 節「このようにして〜（← これが〜する方法だ）」 [標準]

▶関係副詞の how は常に先行詞なしで用いられる。how だけで「〜する方法」の意味になる。(*the way how)

▶本問のように，主に This [That] is how 節の形で用いる。

▶how を用いないで，同じ意味を次のように表すことができる。

本問 = This is **the way** I came to know him.
　　 = This is **the way in which** I came to know him.
　　 = This is **the way that** I came to know him.

【解答】
140 (③) あなたがそのカメラを買った店の名前を教えてください。
141 (②) ロンドンは私がいつも訪ねたいと思っていた都市です。
142 (④) 電話がまだ珍しかった頃を思い出すことができる。
143 The students explained to me (the reason why they were late for) the lecture.
144 (how) こういうふうに私はそれを知るようになった。

Theme 40

☑ **145** This dictionary, (　　) I bought last year, is very useful.
　① which　② whom　③ that　④ how　〔愛知工科大〕

☑ **146** We have two washing machines, both of (　　) are out of order.
　① them　② whom　③ which　④ what　〔西南学院大〕

☑ **147** I was about to go to bed, (　　) there was a knock at the door.
　① when　② where　③ which　④ why　〔京都学園大〕

☑ **148** He broke all the dishes, (　　) made his mother very angry.
　① which　② that　③ what　④ for which　〔関西外国語大〕

☑ **149** He said he graduated from a foreign university, (　　) was not true.
　① how　② what　③ when　④ which　〔東北学院大〕

Power Up! 46 非制限用法の関係詞　　　⊃ 145〜149

❶ 関係詞の前にコンマを打って，先行詞について説明を付け加える用法。コンマのところで一息おいて，前から順に訳し下ろす。
He has two sisters, **who** (= and they) are married.〔非制限用法〕
（彼には姉が 2 人いて，2 人とも結婚している）〔姉は 2 人だけ〕
cf. He has two sisters **who** are married.〔制限用法〕
　（彼には結婚している姉が 2 人いる）〔結婚していない姉がいる可能性あり〕

❷ 非制限用法のある関係詞は，関係代名詞の who / which と関係副詞の where / when だけである。that / why / how にはこの用法はない。また，非制限用法では目的格関係代名詞であっても省略できない。
I will employ Dick, **who** (= *as he*) is able and trustworthy.
（ディックを雇うつもりだ。彼は有能だし，信頼できるから）
We then moved to London, **where** (= *and there*) we lived for seven years.
（私たちはそれからロンドンに移り，そしてそこに 7 年間住んだ）〔千葉商科大〕

Theme 40 非制限用法の関係詞　⊃ 145〜149

145 非制限用法の目的格関係代名詞 which　[基本]

▶ 本問は『人以外』が先行詞の目的格関係代名詞 ① which が正解。③ that は限定性の強い関係代名詞なので，非制限用法では使わない。

▶ 本問のように，文の途中に挿入して先行詞に補足的説明を付け加える場合は，「〜だが」「〜で」とあいまいに訳すとよい。

146 〈前置詞 + 関係代名詞〉の非制限用法 — ..., both of which 〜　[標準]

▶〈前置詞 + 関係代名詞〉にも非制限用法がある。特に A of which [whom] の形に注意。

..., **both of which** are ... = ..., *but* both of *them* are ...

cf. The room was full of girls, **three of whom** were her own children.
（その部屋は女の子で一杯だったが，そのうちの3人が彼女の子供だった）

（北海学園大）

147 非制限用法の関係副詞 when　[標準]

▶ 非制限用法の when は「そしてそのとき」（= and then）の意味を表す。

..., **when** there was a knock at the door
= ..., *and then* there was a knock at the door

148 前の文全体を先行詞とする which　[標準]

▶ 非制限用法の which には，前の文（正しくは節）全体やその一部を先行詞とする用法がある。本問の which は，前の文全体を先行詞とする主格関係代名詞。

..., **which** made his mother very angry
= ..., *and it* made his mother very angry

149 前の文の一部を先行詞とする which　[標準]

▶ 本問の which は，前文の一部 he graduated from a foreign university を先行詞とする主格関係代名詞。

..., **which** was not true = ..., *but it* was not true

解答
145 （①）この辞書は，昨年買ったのだが，とても役に立つ。
146 （③）私たちは2台の洗濯機を持っているが，両方とも故障している。
147 （①）寝ようとしていたちょうどそのとき，ドアをノックする音がした。
148 （①）彼は皿を全部割ってしまった。そのことは彼の母親をとても怒らせた。
149 （④）彼は外国の大学を卒業したと言ったが，それは本当ではなかった。

Theme 41

☑ **150** Our company has decided to give this software (　　) wants to use it.
　　① to whoever　② of which　③ to whom　④ to whomever　(北里大)

☑ **151** 何でも買いたいものが買えるお金があったら，何を買いますか。(駒澤大)
　　If you had the money to buy (　　) you wanted to, what would you buy?

☑ **152** Please drop by my office whenever you like.
　　= Please drop by my office at (a　　)(t　　) you like. (名古屋外国語大)

☑ **153** 彼はどこへ行っても成功する。〔2語不要〕 (近畿大)
　　(he / no / wherever / go / matter / may), he will be successful.

☑ **154** (　　) your goal may be, you have to work very hard. (清泉女子大)
　　① What　② Which　③ No matter　④ Whatever

☑ **155** (　　) tired she is, she always manages to find time for her friends.
　　① Although　② However　③ When　④ Whatever　(学習院大)

Power Up! 47　複合関係代名詞　　⇒ 150, 151, 154

関係代名詞 who / which / what に -ever をつけた形で，次の2用法がある。

❶ 名詞節を導く用法
　☐ **whoever**「～する人はだれでも」(= anyone who)
　☐ **whichever**「～するものはどちら[どれ]でも」(= either [any] one that)
　☐ **whatever**「～するものは何でも」(= anything that)

❷『譲歩』の副詞節を導く用法 —〈**no matter** + 疑問詞〉に置き換えられる
　☐ **whoever** (= no matter who)「だれが～しようとも」
　☐ **whichever** (= no matter which)「どちらが[を]～しようとも」
　☐ **whatever** (= no matter what)「何が[を]～しようとも / 何であろうとも」
▶ whichever と whatever には，❶・❷とも名詞を修飾する用法がある。

Power Up! 48　複合関係副詞　　⇒ 152, 153, 155

関係副詞 when / where / how に -ever をつけた形で，次の2用法がある。

❶『時・場所』の副詞節を導く用法
　☐ **whenever**「～するときはいつでも」(= (at) any time (when))
　☐ **wherever**「～するところはどこでも」(= (at / in / to) any place (where))

❷『譲歩』の副詞節を導く用法 —〈**no matter** + 疑問詞〉に置き換えられる
　☐ **whenever** (= no matter when)「いつ～しようとも」
　☐ **wherever** (= no matter where)「どこで[へ]～しようとも」
　☐ **however** (= no matter how)「どんなに～しようとも」

Theme 41 複合関係詞　　　→ 150〜155

150 名詞節を導く whoever「〜する人はだれでも」（= anyone who）［標準］
- ▶ 空所に入るのは wants の主語であるから，主格の ① to whoever を選ぶ。前置詞 to にまどわされて ④ to whomever を選ばないように。

151 名詞節を導く whatever「〜するものは何でも」（= anything that）［標準］
- ▶ buy の目的語となる名詞節を導く whatever が入る。
- ▶ 本問は仮定法過去の文。（→ 220）

152 『時』の副詞節を導く whenever「〜するときはいつでも」［標準］
　　　　　　　　　　　　　　　　　　　　　　　（=（at）any time（when））
- 語句 drop by 〜「〜に立ち寄る」　drop in at 〜（→ 831）と同義。

153 wherever「どこで［へ］〜しようとも」（= no matter where）［標準］
- ▶ 本問は『譲歩』の副詞節を導く wherever。no matter where で置き換えられる。
  本問 = No matter where he may go, he will be successful.
- ▶ 口語では may を用いずに no matter where he goes とすることが多い。

154 副詞節を導く whatever「何が［を］〜しようとも／何であろうとも」［標準］
- ▶『譲歩』の副詞節を導く whatever は，no matter what に置き換えられる。
  本問 = No matter what your goal is [may be], ...

155 however「どんなに〜しようとも」（= no matter how）—『譲歩』［標準］
- ▶ however は通例，後ろに形容詞・副詞を伴い，「どんなに〜しようとも」の意の『譲歩』の副詞節を導く。however は常に no matter how に置き換え可。
  本問 = No matter how tired she is [may be], ...
- 語句 manage to do「どうにか［なんとか］〜する」（→ 67）

解答
- **150**（①）我が社は使いたい人には誰にでもこのソフトウェアをプレゼントすることに決定した。
- **151**（whatever）
- **152**（any, time）いつでも気の向いたときに会社に立ち寄ってください。
- **153**（Wherever he may go）, he will be successful.〔no, matter 不要〕
- **154**（④）あなたの目標が何であれ，一生懸命勉強しなければならない。
- **155**（②）たとえどんなに疲れていても，彼女はいつもなんとか友達のために時間を見つける。

Theme 42

☑ 156 彼はなけなしのお金をすべて持って行って新車を買った。 （桜美林大）
He took (he / what / little / had / money) and bought a new car.

☑ 157 (　　) way you take, you will get there in time. （京都産業大）
① No matter　② That　③ Wherever　④ Whichever

☑ 158 You can look through your textbook and choose (you / want to / topic / whatever / write about) for your essay. （センター）

Theme 43

☑ 159 The man (　　) I believed was an Australian was in fact an American.
① who　② whom　③ in whom　④ for who　（大阪学院大）

☑ 160 A time will soon come (　　) people can enjoy space travel.
① when　② where　③ what　④ which　（京都学園大）

☑ 161 There are plenty of students we know well (　　) are studying abroad.
① of whom　② which　③ whom　④ who　（関西外国語短期大）

Power Up! 49　関係形容詞としての whichever / whatever
⇒ 157, 158

whichever と whatever には，後ろに名詞を伴う関係形容詞としての用法がある。それぞれ ❶ 名詞節を導く場合と，❷『譲歩』の副詞節を導く場合がある。

	❶ 名詞節を導く場合	❷『譲歩』の副詞節を導く場合
whichever	「～するどちらの [どの] …でも」	「どちらの…が [を] ～しようとも」
whatever	「～する何の [どの] …でも」	「何の [どんな] …が [を] ～しようとも」

❷ *Whatever* excuses he makes, we do not believe him.
（彼がどんな言い訳をしようと，私たちは彼の言うことを信じない）（広島修道大）

Power Up! 50　離れた先行詞の発見
⇒ 160

関係詞が修飾する先行詞は常に直前にあるとは限らない。次の場合に注意。

❶ 先行詞と関係詞の間に副詞句・形容詞句が入っている場合
She is *the professor* from Taiwan **about whom** I spoke with you.
（彼女が私があなたと話した台湾出身の教授です）（沖縄国際大）

❷ 主語を修飾する関係詞節が，文が完結したあとに置かれる場合
Those *men* are rich **who** are contented with what they have.
（自分の持っているものに満足している人は豊かな人です）

Theme 42 関係形容詞　→ 156〜158

156 what (few [little]) + 名詞 + S + V　[標準]
「（わずかだが）〜するすべての… / 〜する限りの…」
▶ 関係代名詞 what が，後ろに名詞を伴って形容詞のような働きをしているので，関係形容詞と呼ばれている。

157 関係形容詞としての whichever 「どちらの…が［を］〜しようとも」　[発展]
▶ 本問の whichever は，『譲歩』の副詞節を導く場合。
　Whichever *way* you take, … = **No matter which** *way* you take, …

158 関係形容詞としての whatever 「〜する何の［どの］…でも」　[発展]
▶ 本問の whatever は名詞節を導く場合。
　whatever *topic* you want to … = **any** *topic* **that** you want to …

Theme 43 関係詞の注意すべき用法　→ 159〜161

159 関係代名詞 + 挿入節　[標準]
▶ 関係代名詞節の中に I think / I hear などが挿入されることがある。本問の場合，関係代名詞の働きは I believed の目的語ではなく，was an Australian の主語であるから，『人』が先行詞の主格関係代名詞 ① who が正解。
本問 ← *The man* was in fact an American. + I believed (that) *he* was an Australian.

160 離れた先行詞の発見（→ Power Up! 50）　[標準]
▶ 先行詞（A time）と関係副詞節（when 〜）が離れている場合があるので注意。

161 関係代名詞の二重限定　[発展]
▶ 2つの制限用法の関係代名詞が，接続詞を用いずに1つの先行詞を修飾する用法。最初の関係代名詞は省略されることが多い。

There are plenty of *students*
　└─①(whom) we know well
　　　└─② who are studying abroad.

解答
156 He took (what little money he had) and bought a new car.
157 (④) どちらの道を行っても，時間内にそこに到着しますよ。
158 You can look through your textbook and choose (whatever topic you want to write about) for your essay. テキストに目をとおして，レポートに書きたいと思うどんなテーマを選んでもよろしい。
159 (①) 私がオーストラリア人だと思った人は実はアメリカ人でした。
160 (①) 人々が宇宙旅行を楽しめるときがまもなくやって来るだろう。
161 (④) 私たちがよく知っている学生の中で，留学している学生がたくさんいる。

第7章　関係詞を用いた表現

第8章 比較を用いた表現

Theme 44

☐ **162** ほかのヨーロッパの人々に比べて，イギリス人は外国語を学ぶことが得意ではないそうです。
It is said that the British are (good / learning / not / as / at / as / Europeans / other) foreign languages. （獨協大）

☐ **163** あそこにある建物の高さは私の家の3倍ほどあるのですが，わかりますか。
Can you see that the (there / three / times / is / tall / as / about / over / building) as my house? （関西学院大）

☐ **164** このエアコンの消費電力はあのエアコンの2分の1だ。 （九州産業大）
This air conditioner uses half (as / electricity / much / as / that / one).

☐ **165** ロサンゼルスはフィラデルフィアの3倍以上の大きさだ。
Los Angeles is (of / the / Philadelphia / than / size / times / more / three). （立命館大）

Power Up! 51 倍数の表しかた ⇒ 163, 164

☐ **one-third [two-thirds] as** ＋ 原級 ＋ **as** … 「…の3分の1 [3分の2] の～」
☐ **half as** ＋ 原級 ＋ **as** … 「…の半分の～」
☐ **one and a half times as** ＋ 原級 ＋ **as** … 「…の1.5倍の～」
☐ **twice as** ＋ 原級 ＋ **as** … 「…の2倍の～」
☐ **X times as** ＋ 原級 ＋ **as** … 「…のX（3以上）倍の～」

Power Up! 52 （倍数＋）the ＋ 名詞 ＋ of ～ ⇒ 165

〈the ＋ 名詞 ＋ of〉は〈as ＋ 形容詞 ＋ as〉とほぼ同じ意味。
　Britain is about **the size of** Japan.（英国は日本とほぼ同じ大きさです）
　＝ Britain is about **as large as** Japan.（立正大）
　This is three times **the size** [**length / width / height / number**] **of** that.
　＝ This is three times **as large** [**long / wide / high / many**] **as** that.
　（これは大きさ［長さ／幅／高さ／数］があれの3倍ある）

Theme 44 原級比較の基本と倍数表現　⊃ 162〜165

162　**not as [so]** + 原級 + **as** ... 「…ほど〜ではない」　[基本]

- as + 原級 + as ... の否定形。so より as のほうが口語的。
- 本問は，be good at *doing*「〜するのが得意である」の good が as 〜 as の間に入り，at *doing* が後ろに置かれた形。
- not as [so] + 原級 + as ... は less + 原級 + than ... (⊃ 174) と同意。
  She is **not as [so]** talented **as** her brother.
  = She is **less** talented **than** her brother.
  (彼女は兄ほど有能ではない)〈大阪経済大〉

[語句] It is said that 節「〜だと言われている / 〜だそうだ」(⊃ 8)

163　**X times as** + 原級 + **as** ... 「…の X 倍の〜」　[標準]

- 倍数表現の基本形。X が 3 以上の場合に使う。
- 「半分 [2倍]」は half [twice] as + 原級 + as ... の形になる。

164　**half as much** + 不可算名詞 + **as** ... 「…の半分の (量の)〜」　[標準]

- much は限定用法で用いる数量形容詞なので，as much electricity as の語順になる点に注意。×electricity as much as
- *cf.* X times as many + 複数名詞 + as ...「…の X 倍の (数の)〜」
  There are **three times as many** female students **as** male students in this school.〈広島修道大〉
  (この学校には女子学生が男子学生の 3 倍いる)

165　**X times the size of** ... 「…の X 倍の大きさ」　[発展]

- ⟨the + 名詞 + of⟩ の形を用いて倍数を表現することもできる。
  本問 = Los Angeles is more than three times as large as Philadelphia.

[解答]
162　It is said that the British are (not as good as other Europeans at learning) foreign languages.
163　Can you see that the (building over there is about three times as tall) as my house?
164　This air conditioner uses half (as much electricity as that one).
165　Los Angeles is (more than three times the size of Philadelphia).

Theme 45

☐ 166 学生時代にできるだけ多くの本を読んでおくべきだ。
You ought to read as (many / possible / books / as) in your student days.
(奈良産業大)

☐ 167 Frankly speaking, he is a critic rather than a novelist.
= To be (　　) with you, he is not (　　)(　　) a novelist as a critic.
(北里大)

☐ 168 あなただけでなくあなたの奥さんも招待されている。
(wife / well / as / your / as / you / is) invited.
(関西大)

☐ 169 Those mechanics are paid as (　　) as ten thousand yen per hour.
① much　　② well　　③ long　　④ far
(南山大)

☐ 170 The game of golf developed in Scotland, where it was played as (　　) as the 15th century.
① soon　　② long　　③ early　　④ lately
(日本大)

Power Up! 53 最上級に近い意味を表す原級表現

☐ **as** + 原級 + **as any**（+ 単数名詞）「どの…にも劣らず〜」
▶ 実質的には最上級に近い意味を表す。
He is **as** clever **as any boy** in the class. (千葉工業大)
(彼はクラスのどの少年にも劣らず利口だ)

☐ **as** + 原級 + **as ever** + 動詞「これまで…したどれにも劣らず〜」
▶ as + 原級 + as ever lived の形で用いられることが多い。
He is **as** great a statesman **as ever lived**. (中部工大)
(彼は今までに例を見ないほど偉大な政治家である)
▶ as + 原級 + as any（+ 単数名詞）の変種であると考えると理解しやすい。
← He is as great a statesman as (any statesman that) ever lived.

cf. **as** + 原級 + **as ever**「相変わらず〜」と混同しないように。
My father is **as** strict **as ever**. (西南学院大)
(父は相変わらず厳格だ)

Theme 45 原級を用いた慣用表現　⊃ 166〜170

166 **as** + 原級 + **as possible**「できるだけ〜」（= **as** + 原級 + **as** *one* **can**）　基本

▶ 本問 = You ought to read as many books as you can in ... days.

167 **not so much** A **as** B「A よりはむしろ B」（= B **rather than** A）　標準

▶ rather than で書き換えると，A と B が逆になることに注意。

cf. **not so much as** *do*「〜さえしない」と混同しないように。

　　He can**not so much as** sign his own name.

　= He cannot even sign his own name.

　　（彼は自分の名前を署名することさえできない）（中央大）

語句 Frankly speaking = To be frank（with you）「率直に言うと」

168 A **as well as** B「B と同様に A も」（= **not only** B **but also** A）　標準

▶ not only で書き換えると，A と B が逆になることに注意。

　　本問 = Not only you but also your wife is invited.

▶ 主語として用いる場合，動詞は A に一致させるのが原則。（⊃ **Power Up! 68**）

　　You *as well as* I **are** in the wrong.（摂南大）

　　（私だけでなくあなたも間違っている）

169 **as much as** 〜「〜も」　標準

▶ as much as 〜は『量』の多さを強調する表現。

cf. **as many as** 〜「〜も」は『数』の多さを強調する。

　　He has **as many as** five cars.（彼は車を 5 台も持っている）

170 **as early as** 〜〔驚きを表して〕「早くも〜には」　発展

▶ as early as 〜は『時期の早さ』を強調する表現。

cf. **as late as** 〜「〜になってようやく / つい〜ほどの最近に」

　　As late as last week, people were still dialing the wrong number.

　　（つい先週まで，人々は番号を間違えて電話をかけていた）

解答　166　You ought to read as (many books as possible) in your student days.
　　　167　(frank, so, much) 率直に言うと，彼は小説家というよりはむしろ批評家だ。
　　　168　(Your wife as well as you is) invited.
　　　169　(①) あの機械工たちは時給 1 万円ももらっている。
　　　170　(③) ゴルフという競技はスコットランドで発達したが，そこでは早くも 15 世紀にはゴルフが行われていた。

Theme 46

171 He is (　　) cleverer than he seems to be. 　　　　　(東京理科大)
① the　　② lot　　③ very　　④ much

172 このレストランは，先週末に行ったレストランよりもはるかに良い。
This restaurant is (nicer than / we / the one / went to / far) last weekend.
　　　　　(浜松大)

173 Mrs. Smith complained that she had (　　) problems than she used to. 　　(昭和女子大)
① much more　　② any more　　③ many more　　④ little more

174 You are (　　) to gain weight in summer than in winter because you tend to lose your appetite when it is hot.
① less likely　　② less unlikely　　③ very likely　　④ very unlikely
　　　　　(センター)

Power Up! 54　比較の強調　　　⊃ 171〜173

原級を強めるときは，**very**「とても」を用いるが，比較級には **much**「ずっと」を用いる（その他，**far**「はるかに」/ **still**「さらに」/ **even**「なおいっそう」など）。最上級には **much** / **by far** / **very**「〜こそまさに」などを用いる。

　This is **very** good. (とてもよい)
　This is **much** [**far**] better than that. (ずっとよい)
　That is good, but this is **still** [**even**] better. (さらに [なお] いっそうよい)
　　▶ much [far] と still [even] の意味の違いに注意。
　This is **much** [**by far**] the best of all. (ずば抜けてよい)
　This is the **very** best. (これこそまさに最高)
　　▶ much [by far] the best と the very best の語順の違いに注意。

Theme 46　比較級の基本と強調　→ 171〜174

171　**much** + 比較級 + **than ...**「…よりもずっと〜」　[基本]
▶ 比較級の強調には，much / far などを用いる。② は a lot または lots なら可。
③ very は比較級を強調することはできない。

172　**far** + 比較級 + **than ...**「…よりもはるかに〜」　[基本]
▶ the one と we の間に関係代名詞 which [that] が省略されている。

173　**many more** + 複数名詞 + **than ...**「…よりずっと多くの〜」　[発展]
▶ 比較級の強調には，much / far を用いるのがふつうだが，「数がずっと多い」というときは，much more 〜ではなく many more 〜を用いる。

cf. { We need **many more** *cars* than usual.
　　　（いつもよりずっと多くの車が必要だ）
　　　We need **two** [**a few**] *more cars* than usual.（さらに車 2 台［数台］）
　　　We need **much more** *oil* than usual.（ずっと多くの石油）

174　**less** + 原級 + **than ...**「…ほど〜ではない（← …より〜でない）」　[標準]
　　　　　　　　　　　　　　　　　　　　　（= **not as** [**so**] + 原級 + **as ...**　→ 162）
▶ less「より少ない［く］」は more「より多い［く］」の反対なので，less 〜 than ... で more 〜 than ... の反対の意味になる。less があるときは，「〜でない」と否定で訳すほうがよい場合が多い。

[語句] be likely to *do*「〜しそうである」（→ 868）　tend to *do*（→ 69）

Power Up! 55　比較の差を表す形　→ 171〜173

① 比較級の前に much（→ 171）/ a lot / lots / a great deal「はるかに / ずっと」，a little / a bit / a little bit「少し」，rather / somewhat「やや」などを置いて，差を漠然と表す場合。
　　He is **much** [**a little**] *taller* than his father.
　　（彼は父親よりずっと［少し］背が高い）

② 比較級の前に数を使った表現を置いて，差を明確に表す場合。
　　He is **10 centimeters** *taller* than his father.〔ふつうの言いかた〕
　　= He is *taller* than his father **by 10 centimeters**.
　　（彼は父親より 10 センチ背が高い）　　〔差を強調する言いかた〕

[解答]
171　(④)　彼は見かけよりずっと賢い。
172　This restaurant is (far nicer than the one we went to) last weekend.
173　(③)　スミス夫人は昔よりも困ったことがずっと多いとこぼした。
174　(①)　暑いときには食欲を失いがちなために，夏には冬ほど体重が増えそうにない。

Theme 47

175 ❶ She is (　　) than kind.
　① more gentle　　② more gentler
　③ gentler　　　　④ gentle
〔芝浦工業大〕

❷ Tom is (　　) a hard-working student than a mathematical genius; he always gets high scores in math without studying very hard.
　① less　　② more　　③ not　　④ rather
〔センター〕

176 ❶ コンサート会場に早く着けば着くほど, よい席に座れるでしょう。
The sooner we get to the concert hall, (are / to / the / we / likely / get / more) good seats.
〔東洋大〕

❷ "When should we tell Ron about this?" "(　　), the better."
　① As soon as　　② Earlier
　③ So soon　　　④ The sooner
〔金沢工業大〕

177 彼女は最善を尽くしたにもかかわらず失敗したので, 我々はいっそう気の毒に思う。
We are (all / for / more / the / sorry / to) her because she failed after all her efforts. 〔1語不要〕
〔関西大〕

Power Up! 56　A rather than B の意味の more A than B / less B than A　➲ 175

A, B に文法上対等の関係にあるものがくると, more A than B は A rather than B「BよりはむしろA」の意味になる。less 〜 than ... も「〜」と「…」に対等の関係にあるものがくると, A rather than B の意味になるが, less の場合は A, B が逆になる (= 比較を逆にして訳す)。

☐ **more** A **than** B = A **rather than** B
　= **less** B **than** A = **not so much** B **as** A

His new book is **more** a biography **than** a novel.
　= His new book is a biography **rather than** a novel.
　= His new book is **less** a novel **than** a biography.
　= His new book is **not so much** a novel **as** a biography. (➲ **167**)
(彼の新作は小説というよりは伝記だ)

Theme 47 比較級を用いた重要表現　　⊃ 175〜181

175　more A than B = less B than A「B よりはむしろ A」　標準
　　　　（= A rather than B / not so much B as A）

▶同一人〔物〕の異なる性質を比べる場合の表現。A, B は文法上対等の形容詞・名詞，句など。

▶-er をつけて比較級を作る形容詞でも，〈more + 原級 + than + 原級〉の形を用いるので，❶の正解は ① more gentle。

▶more と less では A, B が逆になる点に注意。less があるときは，比較を逆にして訳すか，否定で訳すとよい（⊃ 174）。❷では，文意から判断して，① less が正解。

176　the + 比較級〜, the + 比較級…「〜すればするほど，ますます…」　標準

▶前の〈the + 比較級〜〉が従属節で，あとの〈the + 比較級…〉が主節である。

▶本問❶の場合，主節を˟the more we are likely to ... としないように。もとの文 we are likely to ... の形容詞 likely を比較級 more likely にして the をつけてまとめて前に出す。

　語句 be likely to do「〜しそうである」（⊃ 868）

▶❷のように，この構文では省略が行われることが多い。
　　The sooner (it is), **the better** (it will be [it is]). （早ければ早いほどよい）

177　(all) the + 比較級 +『理由文句』「〜のためにそれだけますます…」　標準

▶all は強意の副詞。省略されることもあるので注意。

▶『理由文句』には〈for + 名詞〉や because 節などが用いられる。
　I like him **all the better for** his faults.
　　= I like him **all the better because** he has faults.
　（彼には欠点があるのでそれだけいっそう彼のことが好きだ）

　語句 be sorry for 〜「（人を）気の毒に思う」
　　　　after all 〜「〜のあとなのに /（〜をした）にもかかわらず（= in spite of）」

解答　175 ❶（①）彼女は親切というよりもやさしい。
　　　❷（①）トムは勤勉な学生というよりはむしろ数学の天才だ。彼はあまり勉強しなくてもいつも数学で高得点をとる。
　　176 ❶ The sooner we get to the concert hall, (the more likely we are to get) good seats.
　　　❷（④）「このことをいつロンに話したらよいだろう？」「早ければ早いほどいいよ」
　　177 We are (all the more sorry for) her because she failed after all her efforts.
　　　〔to 不要〕

第8章　比較を用いた表現

☑ 178 Some young people today are (　　) the wiser for their university education.
　① no　　② none　　③ no less　　④ nowhere　　(明治学院大)

☑ 179 Naomi didn't realize the balloon was getting (　　).
　① larger and larger　　② larger and largest
　③ more and more larger　　④ much more larger　　(東京経済大)

☑ 180 He always has his own way. He won't listen to his friends, (　　) his opponents.
　① moreover　② neither　③ much less　④ no more　　(慶應義塾大)

☑ 181 He knows (　　) than to judge by appearances.
　① what　② something　③ less　④ better　　(関西学院大)

Power Up! 57　その他の『比較級を用いた重要表現』

☐ **more or less**「おおよそ / ほぼ」(= roughly / approximately / almost)
Lately he seems to **more or less** understand the speech of Americans.
(近頃は彼もだいたいアメリカ人の話がわかるようです)(岡山商科大)

☐ **sooner or later**「遅かれ早かれ」
Sooner or later things will all come right again. (第一薬科大)
(遅かれ早かれ物事はまたうまくいくようになるだろう)
▶ 日本語との語順の違いに注意。

☐ **no longer**「もはや~でない」(= not ~ any longer)
The river is **no longer** as clean as it used to be.
= The river is **not** as clean as it used to be **any longer**.
(その川はもはや昔のようにきれいではない)(早稲田大)

☐ **the** + 比較級 + **of the two** (+ 複数名詞)「2つ[2人]のうちで~のほう」
John is **the cleverer of the two boys**. (関西学院大)
(ジョンは2人の少年のうち，賢いほうだ)
▶ 176~178 と同様に，比較級であるが例外的に the がつく場合。
　of the two で特定化されるので，定冠詞の the が必要。

178 none the + 比較級 +『理由文句』「〜だからといって少しも…でない」 [標準]

▶ 177 の否定形と考えればよい。

▶ この形を使った重要イディオム **none the less for** 〜 は「〜があってもやはり」の意味になる。

Bill said that he loved her **none the less for** her faults. (同志社大)
(彼女に欠点があってもやはり彼女が大好きだとビルは言った)

179 比較級 + and + 比較級「ますます〜／だんだん〜」 [基本]

▶ more を用いる比較級の場合,〈more and more + 原級〉になる。

I got **more and more** bored as the speech went on. (早稲田大)
(演説が進むにつれて, 私はますます退屈になった)

180 much [still] less 〜 〔否定の内容のあとに続けて〕 [標準]
「まして［なおさら］〜でない」（= let alone）

▶ much / still（比較級の強調）+ less（否定で訳す）→「まして〜でない」

He cannot speak English, **much less** French. (中央大)
(彼は英語を話せない。ましてフランス語は話すことなどできない)

He can't even read English, **much less** write it.
(彼は英語を読むことすらできない。まして書くことなどできない)

▶「〜」には名詞だけでなく動詞, 句も置かれる。

▶ 肯定文に続ける much [still] more 〜「まして〜である」は, 現在ではほとんど用いられず, to say nothing of 〜「〜は言うまでもなく」(⊃ 56) などを用いる。

[語句] have *one's* (own) way「自分の思いどおりにする」(⊃ 716)

181 know better (than to *do*) [標準]
「（〜するほど）ばかではない／（〜しないだけの）分別がある」

▶ 本問 = He is not so foolish as to judge by appearances. (⊃ 302)

▶ 文脈上明らかな場合は, than 以下が省略されることもある。

Now that you are a high school student, you should **know better**.
(もう高校生なのだから, 分別をわきまえなくてはならない)

[解答] 178 (②) 今日の若い人の中には, 大学教育を受けているのに少しも賢くない人がいる。
179 (①) ナオミはその風船がだんだん大きくなっているのに気づいていなかった。
180 (③) 彼はいつも自分の思いどおりにする。彼は友達の話に耳を貸そうとしないし, まして敵対する者の話など聞こうとしない。
181 (④) 彼は見かけで（人を）判断するようなばかではない。

Theme 48

□ 182 ここにいたって家にいるのと同じで，危険なことなんかありません。
You are (any / here / in danger / least / less / more / no / not / than) at home.〔4語不要〕　　　　　　　　　　　　　　　　　　　（東京理科大）

□ 183 仕事も遊びと同様に人生の目的ではない。　　　　　　　　（武蔵工業大）
Work is (any / of / the / is / life / not / play / more / object / than).

□ 184 The earth is a planet just as Venus is.
　= The earth is (　　　)(　　　) a planet than Venus is.　（神奈川大）

□ 185 When I arrived at Nagoya Station, I had only three minutes before my train left.
　= At Nagoya Station, I had (　　　)(　　　) than three minutes to catch my train.　　　　　　　　　　　　　　　　　　　　（南山大）

□ 186 No (　　　) than a hundred people were at the banquet — it was a really big party.
　① more　　② less　　③ few　　④ much　　　　　　　　（国士舘大）

Power Up! 58　no ＋ 比較級 ＋ than ～の書き換え公式　⊃ 182～186

no は「少しも～でない／～なんてとんでもない」という強い否定なので，〈no ＋ 比較級 ＋ than ～〉は，優劣の比較を全面的に否定して，しばしば〈as ＋ 反意語の原級 ＋ as〉の意味を表す。

書き換え公式：**no** ＋ 比較級 ＋ **than** ～ ＝ **as** ＋ 反意語の原級 ＋ **as**

□ **no more than** ～「～と同じくらい少ない」
　　　　　　　　　　　　　　　➡「～しか」（＝ as few [little] as / only）
□ **no less than** ～「～と同じくらい多い」➡「～も」（＝ as many [much] as）
□ **no fewer than** ～「～と同じくらい多い」➡「～も」（＝ as many as）
　▶ 今日では no less than ～のほうがふつう。
□ **no bigger than** ～「～と同じくらい小さい」➡「～の大きさしかない」
　The radio is **no bigger than** a matchbox.（＝ as small as）
　（そのラジオはマッチ箱ぐらいの大きさしかない）
□ **no better than** ～「～と同じくらい悪い」➡「～も同然」（＝ as bad as）
　He is **no better than** a beast.（彼はけだものの同然だ）

Theme 48 否定語を含む比較表現　⊃ 182〜186

182 **no more 〜 than ...**「…でないのと同様に〜でない」― 両方否定　[標準]
▶「…」に明らかに否定できることを引き合いに出して,「〜」でないことを強調する言いかた。than 以下にはいつも肯定形がくるが, 訳は両方を打ち消す。
A whale is **no more** a fish **than** a horse is. 《クジラの第1公式》
(馬が魚でないのと同様に, クジラは魚ではない) (慶應義塾大)

183 **not 〜 any more than ...**「…でないのと同様に〜でない」　[標準]
▶no more 〜 than ... と同じ意味。no が not と any に分離された形。このほうが口語的。
本問 = Work is **no more** the object of life **than** play is.

184 **no less 〜 than ...**「…と同様に〜である/…に劣らず〜」― 両方肯定　[標準]
▶no more 〜 than ... と対照をなす表現で,「…」に明らかに肯定できることを持ってきて,「〜」であることを強調する言いかた。
A whale is **no less** a mammal **than** a horse is. 《クジラの第2公式》
(馬が哺乳類であるのと同様に, クジラは哺乳類である)

185 **no more than 〜**「わずか〜だけ / 〜しか」(= **only**)　[標準]

186 **no less than 〜**「〜も」(= **as many as / as much as**)　[標準]
▶a big party「盛大なパーティー」とあるから, a hundred people の前は no less than 〜「〜も」が適切。

Power Up! 59　not more than 〜と not less than 〜

not more [less] than 〜 は, more [less] than 〜 を単純に否定しているにすぎない。no more [less] than 〜 との違いを正しく認識して覚えよう。

□ **not more than 〜**「〜より多くない」― 上限提示
　　　　　　　　➡「多くても〜 / せいぜい〜」(= at most)
□ **not less than 〜**「〜より少なくない」― 下限提示
　　　　　　　　➡「少なくとも〜」(= at least)

【解答】
182 You are (no more in danger here than) at home. 〔any, least, less, not 不要〕
183 Work is (not the object of life any more than play is).
184 (no, less) 金星が惑星であるのと同様に, 地球も惑星である。
185 (no, more) 名古屋駅に着いたとき, 列車が出るまで[に乗るのに]3分しかなかった。
186 (②) 百人もの人々がその宴会に出席していた。本当に盛大なパーティーでした。

第8章 比較を用いた表現

Theme 49

☑ **187** Her intelligence is superior (　　) his.
　　= He is (　　)(　　) her in intelligence. （慶應義塾大）

☑ **188** I prefer going out (　　) staying at home tonight.
　　① than　　② as　　③ to　　④ over （奈良産業大）

Theme 50

☑ **189** インドは人口では世界で，中国に続いて2番目に多い国ですが，面積に関しては7番目です。
India is the second (　　)(　　)(　　) in the world, after China, but it is the seventh (　　)(　　)(　　)(　　).
(nation / respect / area / populous / of / in / most) （名古屋外国語大）

☑ **190** To the (　　) of my knowledge, this scientific research is on the frontier.
　　① best　　② least　　③ most　　④ worst （日本大）

☑ **191** (　　) least 530 of them died in this fire.
　　① Among　　② For　　③ At　　④ During （上智大）

Power Up! 60　ラテン系比較級　　⊃ 187, 188

比較級でも than ではなく to を用いる形容詞がある。ラテン語が語源なので，ラテン系比較級と呼ばれている。注意すべきは，to の後ろに代名詞がくる場合は必ず目的格になること。「私よりも」→ than I [me], to me [×I]

☐ **be superior to** ～　⇔　☐ **be inferior to** ～　「～より優れて［⇔劣って］いる」
☐ **be senior to** ～　　⇔　☐ **be junior to** ～　　「～より年上［⇔年下］である」
☐ **prefer A to B**　　　「B よりも A を好む」（= like A better than B）
☐ **be preferable to** ～　「～より望ましい」

Power Up! 61　『譲歩』の最上級

最上級に even「～でさえも」の意味が含まれることがある。
　The wisest man sometimes makes a mistake. （中央大）
　（最も賢い人でさえ［どんなに賢い人でも］過ちを犯すことがある）
　The largest fortune cannot satisfy human wishes, but with care and method **the smallest** one can do it.
　（いくら大きな財産があっても，人間の望みをことごとくかなえるわけにはいかないが，注意深く，順序だててやれば，最小の財産でもそれができる）

Theme 49 than ではなく to を用いる比較級　⊃ 187, 188

187 **be superior to ~**「~より優れている」(= be better than)　[標準]
　　⇔ **be inferior to ~**「~より劣っている」(= be not as good as)
　▶ superior / inferior はラテン語に由来する比較級で、比較対象を than ではなく to で表す点に注意。しばしば後ろに in ~「~において」が続く。

188 **prefer A to B**「B よりも A を好む」(= like A better than B)　[基本]
　▶ 動詞 prefer(形容詞形 preferable)もラテン語系なので、to を用いる。A, B には名詞または動名詞がくる。
　▶ A, B に動名詞がくる場合の同意表現にも注意。
　　本問 = I **prefer** to go out rather **than** (to) stay at home tonight.
　　　　= I **would rather** go out **than** stay at home tonight. (⊃ 49)

Theme 50 最上級を用いた表現　⊃ 189~191

189 **the + 序数詞(X) + 最上級**「X 番目に~」　[標準]
　▶ 最上級の前に second / third などの序数詞を置き、「2 番目に~ / 3 番目に~」の意。本問 = India has **the second largest** population in the world, ...
　[語句] in respect of ~「~に関しては」(= with respect to)(⊃ 493)

190 **to the best of A's knowledge**「A の知る限りでは」　[標準]
　　　　　　　　　　　　　　　　　　(= **as far as A know** ⊃ 653)
　▶ to the best of A's ability「A の力の及ぶ限り」も押さえておこう。
　　To the best of my ability, I will try to accomplish the project. (中央大)
　　(全力を尽くして、その計画を達成するよう努めます)

191 **at (the) least**「少なくとも」(= **not less than**)　[基本]
　　⇔ **at (the) most**「多くても / せいぜい」(= **not more than**)
　He paid **at most** ten thousand dollars. (彼が払ったのはせいぜい 1 万ドルだった)
　= He paid ten thousand dollars **at most**.
　= He paid **not more than** ten thousand dollars. (昭和女子大)

解答
187 (to / inferior, to) 彼女の頭のよさは彼より優れている。
　　　　　　　　　　　　　彼は頭のよさでは彼女より劣っている。
188 (③) 今夜は家にいるよりも外出したい。
189 (most, populous, nation, in, respect, of, area)
190 (①) 私の知る限りでは、この科学的研究は最先端です。
191 (③) 彼らのうち少なくとも 530 人がこの火事で死んだ。

第 8 章　比較を用いた表現

Theme 51

192 それは私が今までに聞いた中で，最も面白い話です。 （駿河台大）
That is the (　　) interesting story that I have (　　) heard.
= I have never heard (　　) an interesting story (　　) that.

193 This necklace is more expensive (　　) item in this shop.
① any other than　　② than any other
③ any more than　　④ than any more （清泉女子大）

194 Mt. Everest is the highest mountain in the world.
= No (　　) mountain in the world is (　　) high (　　) Mt. Everest. （九州大）

195 時間ほど貴重なものはないが，これほど大切にされていないものもない。
Nothing is (　　) precious (　　) time, but (　　) is (　　) (　　).
(valued / more / than / less / nothing) （明海大）

Power Up! 62　原級・比較級を用いた最上級表現① ⊃ 192, 193

That is **the most interesting** story that I have ever heard. 最 → 基本形
（それは私が今までに聞いた中で，最も面白い話です）
= That is **more interesting than any other** story that I have ever heard. 比
= I have never heard **a more interesting** story **than** that. 比
= I have never heard **such an interesting** story **as** that. 原
= I have never heard **as [so] interesting a** story **as** that. 原
▶ 〈such + a(n) (+ 形) + 名〉と〈as [so] + 形 + a(n) + 名〉の語順に注意。

Power Up! 63　注意すべき語順

英語では，〈a(n) + 形 + 名〉の語順がふつうだが，次のような場合はその語順に注意が必要である。

❶ **such + a(n) (+ 形) + 名**：形容詞としての such は a(n) の前に置かれる。
It is **such a lovely day** that I'd like to go on a picnic （東海大）.
（とてもすばらしい日なのでピクニックに出かけたいものだ）

❷ **as [so / too / how] + 形 + a(n) + 名**：名詞を修飾する形容詞に副詞 as / so / too / how がつくときは，形容詞が a(n) よりも前に出る。
This is much **too large a quantity** for me. （関西大）
（これは私にはかなり量が多すぎる）
How magnificent a car you drive! （青山学院大）
（なんとすばらしい車を運転しているのでしょう！）

Theme 51　原級・比較級を用いた最上級表現　⊃ 192〜195

192　**I have never** *done* + **such** + (**a** +) 原級 + 名詞 + **as A**　　[標準]

「Aほど…なものは〜したことはない」

（= **I have never** *done* + **so** + 原級 +（**a** +）名詞 + **as A**）

193　**A is** + 比較級 + **than any other** + 単数名詞　　[標準]

「Aはほかのどんな…より〜」

▶比較の対象がはっきりしない場合は次のように言うほうがよい。

「ほかのどんな人［もの］より」　○**than anyone [anything] else**

　　　　　　　　　　　　　　　　×than any other person [thing]

194　**No (other)** + 名詞 + **is as [so]** + 原級 + **as A**　「Aほど…な〜はない」

（= **No (other)** + 名詞 + **is** + 比較級 + **than A**）　[標準]

195　**Nothing is** + 比較級 + **than A**　「Aより…なものはない」　[標準]

（= **Nothing is as [so]** + 原級 + **as A** / **There is nothing** + 比較級 + **than A**）

▶〈No (other) + 名〉の代わりに Nothing を用いた表現。

Power Up! 64　原級・比較級を用いた最上級表現②　⊃ 194, 195

❶ Mt. Everest is **the highest mountain** in the world.　[最] → 基本形
（エベレストは世界で一番高い山です）
= Mt. Everest is **higher than any other mountain** in the world.　[比]
= **No other mountain** in the world is **as [so] high as** Mt. Everest.　[原]
= **No other mountain** in the world is **higher than** Mt. Everest.　[比]

❷ Time is **the most precious** of all things [thing (of all)].　[最] → 基本形
（時間ほど貴重なものはない）
= Time is **more precious than anything else**.　[比]
　▶比較の対象がはっきりしていない場合は，any other thing ではなく，anything else を使うほうがよい。
= **Nothing** is **so [as] precious as** time.　[原]
= There is **nothing so [as] precious as** time.　[原]
= **Nothing** is **more precious than** time.　[比]
= There is **nothing more precious than** time.　[比]

解答
192 (most, ever / such, as)
193 (②) このネックレスはこの店のどの品よりも高価だ。
194 (other, so [as], as) エベレストは世界で一番高い山だ。
195 (more, than, nothing, less, valued)

第9章 否定を用いた構文

Theme 52

196 If you want it typed by tomorrow, you should ask Betty. She makes (　　) mistakes than anyone else in the office.
① few　　② little　　③ none　　④ fewer　　（東邦大）

197 There was (　　) evidence against him, so he was not accused of murder.
① a little　　② some　　③ few　　④ little　　（城西大）

198 You haven't touched your food, and you have (　　) said a word since you got home.
① almost　　② even　　③ ever　　④ hardly　　（南山大）

199 Nowadays there is hardly (　　) in Japan who doesn't have a mobile phone.
① any　　② anyone　　③ some　　④ somebody
（追手門学院大）

Power Up! 65　弱い否定　　⇨ 196〜199

hardly / seldom / few などは「ほとんど［めったに］〜ない」という意味で，弱い否定を表す。これらは準否定語と呼ばれ，次の3つに分けられる。

❶ □ **few** / **little**　　「ほとんど〜ない」— 数量
❷ □ **hardly** / **scarcely**　「ほとんど〜ない」— 程度
❸ □ **seldom** / **rarely**　「めったに〜ない」— 頻度

　　We **seldom** see her laughing, do we?（日本女子大）
　　（私たちは彼女が笑っているのをめったに見ませんよね）
　▶ seldom を用いた否定文なので，付加疑問は肯定形の do we? になることに注意。
　　cf. We sometimes see her laughing, don't we?

Theme 52 弱い否定 ⊃ 196〜199

196 few + 可算名詞「ほとんど〜ない」 [基本]

▶「少し」という意味を表す few『数』と little『量』は，どちらも「a」がつくと肯定的，つかないと否定的な意味になる。

▶ mistakes は可算名詞なので，前に置かれるのは few か fewer。後ろに than があるので正解は ④ fewer。

[語句] A is + 比較級 + than anyone else「A はほかのだれよりも〜」(⊃ 193)

197 little + 不可算名詞「ほとんど〜ない」 [基本]

▶ evidence「証拠」は不可算名詞。彼は起訴されなかったのだから，彼に不利な証拠は出なかったと考え，④ little を選ぶ。

[語句] against 〜「〜に不利で［な］」
　　　 accuse A of B「A（人）を B（罪名）で起訴する / A を B で非難する」
　　　 (⊃ 421)

198 hardly [scarcely]「ほとんど〜ない」 [標準]

▶ ① almost「ほとんど」は hardly とは異なり，否定の意味を含まないので不可。

199 hardly [scarcely] any + 名詞「ほとんど〜がない」 [発展]

▶ hardly [scarcely] は any を修飾して，〈hardly [scarcely] any + 名詞〉の形で「ほとんど〜がない」の意味を表す。

▶〈hardly [scarcely] any + 名詞〉は〈almost no + 名詞〉，〈very few [little] + 名詞〉と同意。本問の hardly anyone は almost nobody [no one] と書き換えられる。

▶ any は可算名詞（の複数形）だけでなく不可算名詞にも用いる。
　　hardly [scarcely] any money = almost no money = very little money
　　　　　　　　　　　　　　　　　　　　　　　「ほとんどお金がない」

cf. hardly [scarcely] ever「めったに〜ない」(= seldom / almost never)
　　Jack **hardly ever** watches television.（ジャックはめったにテレビを見ない）

解答　196（④）もしあなたが明日までにそれをタイプしてもらいたいのなら，ベティーに頼んだらいいよ。彼女は職場のだれよりもミスが少ない。
　　　197（④）彼に不利な証拠はほとんどなかったので，彼は殺人罪で起訴されなかった。
　　　198（④）お前は食べ物に手をつけていないね。それに帰ってからほとんど口を利いていないじゃないか。
　　　199（②）近ごろ日本で携帯電話を持っていない人はほとんどいない。

Theme 53

☑ **200** Some of the girl students are good at mathematics and others aren't.
= Not (　　) the girl students are good at mathematics.
(四天王寺国際仏教大)

☑ **201** I haven't read (　　) of his novels, but judging from the one I have read, I think he's a very promising writer.
① any　② both　③ either　④ none
(センター)

☑ **202** その都市が発達したからといって，必ずしも住民の生活環境がよくなるとは限らない。
The living conditions of the inhabitants do (always / because / improve / not / simply) the city has been developed.
(日本大)

☑ **203** あなたの答えは必ずしも正しくないが，全く間違っているわけでもない。
Your answer is not (not / wrong / exactly / entirely / though) right.
(桜美林大)

Power Up! 66　部分否定と全体否定　　➲ 200〜203

all / every / both / always / quite などの語が否定語とともに用いられると，「〜というわけではない」という部分否定になる。否定語は all / every / always などより前に置くのがふつう。

部分否定	全体否定
☐ **not (〜) all** ☐ **not (〜) every** 「すべてが〜というわけではない」	☐ **none** ☐ **no** + 名詞 ☐ **not 〜 any**　｝「どれも〜ない」
☐ **not (〜) both** 「両方とも〜というわけではない」	☐ **neither** ☐ **not 〜 either**　｝「どちらも〜ない」
☐ **not always [necessarily]** 「いつも [必ずしも] 〜というわけではない」 ☐ **not quite [entirely** など**]** 「まったく〜というわけではない」	☐ **never** ☐ **not (〜) at all** 「まったく〜ない」

Power Up! 67　not 〜 any の使いかた

I don't have **any** friends. = I have **no** friends. (友人がいない)
① not any = no だが，文頭では使えない。
　No [✗Not any] boys can answer it. (それに答えられる少年はいない)
② Any 〜 not の語順も不可。　✗Any boy cannot answer it.

Theme 53 部分否定と全体否定　→ 200〜203

200　**not all**「すべてが〜というわけではない」　[標準]

▶ **Some 〜 others ...**「〜のものもいれば，…のものもいる」(→ 24)
 = **Not all 〜**「全員が〜というわけではない」と考える。なお，**None of the girl students** とすると全体否定になる。

▶ **not every 〜** のあとは必ず単数名詞がきて，単数扱いなので不可。

cf.
I am **not** acquainted with **all** of them.《部分否定》
 = I am **not** acquainted with **every** *one* of them.
（私は彼らの全員と知り合いというわけではない）
I am **not** acquainted with **any** of them.《全体否定》
 = I am acquainted with **none** of them.
（私は彼らのだれとも知り合いではない）（学習院大／北陸大）

201　**not both**「両方とも〜というわけではない」　[標準]

▶ not 〜 any = none「どれも〜でない」，not 〜 either = neither「どちらも〜ない」の意味になり，①，③，④ は but 以下の内容と合わない。

cf. I have**n't** read **either** of his novels.《全体否定》
 = I have read **neither** of his novels.
（彼の小説のどちらも読んでいない）

202　**not always**「いつも［必ずしも］〜というわけではない」　[基本]

[語句] not 〜 because ...「…だからといって〜でない」(→ 207)
 simply / just などの副詞を because の前に伴うことが多い。

203　**not entirely**「まったく［完全に］〜というわけではない」　[標準]

▶ **entirely** の代わりに **quite** / **altogether** / **wholly** / **completely** などを用いても同じ意味である。

▶ **not exactly**「（正確には）必ずしも〜でない」も部分否定。

▶ 本問は though it is not exactly right の it is が省略された形。(→ 334)

[解答]
200 (all) 数学が得意な女子生徒もいれば，不得意な女子生徒もいる。
すべての女子生徒が数学が得意なわけではない。

201 (②) 私は彼の小説を両方とも読んだわけではないが，私が読んだものから判断すると，彼はとても将来有望な作家だと思う。

202 The living conditions of the inhabitants do (not always improve simply because) the city has been developed.

203 Your answer is not (entirely wrong though not exactly) right.

第9章　否定を用いた構文

Theme 54

204 ❶ 問題は，コストではなくサービスの質です。　　　　　　　　（中央大）
　　　It is (matters / the quality of / the cost / but / that / not / the service).

　　❷ Not words but action (　　) now.
　　　① are needed　　　　　　② is needed
　　　③ need　　　　　　　　　④ needs　　　　　　　　　　　（慶應義塾大）

205 僕も君もこの事故には責任がある。
　　（　　）only I (　　) also you (　　) (　　) (　　) the accident.　　　　　　　　　　　　　　　　　　　　　　　　　　（室蘭工業大）

206 Some teachers cannot control their classes, because students (　　) obey (　　) respect them.　　　　　　　　　　　　　　　（神奈川大）
　　① both — and　② not — but　③ either — or　④ neither — nor

Power Up! 68　主語と動詞の一致①
　　　　　　　　　　— 相関的表現が主語の場合　　　⊃ 204〜206

❶ 複数扱いするもの
　□ **both** A **and** B　　　「AもBも両方とも」
❷ 動詞はBに一致させるもの
　□ **either** A **or** B　　　「AかBかどちらか」
　□ **neither** A **nor** B　　「AもBも〜ない」
　□ **not** A **but** B　　　　「AではなくB」
　□ **not only** A **but (also)** B　「AだけでなくBもまた」
❸ 動詞はAに一致させるもの
　□ A **as well as** B　　　「Bと同様にAも」（⊃ 168）

Power Up! 69　主語と動詞の一致②
　　　　　　　　　　— most of A 型の表現が主語の場合

□ **most of** A 「Aの大部分」— 動詞はAに一致させる。
　▶ Aが複数名詞なら複数扱い，単数名詞なら単数扱いする。
　　Most of the people present **were** over thirty.（獨協大）
　　（出席者のほとんどが30歳を超えていた）
　　〔people は「人々」の意味では複数扱いする〕
　▶ most のほかに，分数 / all / half / none / some なども同じ扱いをする。
　　Two thirds of the work **is** finished.（仕事の3分の2は終わっている）（成城大）
　　Almost *half of the students* **come** to school by bus.（札幌学院大）
　　（生徒のほぼ半数がバス通学している）

Theme 54　notと接続詞を用いた構文　⮕ 204〜207

204　**not A but B**「A ではなく B」　[基本]

▶ A，B には通例，文法上対等の関係にあるものがくる（**205**，**206** も同様）。but は「しかし」と訳さない。
▶ 本問の It is ... that 〜は強調構文（⮕ **320**）。not A but B を強調した形。
▶ 主語として用いる場合，動詞は B に一致させるので，❷ の正解は ② is needed。

語句　❶ matter「重要である／重要な関係がある」

205　**not only A but (also) B**「A だけでなく B もまた」　[基本]

▶ not A but B の変形。only の代わりに merely / simply を用いたり，also の代わりに as well を用いたりすることもある。
Labor is **not merely** a necessity, **but** a pleasure.
（労働はただ単に必要なものであるばかりか楽しみでもある）
He was **not only** a painter and sculptor **but** an architect **as well**.
（彼は画家で彫刻家であるだけでなくまた建築家でもあった）
▶ B に意味の重点があるので，主語として用いる場合，動詞は B に一致させる。

206　**neither A nor B**「A も B も〜ない」（= not either A or B）　[標準]

▶ A と B の両方を打ち消す。not either A or B と同意。
本問 = ..., because students do **not either** obey **or** respect them.
▶ 主語として用いる場合，動詞は B に一致させる。
Neither Jack *nor* his brothers **have** enough money to pay the rent.
（ジャックも彼の兄弟たちも家賃を払えるほど十分なお金を持っていない）（同志社大）

cf. **either A or B**「A か B かどちらか」
Either you **or** he has to go there.（奈良産業大）
（あなたか彼のどちらかがそこへ行かなければならない）

解答　204　❶ It is (not the cost but the quality of the service that matters).
　　　　　　❷ (②) 言葉ではなく行動が今必要とされている。
　　　205　(Not, but, are, responsible, for)
　　　206　(④) 先生の中にはクラスをコントロールできない人もいる。というのは，生徒たちは彼らに従わないし，尊敬もしないからだ。

第9章　否定を用いた構文

☐ 207 ただ貧乏だからといって人を軽蔑すべきではない。
You should (a / person / look / not / merely / down / on / because) he is poor. （立教大）

Theme 55

☐ 208 おじは家に来るとき，必ず素晴らしいプレゼントを持ってきてくれる。
My uncle never (me / comes to / bringing / my house / without) a nice present. （札幌学院大）

☐ 209 このワイングラスを扱うときには，いくら注意しても，しすぎることはない。
You cannot be (　　) careful when you handle this wine glass.
① much　　② over　　③ far　　④ too （成城大）

☐ 210 I was not (　　) surprised to hear that he had passed the exam; he is very diligent. （中央大）
① at least　　② at most　　③ in the least　　④ in the most

☐ 211 A bad habit, once formed, is by no (　　) easy to get rid of.
① way　　② exception　　③ effort　　④ means （聖学院大）

Power Up! 70　強い否定を表す副詞句　⊃ 211

☐ **by no means**「（どんな手段によっても）決して～でない」
☐ **on no account**「（どんな理由があっても）決して～でない」
☐ **under no circumstances**「（どんな事情があっても）決して～でない」
☐ **in no way**「（どんな点でも）決して［少しも］～でない」

▶ 上記表現は否定の副詞句なので，文頭に出ると後ろは必ず倒置形になる。

By no means **should you talk** to anybody else about this. （青山学院大）
（このことについては決してほかのだれとも話をしてはいけない）

On no account **would he listen** to me. （國學院大）
（彼は決して私の言うことを聞こうとしなかった）

Under no circumstances **are you to touch** an electric appliance with wet hands. （関西外国語大）
（ぬれた手で電気器具を絶対触ってはいけません）

In no way **can we trust** that company. （近畿大）
（決して私たちはあの会社を信用できません）

207 **not ～ because ...**「…だからといって～でない」　[標準]

▶ because が否定語を伴って「…だからといって～でない」の意味を表すことがある。この場合の not は because 以下も含めて否定している。この用法では because の前にコンマが置かれることはない。
cf. I did not go, because I was tired.（疲れていたので行かなかった）

▶ because 節は just / merely / only / simply などの副詞で限定されることが多い。

Theme 55　否定の慣用表現　⊃ 208～211

208 **never [cannot] ... without** *doing*「…すると必ず～する」　[標準]

▶「～することなしには…しない」という二重否定になっているので，結局は強い肯定を表し「…すると必ず～する」と前から訳すことが多い。whenever を用いて次のように書き換えることができる。
本問 = **Whenever** my uncle comes to my house, he brings me a nice present.

209 **cannot ～ too** + 形容詞[副詞]「いくら～してもしすぎることはない」　[標準]

▶ You cannot be too careful「いくら注意してもしすぎることはない」の表現がよく出題される。

210 **not（～）in the least**「決して～でない／少しも～でない」　[標準]

▶ in the least は at all と同様，否定を強調する。
本問 = I was **not** surprised **at all** to hear ...〔このほうがふつう〕

211 **by no means**「決して～でない」　[標準]

▶ by no means は強い否定「決して～でない」を表す副詞句。on no account / under no circumstances / in no way もほぼ同意。

▶ once formed の once は接続詞で「いったん～すると」の意味。本問では once (it is) formed と省略を補って考える。（⊃ 334）

[語句] get rid of ～「（厄介なものなど）を取り除く」（⊃ 699）

解答
207 You should (not look down on a person merely because) he is poor.
208 My uncle never (comes to my house without bringing me) a nice present.
209（④）
210（③）彼が試験に合格したと聞いて少しも驚かなかった。彼はとても勤勉だから。
211（④）悪い癖は，いったん身につくと，取り除くのは決して容易ではない。

Theme 56

☐ **212** 彼女に教会で会うとはまったく思っていなかった。 (西南学院大)
　　She (person / to / last / expected / was / see / the / I) in church.

☐ **213** These goods are by no means satisfactory.
　　= These goods are (　　) from satisfactory. (名城大)

☐ **214** The house is anything (　　) comfortable to live in.
　　① but　　② from　　③ of　　④ off (東京理科大)

☐ **215** 当市には大気汚染はありません。
　　Our city is (　　) from air (　　). (九州女子大)

☐ **216** The beauty of this jewel is impossible to describe.
　　= The beauty of this jewel is (　　) description. (神戸学院大)

☐ **217** 彼が決勝戦で元気にプレーできるかどうかは分からない。
　　It (unlikely / whether / remains / be / to / seen) he'll be fit enough to play in the finals. 〔1語不要〕 (成蹊大)

☐ **218** この作戦の詳細はまだ発表されていない。 (神奈川工科大)
　　The details of this operation (be / known / yet / have / made / to).

Power Up! 71　far from ~ と free from ~ の使い分け ⊃ 213, 215

❶ A **is far from** B = A **is not** B **at all**　(SVCが隠れている！)
　He is **far from** (being) happy. = He is not happy at all.
　　　　　　　　　　　　　　　　　　　S　V 　　C
　(彼は少しも幸福でない)

❷ A **is free from** B = A **does not have** B　(SVOが隠れている！)
　He is **free from** any fear. = He does not have any fear. = He has no fear.
　(彼には何の不安もない)　　　S　　　　V　　　　　O　　　S　V　　O

Power Up! 72　〈beyond ＋ 名詞〉の表現　⊃ 216

☐ **beyond belief**　　　「信じられない（ほど）」（= unbelievable）
☐ **beyond doubt**　　　「疑う余地のない」
☐ **beyond repair**　　　「(損傷がひどくて) 修理できない」
☐ **beyond A's control**　「A の手に負えない」（= out of A's control）

Power Up! 73　remain to be *done* と　⊃ 217, 218
　　　　　　　　have [be] yet to *do* [be *done*] の使い分け

remain to be *done* = **be yet to be** *done* = **have yet to be** *done* の関係。
　The problem **remains to be solved**. = The problem **is yet to be solved**.
　= The problem **has yet to be solved**. = We **have yet to solve** the problem.
　= We **have not solved** the problem **yet**. (その問題はまだ解決されていない)

Theme 56 否定語を用いない否定表現   ⊃ 212〜218

212 the last A + 関係詞節「決して〜しないA／最も〜しそうにないA」 [標準]
▶ the last person that I expected to see の that の省略。
▶ **the last A to do** の形もある。
He is **the last man** to tell lies.（彼は決してうそをついたりはしない）

213 far from 〜「決して〜でない（← 〜からはほど遠い）」 [標準]
▶ far from 〜の後ろには通例，動名詞・名詞・形容詞がくる（being はしばしば省略される）。

214 anything but 〜「決して〜でない／まったく〜でない」（= far from）[標準]
▶ but は「〜以外の／〜を除いて」の意味の前置詞。
「〜以外のものなら何でも」 ➡ 「決して〜でない」
▶ nothing but 〜「ただ〜だけ／〜にすぎない」（= only）と区別すること。（⊃ 27）
He is **nothing but** a child.（彼はほんの子供にすぎない）

215 free from [of] 〜「（心配・苦痛など望ましくないものが）ない」 [標準]
▶ free of 〜には「（税金・料金など）を免除されて」の意味もある。
free of duty [charge]「無税［無料］で」

216 beyond description「言葉では表現できない（ほど）」 [標準]
▶ beyond は「（ある範囲・限界）を超えて」の意味から『否定』の意味を持つさまざまなイディオムを作る。（⊃ **Power Up! 72**）

217 remain to be done「（事が）まだ〜されていない」 [発展]
〜なされるべく（to be *done*）残っている（remain）➡ まだ〜されていない
[語句] see whether [if] 節「〜であるかどうかを見てみる［調べる］」

218 have yet to do「まだ〜していない ← （まだ）これから〜しなければならない」 [発展]
▶ have yet to be *done*「まだ〜されていない」（= remain to be *done*）
cf. be yet to *do*「まだ〜していない ← （まだ）これから〜することになっている」

解答
212 She (was the last person I expected to see) in church.
213 (far) これらの商品は決して満足のいくものではない。
214 (①) その家はまったく住み心地がよくない。
215 (free, pollution)   216 (beyond) この宝石の美しさは言葉では表せないほどだ。
217 It (remains to be seen whether) he'll be fit enough to play in the finals.
〔unlikely が不要〕
218 The details of this operation (have yet to be made known).

第10章 『仮定・条件』を表す構文

Theme 57

☐ 219 If it (　　　) tomorrow, the tennis match will be postponed.
① rain　　② rains　　③ rained　　④ will rain　　（法政大）

☐ 220 If I (　　　) you, I would start looking for another job.
① am　　② is　　③ were　　④ will be　　（高岡法科大）

☐ 221 僕が全科目でAをとったら，両親にほめられるんだがなあ。　（武蔵工業大）
My parents (　　　) praise me if I (　　　) A's in all my subjects.

☐ 222 Your teacher would have given you more advice if you (　　　).
① ask him　　　　　② asked him
③ had asked him　　④ would ask him　　（清泉女子大）

☐ 223 その結果を知っていたなら，彼はそんなことはしなかっただろう。
He (have / it / he / if / known / done / had / wouldn't) the consequences.　　（中央大）

Power Up! 74　仮定法過去の基本形　　⇒ 220, 221

基本形　If + S + 過去形 ～，S' + 助動詞の過去形 + 原形…
「もし（今）～なら，…（する）だろう（に）」

Power Up! 75　仮定法過去完了の基本形　　⇒ 222, 223

基本形　If + S + had *done* ～，S' + 助動詞の過去形 + have *done* …
「もし（あのとき）～だったら，…だった［した］だろう（に）」

Power Up! 76　過去形は「隔たり」を表す

本来，過去形は「隔たり」(distance)を表し，次の３つの使いかたがある。

❶ 時間的な隔たり → 『過去時制』を表す
　I **saw** her a few weeks ago.（数週間前に彼女に会った）

❷ 現実からの隔たり → 〔非現実感・可能性の低さ〕『仮定』を表す
　If he **had** more money, he **could** buy a bigger car.
　（もし彼がもっとお金を持っているなら，もっと大きな車を買えるのに）

❸ 相手からの隔たり → 『丁寧・控えめ』を表す
　Would you mind taking our picture?〔Do you mind ～? よりも丁寧な表現〕
　（写真を撮ってもらえないでしょうか）

Theme 57　仮定法過去と仮定法過去完了　　⊃ 219〜224

219　直説法か仮定法かの識別　　[基本]
▶「もし明日雨が降ったら」のように，実際「ありそうなこと」は，仮定法ではなく「事実をそのまま」述べる直説法の〈if + 動詞の現在形〉で表す。
▶『時・条件』を表す副詞節中では，未来のことでも現在形を用いるので，正解は ② rains。

220　仮定法過去 ― if 節の形　　[基本]
▶「もし私があなたなら」のように，現在の事実に反する「ありえないこと」は，〈if + 状態動詞の過去形〉で表す。
▶ if 節の be 動詞は原則として were を用いる（口語では，単数扱いの主語の場合は was も可）。

221　仮定法過去 ― if 節の後置　　[標準]
▶「全科目で A をとったら」のような，可能性の低い「ありそうにないこと」は，〈if + 動作動詞の過去形〉で表す。
▶ 本問は主節が前に，if 節が後ろに置かれている。
▶ 主節には，would / might / could などの助動詞の過去形を使う。
[語句] A's 「(成績などの) A [優] の複数形」（= As）

222　仮定法過去完了 ― if 節の形　　[基本]
▶ 過去の事実に反する仮定は〈if + 過去完了形〉で表す。

223　仮定法過去完了 ― if 節の後置，主節の形　　[標準]
▶ 過去の事実に反する仮定は〈if + 過去完了形〉で表す。また，主節は〈助動詞の過去形 + have *done*〉の形になる。
▶ 本問は if 節が後置されている。

解答
219　(②)　もし明日雨が降ったら，テニスの試合は延期されるだろう。
220　(③)　私があなたなら，ほかの仕事を探し始めるだろう。
221　(would, got)
222　(③)　もしあなたが頼んでいたら，先生はもっと助言をくれただろうに。
223　He (wouldn't have done it if he had known) the consequences.

☑ **224** If he had seen a doctor last week, he (　　) fine by now.
　① is　　　　　　　　　　　② would be
　③ will have been　　　　　　④ will be　　　　　　　　　（札幌大）

Theme 58

☑ **225** I don't think she will visit me, but if she (　　) while I'm out, tell her more details about our company.
　① came　　　　　　　　　② had come
　③ should come　　　　　　④ will come　　　　　　　　（名城大）

☑ **226** If I (　　) to start again, my choice of career would be the same.
　① am　　　② come　　　③ get　　　④ were　　（千葉商科大）

Theme 59

☑ **227** (　　) I in your place, I would refuse.
　① If　　　② Unless　　　③ Was　　　④ Were　　（東洋大）

Power Up! 77　未来の事柄についての仮定法　　⊃ 225, 226

[基本形]　If + S + should *do* ～,　{ S' + 助動詞の過去形 + 原形…
　　　　　　　　　　　　　　　　　　S' + 助動詞の現在形 + 原形…
　　　　　　　　　　　　　　　　　　命令文

[基本形]　If + S + were to *do* ～, S' + 助動詞の過去形 + 原形…

Power Up! 78　if を省略した仮定法　　⊃ 227～229

仮定法における if を省略すると倒置が起こり，疑問文と同じ語順になることがある。ただし，主語の前に置かれるのは，原則として were, had, should の 3 つに限られる。(×Did I know it ⇐ If I knew it)

　John would have kept Peter in the company **had he known** how successful Peter was going to be.（上智大）
（ピーターがどれほど成功するかを知っていたら，ジョンはピーターを会社に引き留めていただろう）

▶ 上の例文のように，if を省略した条件節が主節の後に置かれ，しかも前にコンマがない場合は，特に注意が必要。この形は英文解釈の上でも重要。

224 仮定法過去・仮定法過去完了のミックス型　[標準]

▶「もし（あのとき）〜だったら，（今は）…だろうに」という意味を表すには，if節は仮定法過去完了，主節は仮定法過去〈助動詞の過去形 + 原形〉の形になる。

▶ミックス型では問題文中の『時』を表す副詞要素に注目すること。本問では，if節の last week と，主節の by now に注目。

[語句] by now「今ごろはもう」

Theme 58　未来の事柄についての仮定法　⊃ 225, 226

225　If + S + should do 〜「万一〜ならば」　[標準]

▶ありそうにない未来の事柄についての仮定を表す。「（まあ，ないと思うが）万一〜ならば」のニュアンス。絶対にありえないと思われることには用いない。

▶主節は命令文が使われることが多いが，〈助動詞の現在形 + 原形〉や〈助動詞の過去形 + 原形〉がくる場合もある。

226　If + S + were to do 〜「仮に〜ならば」　[標準]

▶should と同様，未来の事柄についての仮定を表す。「（まあ）仮に〜ならば」のニュアンス。絶対にありえないと思われることにも，ありえることにも用いる。

If you **were to** go to see it, you **would**n't care for it. 〈福岡大〉

（それを見に行っても，君は気に入らないだろう）

▶were to の場合は，主節に必ず〈助動詞の過去形 + 原形〉がくる。

Theme 59　if を省略した仮定法　⊃ 227〜229

227　Were [×Was] I in your place ← If I were [was] in your place　[標準]

▶If I were in your place の if を省略すると倒置が起こり，疑問文と同じ語順になる。文語的表現だが入試では頻出。

▶If I was 〜は可能だが，その場合は倒置形にはならないので，Was I 〜 は不可。

[解答]
- 224（②）もし先週医者に診てもらっていたら，彼は今ごろはもう元気になっているだろう。
- 225（③）彼女は私を訪ねて来ないと思うが，万一，私が外出中に彼女が来たら，彼女に会社のことをより詳しく教えてあげなさい。
- 226（④）もし仮にやり直すとしても，私の仕事の選択は同じだろう。
- 227（④）もし私があなたの立場だったら，断るでしょう。

☐ 228 気分が悪いと知っていたら，決して彼を誘わなかったのに。
(asked / feeling / had / have / he / I / I / known / never / not / was / well / would) him to come. （青山学院大）

☐ 229 (　　) he need more information, there are plenty of good manuals available.
① Did　　② Had　　③ If　　④ Should （慶應義塾大）

Theme 60

☐ 230 If she didn't help him, he could not carry out the plan. （玉川大）
= If it were not (　　) her help, he could not carry out the plan.

☐ 231 もしあなたの忠告がなかったならば，彼は研究に失敗していたかもしれない。
(for / if / had / been / it / not) your advice, he might have failed in his study. （関西大）

☐ 232 But for her speech, the decision would have been otherwise.
= (　　) for her speech, the decision would have been otherwise.
① Had it not been　　② Had not it been
③ Were it not　　④ Without （中央大）

Power Up! 79 「もし～がなければ［なかったら］」の表しかた
➲ 230〜233

「(今) ～がなければ」仮定法過去	「(あの時) ～がなかったら」仮定法過去完了
If it were not for ～	**If it had not been for ～**
= **Were it not for ～**	= **Had it not been for ～**
= **But for ～** = **Without ～**	= **But for ～** = **Without ～**
⇔ **With ～**「もし～があれば」	⇔ **With ～**「もし～があったら」

If it were not for exams
  = **Were it not for exams**   }, we would be happy.
  = **But for [Without] exams**
（試験がなければ幸せなんだが）

If it had not been for your help
  = **Had it not been for your help**   }, I might have failed the exam.
  = **But for [Without] your help**
（あなたの助けがなかったら，試験に落ちていたかもしれない）（東洋大）

  cf. **With** your help, I might have passed the exam.
（あなたの助けがあったら，試験に合格していたかもしれない）

228 Had I known ~ ← If I had known ~ [標準]

▶ 仮定法過去完了 If I had known ~ の if が省略され，倒置形 Had I known ~ になったもの。he was not feeling well は仮定法ではなく，直説法過去。

229 Should he need ~ ← If he should need ~ [標準]

▶ should を用いた仮定法 If he should need ~ の if が省略され，倒置形 Should he need ~ になったもの。

▶ 本問では，主節は直説法が用いられている。

[語句] available [形]「利用できる / 入手できる」

Theme 60 「～がなければ / ～がなかったら」の表現 ➡ 230～233

230 If it were not for ~ 「もし～がなければ」 [標準]

▶ 仮定法過去の慣用的な表現。

[語句] carry out ~「～を実行する / ～を成し遂げる」(= perform / accomplish)（➡ 554）

231 If it had not been for ~ 「もし～がなかったら」 [標準]

▶ If it were not for ~ の仮定法過去完了の形。

232 But for ~ 「もし～がなければ / もし～がなかったら」 [標準]

▶ but for ~ は if it were not for ~ と if it had not been for ~ の両方の意味で用いられる。

▶ 本問は主節が仮定法過去完了〈助動詞の過去形 + have *done*〉の文なので，正解は If it had not been for ~ の if を省略した倒置形，① Had it not been (for)。

[語句] otherwise [形]「そうでない / 別の / 違った」

[解答]
228　(Had I known he was not feeling well, I would never have asked) him to come.*
229　(④) 彼がもっと情報を必要とするなら，利用できるよい手引書がたくさんある。
230　(for) 彼女の助けがなければ，彼はその計画を実行することができないだろう。
231　(If it had not been for) your advice, he might have failed in his study.
232　(①) 彼女の発言がなかったならば，決定は違ったものになっていただろう。

＊コンマを入れるのが英文としては適格。入試の整序問題では，この類のコンマの省略がよくある。

☐ 233 (　　) the greenhouse effect, the climate on the earth would be much colder.
① Without　② Against　③ At　　④ To　　　　　(京都学園大)

Theme 61

☐ 234 図書館は，返却期限を越えない限り，無料で本を貸し出します。
Libraries (　　) (　　) books without (　　) (　　) they (　　) (　　) too (　　).
(are / out / late / unless / charge / lend / returned)　(東京理科大)

☐ 235 駐車するところがあるなら車での旅行も便利だ。
Traveling by car is convenient (to park / you / somewhere / provided / have).　(大阪学院大)

☐ 236 (　　) we miss the train, what shall we do?
① Having　② Looking　③ Being　④ Supposing　(駒澤大)

☐ 237 You can apply for this overseas program on the (　　) that you have a letter of recommendation from your teacher.
① condition　② limitation
③ requirement　④ treatment　　　　　(センター)

Power Up! 80　unless と if ... not の使い分け　　⊃ 234

❶ unless は一般に if ... not と同じだといわれるが，まったく同じというわけではない。unless のほうが if ... not よりも使用範囲が狭く，if ... not が使えても unless が使えない場合がある。例えば，**be happy [surprised] if ... not** のような感情表現の場合，if ... not の代わりに unless は使えない。

cf.　I'll be happy **if** he does**n't** come [ˣunless he comes] to the party.
　　(彼がパーティーに来ないと私はうれしい)
　　I'll attend the party **if** he does**n't** come [○**unless** he comes].
　　(彼が来ないのなら私はパーティーに出ます)

❷ unless は if ... not と違って，ふつう**仮定法では用いない**。
I *would have gone* **if** I *had* **not** *been* so ill [ˣunless I had been so ill].
(私はあんなに具合が悪くなければ行ったでしょう)

233 **Without** ～「もし～がなければ / もし～がなかったら」（= **but for**） 標準

▶ without ～ は but for ～ と同じ意味・用法。

本問 = If it were not for the greenhouse effect, the climate …

語句 greenhouse effect〔通例 the ～〕「温室効果」

Theme 61　ifの代用　　　　　　　　　　　　　⊃ 234～237

234 **unless** ～「～でない限り / もし～でなければ（= **if … not**）」 標準

▶ unless は「～でない限り」という否定の条件を表し，仮定法では用いない。

▶ unless は if … not に置き換えられる場合が多い。

　本問 = … **if** they (= the books) are **not** returned too late

235 **provided**（**that**）～「もし～ならば」 標準

▶ provided (that) / providing (that) で if の代わりをする。

▶ unless と同様，provided [providing] (that) も仮定法では用いない。

▶ 本問の somewhere は名詞的に用いている。

　I need **somewhere** to sleep.（私にはどこか寝るところが必要です）

236 **supposing**（**that**）～「もし～ならば（どうするか）」 標準

▶ suppose (that) ～ も可。×supposed (that) ～ の形はない。

▶ that 節中の時制は，「ありそうなこと」は直説法現在，それ以外は仮定法で表す。

　Supposing [*Suppose*] it **were** true, what would you do?

　（もしそれが本当なら，君はどうする？）

▶ supposing [suppose] が「～してはどうか」と『提案』を表す場合がある。

　Supposing [**Suppose**] you call her right now.

　（今すぐに彼女に電話をしたらどうですか）

237 **on**（**the**）**condition**（**that**）「～という条件で / もし～なら（= **if**）」 標準

▶ on (the) condition (that) も if の代わりをする場合が多い。

　You can go home **on condition that** you solve all these problems.

　（この問題をすべて解いたら帰っていいですよ）

語句 apply for ～「（職・許可など）を（正式に書類などで）申し込む / ～に応募［志願］する」（⊃ 570）

解答
233（①）温室効果がなければ，地球の気候は今よりずっと寒いだろう。
234（lend, out, charge, unless, are, returned, late）
235 Traveling by car is convenient（provided you have somewhere to park）.
236（④）列車に乗り遅れたらどうしよう か。
237（①）先生の推薦状があるという条件で，この海外研修プログラムに応募できます。

Theme 62

238 注意深いセールスマンならそんなもめごとは避けることができただろう。
A (have / could / avoided / careful / salesman) the trouble. (九州産業大)

239 I ran all the way, because I would have been late (　　　).
① anyway　　② likewise
③ nevertheless　　④ otherwise (関西学院大)

240 もう少し辛抱すれば，君はその問題を解くことができただろうに。
(　　) a little (　　) patience, you (　　) have (　　) the problem. (明海大)

241 To hear her talk, you would have taken her for an American.
= (　　) you (　　) heard her talk, you would have taken her for an American. (東洋大)

Power Up! 81　副詞 otherwise の 3 つの意味　⇒ 239

❶「さもなければ / そうでなかったら」(= if ... not)
I sent him a letter; **otherwise** (= if I had not sent him a letter) he would have worried about me. (私は彼に手紙を出した。そうでなかったら，彼は私のことを心配しただろう) (西南学院大)

❷「別のやりかたで / 違ったふうに」(= differently)
They look upon him as an eminent scholar but I think **otherwise**.
(彼らは彼を立派な学者と思っているが，私はそうは考えない) (早稲田大)

❸「そのほかの点では」(= in other ways)
The house is small, but **otherwise** perfect.
(その家は小さいがそのほかの点では申し分ない)

Power Up! 82　if 節の省略

実際の英文では，if 節あるいは if 節に相当するものが一切なく，仮定法の主節だけで文を構成している場合がある。その場合にも過去形の助動詞が仮定法かどうかを判断する目印になる。

I'm so hungry that I **could eat** a horse. (とてもお腹がすいているので，(食べようと思えば) 馬一頭でも食べられるくらいだ) (関西外国語大)

"I didn't go to class yesterday because my car broke down."
"You **could have borrowed** mine. I wasn't using it." (センター)
(「車が故障したので，昨日私は授業に出なかった」「(私に頼んでいたら) 私の車を借りることができたのに。私は使っていなかったから」)

Theme 62　if 節の代用　　　　⊃ 238〜241

238　主語が if 節の代わりをする場合　　　[標準]

- 主語, 副詞(句), 不定詞などが if 節の代わりをすることがある。if 節がないので, 動詞の形（過去形の助動詞に注目）や文脈から, その文が仮定法かどうかを判断する。
- 本問では主語 A careful salesman に仮定の意味が含まれている。

　本問 = **If he had been** a careful salesman, he could have avoided the trouble.

239　副詞 otherwise「さもなければ」が if 節の代わりをする場合　　　[標準]

- 副詞 otherwise「さもなければ / そうでなかったら」は, 前に述べたことと反対の内容を持つ仮定条件を表す。
- 本問では otherwise ＝ if I had not run all the way

　[語句] all the way「ずっと / はるばる」

240　副詞句 with 〜「もし〜があれば / もし〜があったら」

　　　　　　　　　　　　　　　が if 節の代わりをする場合　　　[標準]

- with 〜 の副詞句に仮定の意味が含まれている。（⊃ **Power Up! 79**）

　本問 = **If you had been** a little more patient, ...

241　to 不定詞が if 節の代わりをする場合　　　[標準]

- 不定詞の中に仮定の意味が含まれている。

　To hear her talk, ... = **If you had heard** her talk, ...

- 分詞に仮定の意味が含まれることがある。

　本問 = **Hearing** her talk, ...

解答

238 A (careful salesman could have avoided) the trouble.
239（④）私はずっと走った。そうでなかったならば遅刻しただろうから。
240（With, more, could, solved）
241（If, had）彼女が話すのを聞いていたら、君は彼女をアメリカ人だと思ったでしょう。

Theme 63

☐ 242 (　　) to the left, and you will find the house you are looking for.
　　① To turn　② Turn　③ Turned　④ Turning　　　（東北学院大）

☐ 243 You had better leave now, (　　) you will be late for the game.
　　① because　② so　③ and　④ or　　　（広島修道大）

☐ 244 One more failure, (　　) he will be ruined.
　　= If he (　　) once more, he will be ruined.　　　（小樽商科大）

Theme 64

☐ 245 まるで夢を見ているような感じでした。
　　I (in / I / if / as / were / felt) a dream.　　　（中京大）

☐ 246 彼女は何事もなかったかのように席に着いた。
　　She (as / had / happened / her / if / nothing / seat / took).　　　（東北学院大）

Power Up! 83　as if 以下の動詞の形に注意！　　⊃ 245, 246

❶ **as if 以下の動詞の形**
　▶ 原則として as if は，その後ろに仮定法過去または仮定法過去完了がくる。仮定法は『時制の一致』が行われないので，主節の動詞の時制が現在でも過去でも as if の後ろにくる動詞の形には変わりはない。
　He talks [talked / will talk] *as if* he **knew** everything.（大阪産業大）
　(彼はまるで何でも知っているかのように話す［話した／話すだろう］)

　▶ as if に続く仮定法過去完了は，完了形の持つ意味『完了／結果／継続／経験／時のずれ』のいずれかを表すために用いられる。
　He spoke *as if* he **had seen** the president.（東京理科大）
　(彼はまるで大統領に会ったことがあるような口ぶりだった)

　▶ 仮定の意味がなく，単に様子を表す場合は直説法も用いられる。
　It looks [seems] *as if* he **is** ill. (彼は病気らしい)

❷ **as if の後ろの省略**
　▶ as if の後ろの〈S + V〉が省略されて，副詞句／不定詞／分詞が続くことも多い。次の例文は不定詞が続く形。**as if to do** で「まるで〜するかのように」の意味になる。
　He opened his mouth *as if* (he were going) **to say** "No," but he didn't.
　(まるで「いいえ」と言わんばかりに彼は口を開いたが，何も言わなかった)（センター）

Theme 63 命令文 + and [or] ⇒ 242〜244

242 命令文 + **and**「〜しなさい，そうすれば…」 [基本]

▶ 命令文 + and [or] も if 節の代わりをして，『仮定／条件』を表す。
本問 = If you turn to the left, you will ...

243 命令文 + **or**「〜しなさい，さもないと…」 [基本]

▶ 本問のように，命令文の代わりに You must [have to / should / had better]
〜 などの，命令文に準ずる文を用いることも多い。
本問 = If you don't leave now, you will be late for the game.
　　 = Unless you leave now, you will be late for the game.

244 命令文に準ずる語句 + **and** [標準]

▶ 〈命令文 + and〉の変形。and の後ろには，仮定法の文がくることもある。
Five minutes earlier, and we could have caught the last train.
= If we had arrived [had come] five minutes earlier, we ...
（5分早かったら，私たちは終電に間に合っただろう）
（専修大）

Theme 64 仮定法の慣用表現 ⇒ 245〜250

245 **as if** + S + 仮定法過去「まるで S が〜する［である］かのように」 [標準]

▶「（実際にはそうでないが，）まるで〜する［である］かのように」という意味
を表すには，as if の後ろに仮定法過去を用いる。
▶ as if は as though に置き換えることもできる。246 も同じ。

246 **as if** + S + 仮定法過去完了「まるで S が〜した［であった］かのように」 [標準]

▶「（実際にはそうでなかったが，）まるで〜した［であった］かのように」の意
味のときは as if の後ろに仮定法過去完了を用いる。
[語句] take *one's* seat「着席する」

[解答] **242**（②）左へ曲がりなさい。そうすれば探している家が見つかりますよ。
243（④）今すぐ出発しなさい。さもないと試合に遅れますよ。
244（and / fails）もう一度失敗すれば，彼は破滅するだろう。
245 I (felt as if I were in) a dream.
246 She (took her seat as if nothing had happened).

☑ **247** It is high time for the children to go to bed.
　　 = It is high time the children (　　) to bed. （関西学院大）

☑ **248** I wish I (　　) back the clock and do everything all over again.
　　① can turn　　　　　② could turn
　　③ had turned　　　　④ have turned （中京大）

☑ **249** What a pity I didn't see her brother!
　　= I wish I (　　) her brother!
　　① hadn't seen　　　　② had seen
　　③ have seen　　　　　④ saw （中央大）

☑ **250** 若いうちに英語をもっと勉強しておけばよかったなあ。
　　(　　) I had studied English much harder when I was young!
　　① How　　② If only　　③ What if　　④ Wishing
　　　　　　　　　　　　　　　　　　　　　　（成城大）

Power Up! 84　その他の『願望を表す仮定法』　　⊃ 248〜250

☐ **I wish A would *do***「Aが〜してくれたらよいのに（と思う）」
　▶ 未来のことに対する『願望』を表す。これは，意志未来の will が仮定法過去の形 would になったもの。
　　I can't hear him. **I wish he would** speak a little louder. （南山大）
　　(彼の言うことが聞こえない。もう少し大きな声で話してくれたらよいのに)

☐ **would rather** ＋ 仮定法「(むしろ) 〜してほしい」
　▶ would rather が that 節を伴うとき，節内は仮定法を用いる。
　▶ 〈wish ＋ 仮定法〉とほぼ同意の表現。wish の場合と同様に，that は通例省略される。
　▶ 入試では，**I would rather you didn't** 〜「〜しないでほしい」の形での出題がほとんどである。
　　I'd rather you didn't smoke in public. （東海大）
　　(人前でタバコを吸わないでほしいのですが)
　▶ would rather の助動詞用法は **49** (p.37) 参照。

247 It is (high) time + S + 仮定法過去 　[標準]
「S はもう（とっくに）～してよいころ［時期］だ」

▶ It is time の次には，直説法ではなく仮定法過去がくる。
▶ high は「(時が) 盛りの / たけなわの」という意味。high の代わりに about を使うと，表現が少し弱く「そろそろ～する時間だ」という意味になる。
It's getting rather late. **It is about time** you **went** to bed.
= It's getting rather late. It is about time for you to go to bed.
(かなり遅い時間になっている。そろそろ寝る時間ですよ)（愛知学院大）

248 wish + S + 仮定法過去「S が～ならよいのに（と思う）」　[標準]
▶ 現在の事実と反対の願望は，〈wish + S + 仮定法過去〉で表す。
Girls often **wish** they **were** boys.（京都女子大）
(女の子は自分が男の子であればよいのにとしばしば思う)
▶ 「～できたらいいのに」は〈I wish I could + 原形〉で表す。
[語句] (all) over again「もう一度 / くり返して」

249 wish + S + 仮定法過去完了「S が～ならよかったのに（と思う）」　[標準]
▶ 過去の事実と反対の願望は，〈wish + S + 仮定法過去完了〉で表すので，正解は② had seen。
▶ It is a pity (that) ～ ➡ What a pity (it is) ～!「～とは実に残念だ」➡「～に会えなくて実に残念だ」=「～に会えたらよかったのに」
What a pity (it is) I didn't see her brother!
(彼女の兄[弟]に会えなくて実に残念だ = 彼女の兄[弟]に会えたらよかったのに)

250 If only + S + 仮定法！「S が～ならよいのに［よかったのに］（と思う）」　[標準]
▶ if 節だけで独立的に用いられることが多く，現在［過去］の事実と反対の願望を表す。If only = I wish と考えればよい。
▶ 本問は仮定法過去完了を用いた形。次の例文は仮定法過去の場合。
If only he **were** here!（彼がここにいたらなあ）（玉川大）

[解答]
247 (went) もうとっくに子供は寝る時間だ。
248 (②) 時計の針を巻き戻して，すべてをやり直すことができたらよいのに。
249 (②) 彼女の兄[弟]に会えたらよかったのに！
250 (②)

第11章 『時』を表す構文

Theme 65

251 I was listening to the radio (　　) I was making some cookies.
① that　　② during　　③ which　　④ while　　（亜細亜大）

252 声をかけるまで，彼女は彼がいることに気がつかなかった。　（玉川大）
She (until / to / spoken / his presence / notice / didn't / she was).

253 高校を卒業するときまでには，彼は私より2インチ背が高くなっていた。
By (from / he / inches / I / he / school / was / taller / time / high / the / graduated / two / than).　（獨協大）

254 Nearly (　　) she travels, bad weather delays her flight.
① once　　　　　② every time
③ all times　　　④ often　　（西南学院大）

Power Up! 85　time を用いた接続詞表現　　➲ 253, 254

☐ **by the time** ~　　「~するまでには」
☐ **every [each] time** ~　「~するときはいつも / ~するたびに」
☐ **next time** ~　　「今度~するとき（は）」
　I hope we can go for a meal **next time** you are in the neighborhood.
　（君が今度近くに来たとき，一緒に食事ができたらいいな）（久留米大）
☐ **the first time** ~　「初めて~するとき（は）」
　The first time I met her, she was still a college student.
　（私が彼女に初めて会ったときは，彼女はまだ大学生だった）（日本大）

Power Up! 86　「~するたびに」の表現　　➲ 254

彼は来るたびにおみやげを持って来てくれる。
☐ **Every [Each] time** he comes, he brings us some presents.
☐ **Whenever** he comes, he brings us some presents.
☐ **When** he comes, he **always** brings us some presents.
☐ He **never** comes **without** bringing us some presents. (➲ 208)

Theme 65 『時』を表す注意すべき接続詞　⊃ 251〜254

251 **while** 〜「〜する［している］間に / 〜の間ずっと」　[基本]
- ▶ while は名詞で使うと「時間」（= time）（⊃ **Power Up! 28**）という意味だから，接続詞として使われると「…する間（に）」という意味も当然出てくる。
- ▶ ② during は前置詞なので，〈S + V〉の前では不可。
- ▶ while 節の主語が主節と同じ場合，while 節の〈主語 + be 動詞〉は省略できる。本問でも I was は省略可。（⊃ **334**）

252 **until [till]** 〜「〜するまで（ずっと）」―『継続』　[基本]
- ▶「(彼が) 声をかける」=「(彼女が) 話しかけられる」→ she was spoken to と受動態で表現する。
- ▶ not ... until [till] 〜 が「〜して初めて…する」と訳されることがある。
  You can**not** lose weight **until** you give up eating between meals.
  （間食をやめて初めてやせられる［やめるまではやせられない］）（学習院大）

253 **by the time** 〜「〜するまでには」―『完了の期限』　[標準]
- ▶ until [till] と混同しないように。

　　　cf. { Finish the job **by the time** the sun sets.
　　　　　（日が沈むまでにはその仕事を終えなさい）―『完了』
　　　　　Wait here **until** the sun sets.
　　　　　（日が沈むまでここで待ちなさい）―『継続』

254 **every [each] time** 〜「〜するときはいつも / 〜するたびに」
　　　　　　　　　　　　　　　　　　　　　　　　　（= **whenever**）　[標準]
- ▶ ともに whenever よりも口語的。

解答
251　（④）私はクッキーを作っている間ずっとラジオを聴いていた。
252　She (didn't notice his presence until she was spoken to).
253　By (the time he graduated from high school, he was two inches taller than I).
254　（②）彼女が旅行するときはほとんどいつも，悪天候で彼女が乗る（飛行）便は遅れる。

第11章 『時』を表す構文

Theme 66

☐ 255 彼らは結婚してから5年になります。
　　　(since / is / years / married / it / they / five / got).　〔千葉工業大〕

☐ 256 ダイエットを始めて3ヶ月以上になる。
　　　More (　　) (　　) (　　) (　　) I (　　) (　　) a diet.
　　　〔than / went / passed / have / on / three months / since〕　〔佛教大〕

☐ 257 待っていると，間もなく2階に近づいてくる足音が聞こえました。
　　　I had (　　) been (　　) long (　　) I (　　) footsteps coming (　　).
　　　〔upstairs / not / before / heard / waiting〕　〔明海大〕

☐ 258 ほどなく彼らは真相を知るでしょう。
　　　(the / it / before / they / won't / truth / know / be / long).　〔北海学園大〕

☐ 259 It was (　　) he was thirty that he got a full-time job.
　　　① surprising　② necessary　③ but because　④ not until
　　　　　　　　　　　　　　　　　　　　　　　　　　　〔東洋大〕

Power Up! 87　「Sが〜してから…になる」の書き換えパターン
　　　　　　　　　　　　　　　　　　　　　　⊃ 255, 256

❶ **It is [has been]** +『時間』+ **since** + S + 過去形
❷ 『時間』+ **have passed since** + S + 過去形
❸ S + 過去形 +『時間』+ **ago**
❹ S + **has been** + 形容詞 + **for** +『時間』
「彼らは結婚してから5年になります」
　It is [has been] five years **since** they got married.
　= Five years **have passed since** they got married.
　= They got married five years **ago**.
　= They **have been** [*got(ten)] married **for** five years.

122　Part 1　表現・構文編

Theme 66 『時』の接続詞を用いた重要構文　⇨ 255〜259

255 **It is [has been] ... since ～**「～してから…になる」　[基本]
▶「～してから…になる」の書き換えパターンを覚えよう。(⇨ **Power Up! 87**)

256 『時間』+ **have passed since** + **S** + 過去形「～してから…になる」　[基本]
[語句] go [be] on a diet「ダイエットをする[している]」(⇨ **893**)

257 **not ... long before ～**「長くは…しないうちに～」　[標準]
▶ before の代わりに when を用いることもある。
　I had **not** waited **long before [when]** he arrived.
　(長くは待たないうちに彼が到着した)
▶ long の代わりにほかの語（句）が用いられることがある。
　I had *not* waited **an hour** *before* he arrived.
　(1時間も待たないうちに彼が到着した)

258 **It will not [won't] be long before ～**　[標準]
　　「まもなく～するだろう（⇦ ～するまでに長くはかからないだろう）」
▶ before 節は『時』を表す副詞節なので，未来のことでも現在形を用いる。
　It will not be long before he **arrives**.
　= He will arrive before long.（彼はまもなく到着するだろう）
▶ **It is** +『時間』+ **before ～**「～するまでに…の時間がかかる」が基本形。
　It was two hours before he arrived.（彼が到着するまでに2時間かかった）

259 **It is not until [till] ～ that ...**「～して初めて…する」　[標準]
▶ not ... until [till] ～ の not と until [till] 以下を It is と that の間に入れて強調した形。
　本問 = He did **not** get a full-time job **until** he was thirty.
　　　 = **Not until** he was thirty *did he get* a full-time job.〔倒置形〕
▶ until [till] は前置詞としての用法もあるので，後ろに名詞が置かれることもある。
　It is not *until* early **May** that cherry trees begin to bloom here.
　(こちらでは桜が咲き始めるのは5月の初めになってからです)
▶「30歳になる」を become thirty というのは，誕生日以外は不自然。

[解答]
255 (It is five years since they got married).
256 (than, three months, have, passed, since, went, on).
257 (not, waiting, before, heard, upstairs).
258 (It won't be long before they know the truth).
259 (④) 彼は30歳になって初めてフルタイムの仕事を得た。

Theme 67

☐ **260** 雨がやんだらすぐ出かけましょう。
Let's start (　　) (　　) (　　) the rain is over. 〔早稲田大〕

☐ **261** テレビをつけた途端, おかしいなと思った。
I recognized something strange about the (I / it / moment / on / switched / television / the). 〔立命館大〕

☐ **262** I had (　　) gone to bed when the telephone rang.
① closely ② hardly ③ shortly ④ rarely 〔中央大〕

☐ **263** (　　) had he put down the receiver with a great sigh of relief when the telephone rang.
① Hardly ② No sooner ③ Seldom ④ Never 〔中央大〕

☐ **264** 教授が教室に入るやいなや, 学生たちは皆おしゃべりをやめた。
No sooner (all / entered / had / than / the classroom / the professor) the students stopped chatting. 〔近畿大〕

Power Up! 88 「〜するとすぐに」の表現　　⊃ 260〜264

ベッドに入るとすぐに電話が鳴った。
☐ **As soon as**
☐ **The moment** } I *went* to bed, the telephone rang.
☐ **Directly**
☐ I *had* **hardly** [**scarcely**] *gone* to bed **when** [**before**] the telephone rang.
　= **Hardly** [**Scarcely**] *had* I *gone* to bed **when** [**before**] the telephone rang. 〔倒置形〕
☐ I *had* **no sooner** *gone* to bed **than** the telephone rang.
　= **No sooner** *had* I *gone* to bed **than** the telephone rang. 〔倒置形〕
☐ **On my going** to bed, the telephone rang. (⊃ 94)
▶「〜するとすぐに」の表現では no sooner の倒置形が特に入試によく出る。

Theme 67　「～するとすぐに」の表現　⇒ 260〜264

260 **as soon as ～**「～するとすぐに」　[基本]
▶「～するとすぐに」の意味では最もふつうに使う表現。

261 **the moment ～**「～するとすぐに」(= as soon as ～)　[標準]
▶ at the moment when の省略形。接続詞として as soon as と同じように用いられることがある。the instant / the minute なども同様の意味, 用法を持つが, 出題はまれ。
▶ 英用法では directly / instantly / immediately も as soon as の意味で使われる。
[語句] switch on ～「(電気器具 / 機械) のスイッチを入れる」
　　switch it on の語順に注意。　˟switch on it

262 **hardly [scarcely] ～ when [before] ...**「～するとすぐに…」　[標準]
▶「～」に過去完了形,「...」に過去形を用いて, 過去のことを表す場合が多い。

263 **Hardly [Scarcely] ～ when [before] ...**「～するとすぐに…」
　　　　　　　　　　　　　　　　　　　　　— 倒置形　[標準]
▶ 強調のために hardly [scarcely] を文頭に出すと, そのあとが〈**had** + **S** + **過去分詞**〉という倒置された語順になることに注意。文語的な表現だが, 入試では倒置形が重要。
　本問 = He had hardly put down the receiver ...

264 **No sooner ～ than ...**「～するとすぐに…」— 倒置形　[標準]
▶ hardly [scarcely] ～ when [before] ... と同様に「～」に過去完了形,「...」に過去形を用いて, 過去のことを表す場合が多い。
▶ hardly [scarcely] と同様に no sooner も文頭に出すと, そのあとが倒置形になる。
　本問 = The professor had **no sooner** entered the classroom **than** all the students stopped chatting.
▶ hardly [scarcely] の場合は when / before のどちらも用いられるが, sooner は比較級なので, than が続くことに注意。

解答　260　(as, soon, as)　261　I recognized something strange about the (television the moment I switched it on).
262　(②) ベッドに入るとすぐに電話が鳴った。
263　(①) 彼が安堵のため息を大きくついて受話器を置いたとたん, 電話が鳴った。
264　No sooner (had the professor entered the classroom than all) the students stopped chatting.

第12章 『原因・理由』を表す構文

Theme 68

265 We have to drive around the bay (　　) the bridge was destroyed in the storm.
　① with　　② due to　　③ because　　④ because of　　（東洋大）

266 (　　) so many people have applied for the position, it will be impossible for him to get it.
　① Due　　② Why　　③ Since　　④ For　　（亜細亜大）

267 You may well be praised, (　　) that you work so hard.
　① seeing　　② because　　③ if　　④ owing　　（愛知工業大）

268 (　　) that I've got a car, I don't get as much exercise as I used to.
　① So　　② Now　　③ Because　　④ Since　　（九州産業大）

269 私は彼が正直で率直であるから好きだ。
　I like him (　　) that he is honest and candid.　　（慶應義塾大）

Power Up! 89　『原因・理由』を表す because と since / as の違い　⊃ 265, 266

- **because** → 相手がまだ知らない『原因・理由』　― 文尾が多い
- **since / as** → 相手がすでに知っている『原因・理由』― 文頭が多い

　I took a taxi **because** I missed the train.
　　　旧情報　　　　　　新情報
　（電車に乗り遅れたのでタクシーに乗った）
　Since [**As**] I missed the train, I took a taxi.
　　　　　　旧情報　　　　　　新情報

▶ as は『時・様態・比例・譲歩・理由』などいろいろな意味を表すので，『理由』を明確にするときは，as よりも because / since が好まれる。

▶ くだけた言いかたでは so を用いる。また日常会話では接続詞を用いないことも多い。
　I missed the train, **so** I took a taxi. ➡ I took a taxi. I missed the train.

Theme 68 『原因・理由』を表す接続詞　⊃ 265〜269

265 because 〜「〜なので」　[基本]

▶『原因・理由』を表す最も一般的な接続詞。because は相手がまだ知らない『原因・理由』に用いられる傾向がある。

▶ because 以外の選択肢は，どれも前置詞なので不可。

266 since 〜「（あなたも知っているように）〜なので / 〜である以上」　[基本]

▶ since は相手がすでに知っている『原因・理由』に用いられるのがふつう。

▶ for「というのは…だから」は前の節の『付加的な理由』を述べる等位接続詞なので，文の前半にくることはない。

We can't go, **for** it is raining.　˟For it is raining, we can't go.
（出かけられない，雨が降っているから）

267 seeing that 〜「〜であることから見て / 〜であるから（= since）」　[標準]

▶ 慣用的な独立分詞構文の１つ。『理由』を表す接続詞の働きをする。

268 now (that) 〜「今や〜なので / 〜である以上」　[標準]

▶ now that はやや堅い言いかたなので，口語では now 〜がよく用いられる。

Now he is rich, he can buy almost anything.
（今やもう金持ちなので，彼はほとんどなんでも買える）

269 in that 〜「〜という点で / 〜だから（= because）」　[標準]

▶ that 節は原則として前置詞に続かないが，in that 〜と except that 〜「〜ということを除けば［以外は］」は例外。

We know nothing about him **except that** he is a good teacher.（摂南大）
（彼が良い先生であるということ以外は彼について何も知らない）

解答
265（③）橋が嵐で壊されたので，私たちは車でその湾をぐるっと回らなければならない。
266（③）非常に多くの人がその職に応募したので，彼が就職するのは不可能だろう。
267（①）そんなに一生懸命に働くのだから，君がほめられるのも当然だ。
268（②）今や車を持っているから，以前ほどは運動しない。
269（in）

Theme 69

270 The boy was praised because (　　) his diligence.
　　= The boy was praised because he was (　　).　（明星大）

271 She is so angry <u>on account of</u> what you said over lunch.
　① in spite of　　　　② because of
　③ at the same time　④ nevertheless　（亜細亜大）

272 Severe food shortages will occur, (　　) to the effects of global warming.
　① because　② owing　③ by　④ reason　（東京薬科大）

273 昨日はひどい流感でかなり多くの生徒が欠席しました。
Yesterday quite (students / few / were / to / a / due / absent) the bad flu.　（京都学園大）

274 (　　) Jiro, we won the game. We owe our victory to him.
　① For the purpose of　② Instead of
　③ Regardless of　　　④ Thanks to　（大阪学院大）

275 健康でないという理由で彼は辞職したがっている。
He wishes to resign (　　) the grounds (　　) ill health.　（武蔵工業大）

Power Up! 90　「～のために / ～が原因で」の表現　⊃ 270～273

事故のため列車は 10 分遅れた。
☐ **Because of** the accident, the train was delayed ten minutes.
☐ **On account of** the accident, the train was delayed ten minutes.
☐ **Owing to** the accident, the train was delayed ten minutes.
☐ **Due to** the accident, the train was delayed ten minutes.
☐ The train had a delay of ten minutes **because** the accident occurred.
　= The train was ten minutes late **because** the accident happened.

Theme 69 『原因・理由』を表す群前置詞　⇨ 270〜275

270 **because of ～**「～のために / ～が原因で」　[基本]
▶『原因・理由』を表す最も一般的な群前置詞。

271 **on account of ～**「～のために / ～が原因で」（= **because of**）　[標準]
▶ ① in spite of「～にもかかわらず」（⇨ **284**）
　③ at the same time「同時に / でもやはり」
　④ nevertheless「それにもかかわらず」

272 **owing to ～**「～のために / ～が原因で」（= **because of**）　[標準]
owe (A) to B ➡ owing to B (B のおかげで) ➡ B が原因で

273 **due to ～**「～のために / ～が原因で」（= **because of**）　[標準]
▶ due to ～ は群前置詞としての用法のほかに，be due to ～「～のためである」の形も必ず押さえること。
　This **is** in part **due to** the growing demand of society. (関東学院大)
　(これはひとつには社会の要求が大きくなっているためです)

[語句] quite a few「かなり多くの」

274 **thanks to ～**「～のおかげで / ～のせいで」　[標準]
▶ 日本語と同様，皮肉な意味を込めて用いられることもある。
　We had to stay there for two days, **thanks to** the heavy rain.
　(大雨のおかげで，2 日もそこで足止めをくらった)
▶ ① For the purpose of「～のために」『目的』（⇨ **293**）
　② Instead of「～の代わりに」（⇨ **487**）
　③ Regardless of「～にかかわらず」（⇨ **286**）

[語句] owe A to B「A は B のおかげである」（⇨ **841**）

275 **on the grounds of ～**「～という理由で」　[標準]
▶ grounds は「根拠 / 理由」の意。of ～ の代わりに，that 節が続くこともある。
　本問 = He wishes to resign **on the grounds that** he is ill.

[解答]
270 (of / diligent) その少年は勤勉なのでほめられた。
271 (②) 昼食をとりながらあなたが言ったことが原因で彼女はとても怒っている。
272 (②) 深刻な食糧不足が，地球温暖化の影響のために起きるだろう。
273 Yesterday quite (a few students were absent due to) the bad flu.
274 (④) ジローのおかげで，私たちは試合に勝った。私たちの勝利は彼のおかげだ。
275 (on, of)

第13章 『譲歩』を表す構文

Theme 70

276 He was not sure (　　) he checked his answers three times.
① although　　② as though
③ in order that　　④ while　　　　　　　　　　（大阪経済大）

277 たとえ今すぐ出かけても会合には間に合いませんよ。
You won't be (you leave / if / for / right / even / in time / the meeting) away.　　　　　　　　　　（杏林大）

278 The students wanted to climb the mountain (　　) it was dangerous.
① as if　　② even though
③ however　　④ in spite of　　　　　　　　　　（近畿大）

279 ケンは映画を面白いと思ったが，マリはそう思わなかった。
(　　) Ken enjoyed the movie, Mari did not.
① When　　② While　　③ Since　　④ However　　（成城大）

280 彼は若いけれども，経験豊富である。
Young (　　) he is, he has much experience.
= He is young, (　　) he has much experience.
= (　　) he is young, he has much experience.　　（学習院大）

Power Up! 91　even if と even though の使い分け　⊃ 277, 278

even if と even though では多少意味が違うので注意が必要。even if は後ろに**仮定的な事柄**が，even though は後ろに**事実**が来ることが多い。

- □ **even if**「(実際はどうであれ) たとえ〜だとしても」
- □ **even though**「(実際にそうなのだが) たとえ〜ではあっても / 〜ではあるが」
  Even if [*Even though] it rains, we're going to the beach.
  (たとえ雨が降っても海へ行くつもりだ)
  Even though [*Even if] it was raining, we (still) went to the beach.
  (雨が降っていたが (それでも) 海へ行った)

Theme 70 『譲歩』を表す接続詞　⊃ 276〜282

276　although ～「～だけれども」（= **though**）　[基本]
▶though と同意だが，though よりもやや堅い語。

277　even if ～「たとえ～だとしても」　[標準]
▶even if は『仮定 + 譲歩』を表す。
▶if だけで even if の意味を表すこともある。
　My uncle broke his promise to take us to the beach. **If** my sister was disappointed, her face didn't show it. (センター)
　（私のおじは，私たちを海に連れて行くという約束を破った。妹は失望していたとしても，顔には出さなかった）
[語句] right away「すぐに / ただちに」（⊃ 454）

278　even though ～「～ではあるが」　[標準]
▶though を強調する場合は even though になるが，˟even although は不可。

279　while ～「～なのに / ～だが / ～だが一方」 ― 『譲歩 / 対照』　[標準]
▶while には『時』（⊃ 251）以外に『譲歩 / 対照』を表す用法がある。
　The colorful picture books are perfect for young children, **while** the story books will appeal to older children. (法政大)
　（色鮮やかな絵本は年少の子供に最適だが，一方，物語の本は年長の子供に好まれるだろう）

280　形容詞 / 副詞 / 名詞 + as + S + V「S は～だけれども」　[標準]
▶文頭に名詞がくる場合は無冠詞になる。ただし今では極めてまれな形。
　Boy as he may, he could do a great thing.
　（彼は少年だったけれども，すばらしいことができた）
　cf. 動詞 + as + S + 助動詞「たとえ S が～しても」
　　Try as you will, you won't succeed.
　　= However hard you may try, you won't succeed.
　　（いくらやってみても，君は成功しないだろう）(法政大)

[解答]
276　(①) 彼は答えを 3 回チェックしたけれども自信がなかった。
277　You won't be (in time for the meeting even if you leave right) away.
278　(②) 学生たちは危険ではあるけれどもその山に登りたかった。
279　(②)
280　(as / but / Although [Though])

第13章 『譲歩』を表す構文

☑ 281 ❶ You will have to do it, (　　) you like it (　　) not. 〔専修大〕
　　　 ❷ That idea is very nice, but the question is (　　) or not it can be carried out.
　　　　 ① that　② if　③ whether　④ how 〔中部大〕
☑ 282 確かに中古車は安いが，必ずしも信頼できるとは限らない。
　　　 It's true that used cars (　　　　　　　　). 〔学習院大〕

Theme 71

☑ 283 It looks like this project's going to succeed (　　) its present difficulties.
　　　 ① despite　② because　③ though　④ yet 〔獨協大〕
☑ 284 Though they made great efforts, they did not succeed.
　　　 = In (　　) of their great efforts, they did not succeed. 〔東京家政大〕
☑ 285 (　　) (　　) the students' efforts, they could not complete the project. (= In spite of) 〔高千穂大〕
☑ 286 Any person has the right to pursue happiness (　　) of race or nationality.
　　　 ① by virtue　② instead　③ regardless　④ despite 〔西南学院大〕

Power Up! 92 whether ～ or ... の用法　　⊃ 281

❶ or not を伴った『譲歩』の副詞節「～であろうとなかろうと」が頻出。
You will have to do it, **whether** you like it **or not**. 〔副詞節〕
(好きであろうとなかろうと，それをしなければならないだろう)

❷ 名詞節を導く whether「～かどうか」との区別が重要。
I don't know **whether** [**if**] you will like it (**or not**). 〔名詞節〕
(君がそれを気に入るかどうか私にはわからない)
▶ 動詞の目的語になる場合 whether の代わりに if も可。ただし ❸ の場合は不可。
▶ 名詞節の場合，or not はなくても可。

❸ whether or not ～ の形になることもある。
The story is interesting **whether or not** it's true. 〔副詞節〕
(その話は実話であろうとなかろうとおもしろい)
It is up to you to decide **whether** [×**if**] **or not** you join the club.
(そのクラブに入るかどうか決めるのは君次第だ) 〔立教大〕 〔名詞節〕

281 whether ～ or ... 「～であろうと…であろうと」― 副詞節 　[標準]

- ▶ 本問のように whether ～ or not の形で使われることが多い。
- ▶ ❷ は whether が名詞節を導く場合で，whether 節「～かどうか」が補語になっている。if 節は補語になれないので，② if は不可。
- ▶ whether or not 「～かどうか/～であろうとなかろうと」は，whether ～ or not の or not を whether の直後に置いた形。副詞節でも名詞節でも用いられる。(⇒ **Power Up! 92**)

[語句] ❷ carry out ～「～を実行する/～を成し遂げる」(⇒ **554**)

282 It is true [True] ～, but ... 「なるほど～だが…」　[標準]

- ▶ いったんあることを認めた上，そのあとで自分の考えを述べる譲歩表現。
- ▶ **indeed** / **to be sure** / **may** なども，後ろに but 節がくると譲歩の意味になる。
  He is clever, **to be sure**, *but* he is not very diligent. 〈山脇学園短期大〉
  (なるほど彼は賢いがあまり勤勉ではない)

Theme 71 『譲歩』を表す(群)前置詞　⇒ 283～286

283 despite ～「～にもかかわらず」　[標準]

- ▶ ① despite は前置詞なので，後ろには名詞がくる。一方 ③ though は接続詞なので，後ろには〈S + V〉がくる。本問では(　)のあとが its present difficulties という名詞なので ① despite が正解。

284 in spite of ～「～にもかかわらず」(= despite)　[基本]

- ▶ in spite of *oneself*「思わず/われ知らず」も重要。

  自分自身(の気持ち)にもかかわらず ➡ 思わず/われ知らず

285 for all ～「～にもかかわらず」(= in spite of)　[標準]

- ▶ with all も同じ意味で使われる。

286 regardless of ～「～にかかわらず/～にかまわず」　[標準]

- ▶ ① by virtue of「～のおかげで」 ② instead of「～の代わりに」(⇒ **487**)

[解答]
- 281 ❶ (whether, or) 好きであろうとなかろうと，それをしなければならないだろう。
  ❷ (③) そのアイデアはとてもすばらしいが，問題は実行できるかどうかである。
- 282 It's true that used cars (are cheap [low in price], but they are not necessarily reliable).
- 283 (①) 現在の困難な状況にもかかわらず，この計画は成功しそうだ。
- 284 (spite) 大いに努力したにもかかわらず，彼らは成功しなかった。
- 285 (For [With], all) 学生たちの努力にもかかわらず，彼らはその研究課題を仕上げることができなかった。
- 286 (③) 人種や国籍にかかわらず，どんな人でも幸福を求める権利がある。

第14章 『目的』を表す構文

Theme 72

287 ロバートは，そのホールの中にいる全員に聞こえるように，大きな声で結婚式のスピーチをしました。
Robert made a loud speech at the wedding (all / hear / people / so / in / the hall / could / that / the) him. 　　　　　　　（関西学院大）

288 眠ってしまわないように気をつけなさい。
Take care (　　　) you should fall (　　　). 　　　　　　　（関西大）

289 She never travels by air (　　　) she will have a heart attack.
① in case that　　　　　② so that
③ in order that　　　　 ④ for fear that 　　　　　　　（広島工業大）

290 You should write down Satsuki's number (　　　) you forget it.
① in case　　② in the case　　③ so far as　　④ so long as
　　　　　　　　　　　　　　　　　　　　　　　　　　　　（センター）

Power Up! 93　so that の用法　　　⊃ 287

- **so (that) + S + can [will / may] do**「〜するために」― 目的
  I left home earlier than usual **so that** I **could** catch the train.
  （電車に間に合うようにいつもより早く家を出た）

- **so that + S + will [may] not do**「〜しないように」― 否定目的
  ▶「〜しないように」は will や may に not をつければよい。助動詞 can [could] は用いないことが多い。
  I left home earlier than usual **so that** I **wouldn't** miss the train.
  （電車に乗り遅れないようにいつもより早く家を出た）

- **..., so (that) ~**「…，その結果［それで］〜」 ― 結果
  ▶『結果』の用法の場合は，so that の前にコンマを置くことが多い。
  I left home earlier than usual, **so that** I could catch the train.
  （いつもより早く家を出たので，電車に間に合った）

Theme 72 『目的』を表す接続詞 ⊃ 287〜290

287 **so (that)** + S + **can** [**will** / **may**] *do*「〜するために」 　基本

- can と will は口語調，may は改まった言いかたに用いられる。口語では that が省略されることも多い。
- in order that《文語調》も so that と同じ意味を表すが，that は省略できない。
  He worked hard **in order that** he might get the prize. (学習院大)
  (彼はその賞がもらえるように，一生懸命働いた)

288 **lest** + S (**should**) *do*「〜しないように / 〜するといけないから」 　標準

- 《米》では should を省いた仮定法現在（動詞の原形）が多い。
- 文語表現なので，日常的には so that 〜 not を用いる。
  本問 = Take care **so that** you **will not** fall asleep.
  語句 fall asleep「寝入る」(⊃ 684)

289 **for fear (that)** + S + **should** [**might** / **will** / **would**] *do*
　　　　　　　　　　　　　　　「〜することを恐れて / 〜するといけないから」 　標準

- 堅い言いかたなので，日常的には so that 〜 not を用いる。
  本問 = She never travels by air **so that** she **will not** have a heart attack.
  語句 have a heart attack「心臓発作を起こす」

290 **in case** + S + V「〜するといけないから / 〜の場合に備えて」 　標準

- in case 節内は「現在形」が原則。助動詞がつく場合は should に限られる。
  Write down your password *in case* you **should** forget it. (中央大)
  (忘れるといけないから，パスワードを書きとめておきなさい)
- in case には「もし〜なら / もし〜の場合には」(= if)の意味もある。
  In case he forgets it, please let him know. (名古屋学院大)
  (もし彼が忘れたら，知らせてあげてください)

解答
287 Robert made a loud speech at the wedding (so that all the people in the hall could hear) him.
288 (lest, asleep)
289 (④) 心臓発作を起こすといけないので，彼女は決して飛行機で旅行しない。
290 (①) 忘れるといけないから，サツキの電話番号を書き留めておいたほうがいいよ。

Theme 73

291 A new idiom dictionary was purchased by the library (　　) help the students understand current usage. 　(慶應義塾大)
① so as to　② such as　③ so long as　④ so it

292 私たちは子供たちを起こさないようにそっと歩いた。
We walked (the children / to / so / wake / not / as / softly). 　(城西大)

293 He will go to the U.S. (　　) the purpose of studying medicine.
① for　② with　③ to　④ in 　(奥羽大)

294 He is decorating the house with a (　　) it.
① view to selling　② view to sell
③ purpose of selling　④ regard to selling 　(中央大)

295 He kept quiet for (　　) of waking the baby.
① the purpose　② fear
③ the sake　④ lest 　(関西学院大)

Power Up! 94　「～するために」の表現　⊃ 287, 291, 293, 294

彼女は車を買うために金をためている。
☐ She is saving money **so that** she **can** buy a car.
☐ She is saving money (**so as**) **to** buy a car.
☐ She is saving money **for the purpose of** buying a car.
☐ She is saving money **with a view to** buying a car.

Power Up! 95　「～しないように」の表現　⊃ 288～290, 292, 295

君は失敗しないように熱心に働かなければならない。
☐ You must work hard **so that** you **will** [**may**] **not** fail.
☐ You must work hard **lest** you (**should**) fail.
☐ You must work hard **for fear** (**that**) you **should** fail.
☐ You must work hard **in case** you (**should**) fail.
☐ You must work hard (**so as**) **not to** fail.
☐ You must work hard **for fear of** failing.

Theme 73 『目的』を表す句　　⊃ 291〜295

291　so as to *do*「〜するために/〜するように」(= **in order to *do***)　[標準]
- ▶目的の意味をはっきりと出すために，so as to *do* / in order to *do* の形を用いることもある。

292　so as not to *do*「〜しないように」(= **in order not to *do***)　[標準]
- ▶不定詞を否定する語は不定詞の直前に置くので，「〜しないように」は so as not to *do* / in order not to *do* の形になる。
- ▶本問 = We walked softly so that we wouldn't wake the children.

293　for the purpose of *doing*「〜する目的で/〜するために」　[標準]
　　　　　　　　　　　　　　　　(= **so as to *do* / in order to *do***)
- ▶「〜するために」の意味では for *doing* は不可。for を使って『目的』を強調する場合は，for the purpose of *doing* の形になる。

294　with a view to *doing*「〜する目的で/〜するつもりで」　[標準]
- ▶この view は『目的・意図』の意味。やや堅い言いかた。
- ▶③は for the purpose of selling なら可。
- [語句] decorate「(家, 部屋) にペンキを塗る」

295　for fear of *doing*「〜しないように/〜するといけないから」　[標準]
- ▶本問 = He kept quiet for fear that he should wake the baby. (⊃ 289)
- ▶① for the purpose of *doing*「〜するために」(⊃ 293)　③ for the sake of 〜「〜の（利益の）ために」(⊃ 648)

解答
291（①）生徒が最新の用法を理解するのを助けるために，図書館は新しい熟語辞典を購入した。
292 We walked (softly so as not to wake the children).
293（①）彼は医学を勉強するためにアメリカ合衆国へ行くだろう。
294（①）彼は家を売るためにペンキを塗っているところだ。
295（②）彼は赤ん坊を起こすといけないので静かにしていた。

第15章 『程度・結果』を表す構文

Theme 74

☐ 296 ❶ 風が強くてそこに立っているのがやっとのことでした。(大阪電気通信大)
The wind was (could hardly / I / so / strong / that) stand there.

❷ ポールはとても気持ちのいい男なので，すぐに誰にでも好かれる。
Paul is (a / that / person / pleasant / so) everybody likes him at once. (成城大)

❸ 彼の手紙はとても情熱的だったので彼女は感動して涙が出てきた。
So passionate (letter / that / was / his / she) was moved to tears. (立命館大)

☐ 297 The safety of food is (　　) an important issue that we cannot ignore it.
① so　　　② very　　　③ too　　　④ such　　　(中部大)

☐ 298 君はとても楽しい人だから何度でも来てください。
Such (come / is / that / the pleasure / too often / you / give / you cannot). (関西大)

Power Up! 96 — so ... that 〜 と such ... that 〜 の使い分け　⊃ 296〜298

☐ **so** + 形容詞（副詞）+ that 〜
　so + 形容詞 + **a** + 名詞 + that 〜〔名詞を伴う場合〕

☐ **such** + (a) (+ 形容詞) + 名詞 + that 〜

He is { **so** *energetic*　　　　　　　　　　}
　　　 { **so** *energetic a boy*　　　　　　　} (that) he can't keep still.
　　　 { **such** *an energetic boy*　　　　　}

(彼はとても元気いっぱいな（少年な）のでじっとしていることができない)

138　Part 1　表現・構文編

Theme 74 『程度・結果』を表す接続詞　⊃ 296〜298

296 **so ... (that) 〜**「とても…なので〜 / 〜するほど…」　[基本]

▶ so ... (that) 〜 には，①「とても…なので〜」と，②「〜するほど…」の2通りの訳しかたがある。ただし，前に否定語がある場合は「〜するほど…でない」と後ろから前に訳し上げるとよい。(297, 299 も同様)

Few people are **so** competent **that** they can succeed without effort.
（努力しないで成功するほど有能な人はほとんどいない）〈國學院大〉

▶ ❷ は so pleasant a person の語順に注意。(⊃ **Power Up! 63, 96**)

▶ ❸ は so ... that 〜 の倒置形〈So + 形容詞 + is + S + that 〜〉。

❸ = His letter was so passionate that she was moved to tears.

297 **such ... (that) 〜**「とても…なので〜 / 〜するほど…」　[標準]

▶ so ... (that) 〜 と同じ意味である。ただし，so の後ろには形容詞・副詞が，such の後ろには名詞がくることに注意。また，どちらも口語では that がしばしば省略される。

本問 = The safety of food is **so** *important* an issue **that** we cannot ignore it.

298 **S + is such that 〜**「S は大変なものなので〜 / S は〜するほどのものだ」　[発展]

▶ such が形容詞や名詞を伴わずに，〈S + is such that 〜〉の形で使われる場合がある。〈S + is so great that 〜〉とほぼ同意。本問のように，〈**Such is + S + that 〜**〉の倒置形になることも多い。

Her joy was **such** [**so great**] **that** she shed tears.
= **Such** [**So great**] was her joy **that** she shed tears.
（うれしさのあまり彼女は涙を流した）

[語句] cannot 〜 too + 形容詞 [副詞]「いくら〜してもしすぎることはない」
(⊃ 209)

You **cannot** come **too** often.（君はどんなに頻繁に来ても来すぎることはない ➡ 何度でも来てください）

[解答] **296** ❶ The wind was (so strong that I could hardly) stand there.
　　　❷ Paul is (so pleasant a person that) everybody likes him at once.
　　　❸ So passionate (was his letter that she) was moved to tears.
297 (④) 食の安全はとても重要な問題なので無視することはできない。
298 Such (is the pleasure you give that you cannot come too often).

Theme 75

299 このアパートの家賃は高すぎて支払えない。　　　　　　　　　　（中央大）
　　　The rent of this apartment (me / pay / is / to / high / too / for).

300 The story is so short that it can be read in an hour.
　　　= The story is (　　) to read in an hour.
　　　① sufficient short　　　② short sufficient
　　　③ short enough　　　　④ enough short　　　　　　　　　（東京国際大）

301 そんなことをしないだけの十分な分別がジャックにはあった。
　　　(a / do / enough / Jack / not to / such / thing / was / wise). （東北学院大）

302 Her hair was so long that it touched the floor.　　　　　　（北海学園大）
　　　= Her hair was so long (　　) (　　) touch the floor.

303 彼は目を覚ますと見知らぬ人々に囲まれているのに気付いた。　（中央大）
　　　He (strange / to / people / by / awoke / surrounded / himself / find).

304 I went all the way to see him, but found him absent.
　　　= I went all the way to see him (　　) to find him absent. （駒澤大）

Power Up! 97　『結果』を表す不定詞　　　⊃ 303, 304

『結果』を表す不定詞は，主に次の5つの表現で用いられる。

- **awake [wake (up)] to find ~**「目が覚めて～だと知る」
- **grow up to be ~**「成長して［大きくなって］～になる」
  She **grew up to be** a great scientist.（立正大）
  （彼女は成長して偉大な科学者になった）
- **live to be ~**「～になるまで生きる（← 生きてその結果～になる）」
  My father **lived to be** eighty.（父は80歳まで生きた）（専修大）
- **... only to do**「…だが結局～する（にすぎない）」
- **... never to do**「…だが二度と～しない」
  The good old days are gone **never to return**.（中央大）
  （古きよき時代は過ぎ去り，二度と戻ってこない）

Theme 75 『程度・結果』を表す不定詞　　⊃ 299〜304

299 **too ... to do**「とても…なので〜できない / 〜するには…すぎる」　[標準]
- ▶本問は too ... to do に不定詞の意味上の主語 for A を加えた, too ... for A to do の形。
- ▶too ... to do の場合, 文の主語と不定詞の目的語が一致している場合は, 不定詞の目的語を省略する点に注意。本問では文の主語 the rent が pay の意味上の目的語になっている。*to pay it
- ▶too ... to do は〈so ... that + S + can't do〉で書き換えられる。
  本問 = The rent of this apartment is **so** high **that** I **can't** pay it.

300 **... enough to do**「とても…なので〜する / 〜するほど…」　[標準]
- ▶副詞としての enough は形容詞, 副詞のあとに置くことに注意。形容詞としての enough は名詞の前に置くのがふつうだが, 後ろも可。
- ▶sufficient には形容詞としての用法しかないので, ①, ② は不可。
  I have **sufficient** money [*money sufficient] to buy a new car. = I have **enough** money [money **enough**] to buy a new car.（新車を買えるだけの金がある）

301 **... enough not to do**　[発展]
　　　　　　　　　　　「〜しないほど（十分に）… / とても…なので〜しない」
- ▶... enough to do の否定形。

302 **so ... as to do**「とても…なので〜する / 〜するほど…」　[標準]
- ▶... enough to do とほぼ同意。現代英語では ... enough to do を用いるのがふつう。
  本問 = Her hair was long **enough to** touch the floor.

303 **awake** [**wake** (**up**)] **to find** 〜「目が覚めて〜だと知る」　[標準]
- ▶『結果』を表す副詞用法の不定詞。
  [語句] find *oneself*「（気がつくと）（ある場所・状態に）いる［ある］」

304 **... only to do**「…だが結局〜する［にすぎない］」　[標準]
- ▶『結果』を表す副詞用法の不定詞。はるばる会いに行ったのにいなかったのだから, 『残念な結果』を表す only to do の only が入る。

解答
299　The rent of this apartment (is too high for me to pay).
300　(③) その物語はとても短いので1時間で読める［1時間で読めるほど短い］。
301　(Jack was wise enough not to do such a thing).
302　(as, to) 彼女の髪は床に届くほど長かった。
303　He (awoke to find himself surrounded by strange people).
304　(only) はるばる彼に会いに行ったが, 彼はいなかった。

第16章 名詞構文・無生物主語

Theme 76

305 Please have (　　) at this document before you begin your work.
① a closer look　　② a closer looking
③ looked closely　　④ looking closely　　〈センター〉

306 They insisted that I attend the class regularly.
= They insisted on my (　　) (　　) at the class.　〈中央大〉

307 旅人は遠くに明かりを見て喜んだ。
The traveler was delighted (　　) the (　　) of a light in the distance.　〈関東学院大〉

308 He refused the offer and we were surprised.
= His (　　) of the offer (　　) us.　〈東京工科大〉

Power Up! 98　基本動詞＋a＋(形容詞＋)動詞派生の名詞　⊃ 305

☐ **have a dream**　「夢を見る」(= dream)　×see a dream
　My sister says that she **had a** dreadful **dream** last night.〈京都外国語大〉
　(私の妹は，昨夜恐ろしい夢を見たと言っている)
☐ **have a look at ～**　「～を見る」(= look at / take a look at)
☐ **have a drink**　「一杯やる」(= drink)
☐ **take a rest**　「ひと休みする」(= rest / have a rest)
　You must be tired. Why don't you **take a rest**?〈日本大〉
　(あなたは疲れているに違いない。ひと休みしませんか)
☐ **take a walk**　「歩く」(= walk / have a walk)
☐ **make a choice**　「選ぶ」(= choose)
☐ **make a speech**　「スピーチをする」(= speak / give a speech)
☐ **give a cry**　「叫ぶ」(= cry)
☐ **give ～ a ride**　「～を車に乗せる」(= ride)
　I will **give** you **a ride** in my car.〈朝日大〉
　(あなたを車に乗せてあげましょう)
☐ **give ～ a call**　「～に電話する」(= call / give ～ a ring)
　Give me **a call**[**a ring**] as soon as you get there.〈朝日大〉
　(そちらに着いたらすぐに私に電話しなさい)

Theme 76 名詞構文　⊃ 305〜310

305 **have a look at ~**「~を見る」(= look at ~) ［標準］

▶〈基本動詞 + a +（形容詞 +）動詞派生の名詞〉の形で「~する」という、通例一回限りの行為を表す。単一の動詞を用いるよりくだけた言いかた。have a close(r) look at ~「~を（もっと）よく見る」

306 **my attendance**「私が出席すること」 ［標準］

▶所有格は『所有』だけでなく、あとに続く抽象名詞の意味上の主語や目的語も表す。本問は my が意味上の主語（私が）を表している。

▶ my attendance は that I attend「私が出席すること」を意味する。この場合の〈所有格 + 名詞〉は〈S + V〉の関係にある。次の例文は〈O + V → V + O〉の意味関係。

cf. No one came to **my brother's rescue**.
（だれも私の弟を助けに来てくれなかった）

307 **at the sight of ~**「~を見て」 ［標準］

▶〈抽象名詞 + of + 名詞〉型の名詞構文。所有格の場合と同様に of を用いた場合も、前の抽象名詞の意味上の主語や目的語を表す。

▶ at the sight of a light は when he saw a light を意味する。この場合の〈抽象名詞 + of + 名詞〉は〈V + O〉の関係にある。次の例文は〈V + S → S + V〉の意味関係。

cf. The sudden **death of an old friend** was a great shock to me.
（旧友が突然亡くなり、たいへんショックだった）

308 **his refusal of the offer**「彼がその申し出を断ったこと」 ［標準］

▶〈所有格 + 抽象名詞〉と〈抽象名詞 + of + 名詞〉が合体した形。

▶ his refusal of the offer は that he refused the offer を意味する。この場合の〈所有格 + 抽象名詞 + of + 名詞〉は〈S + V + O〉の関係にある。すなわち、所有格は抽象名詞の意味上の主語、〈of + 名詞〉は意味上の目的語になる。

Do you know about **his** recent **discovery of the treasure**?
= Do you know that **he** recently **discovered the treasure**? (東邦大)
（彼が最近その宝物を発見したことを知っていますか）

解答 **305**（①）仕事を始める前にこの書類をもっとよく見てください。
306（regular, attendance）彼らは私にきちんと授業に出るように強く要求した。
307（at, sight）　**308**（refusal, surprised）彼がその申し出を断ったので驚いた。

☐ **309** This book is (　　　) interest to those who like science fiction.
① very　　② with　　③ of　　④ such　　(西南学院大)

☐ **310** あなたはそれを，卵を割るのと同じくらい簡単に壊すことができる。
You can break it (　　　) the same (　　　) with which you can break an egg. (防衛大)

Theme 77

☐ **311** 彼女はどうしてその家を買う気になったのですか。
(buy / what / to / her / made / decide) the house? (九州国際大)

☐ **312** The money he inherited (　　　) him to go on a world cruise.
① enabled　　② had　　③ let　　④ made　　(佛教大)

☐ **313** ❶ 病気のために彼はパーティーに出席できなかった。　(奈良産業大)
(prevented / his / the party / him / illness / joining / from).
❷〔共通する 1 語を入れよ〕
She (　　　) silent about the problem.
Urgent business (　　　) me from coming soon. (実践女子大)

Power Up! 99　〈of ＋ 抽象名詞〉と〈with ＋ 抽象名詞〉 ⊃ 309, 310

❶ **of ＋ 抽象名詞 ＝ 形容詞**
☐ **of importance** = important「重要な」
☐ **of interest** = interesting「興味深い」
☐ **of value** = valuable「価値のある」　☐ **of help** = helpful「役立つ」
☐ **of use** = useful「役に立つ」
　The information is **of** little or no **use**. (関西外国語大)
　(その情報はほとんど，いやまったく役に立たない)

❷ **with ＋ 抽象名詞 ＝ 副詞**
☐ **with ease** = easily　☐ **with difficulty** = barely「かろうじて / やっと」
☐ **with patience** = patiently「辛抱強く」
☐ **with care** = carefully「注意して」
☐ **with pleasure**「喜んで」
　I'll accept your kind invitation **with pleasure**. (広島工業大)
　(私はあなたの親切なご招待を喜んでお受けいたします)

309 of interest = interesting 「興味深い」 [標準]

▶ 〈of + 抽象名詞〉は形容詞の働きをする。この of は「〜の性質を持つ（having）」という意味。

▶ 抽象名詞の前によく great / much / no / little などの程度を表す形容詞がつく。
The securing of foreign currency is *of great importance*. (亜細亜大)
（外貨の確保はとても重要だ）

[語句] those who 〜「〜する［である］人々」（⊃ 21）

310 with ease 「容易に」（= easily） [標準]

▶ 〈with + 抽象名詞〉は副詞の働きをする。with ease = easily のように1語の副詞に書き換え可能なものが多い。

Theme 77　無生物主語　⊃ 311〜319

311 What makes A *do*?（= Why 〜?） [標準]

　　　　　　　　　「何が A に〜させるか」→「A はなぜ〜するのか」

▶ make A *do*「A に〜させる」（⊃ 62）

312 enable A to *do*「A に〜することを可能にさせる」 [標準]

　　　　　　　　　　　　　（= make it possible for A to *do*）
→「（主語のおかげで）A は〜できる」（= Thanks to + S, A can *do*）」

▶ 本問 = The money he inherited **made it possible for him to go** on ...
　　　 = **Thanks to** the money he inherited, **he could go** on ...

▶ 〈S + V + O to *do*〉の形をとるのは ① enable だけ。ほかの選択肢は 〈S + V + O *do*〉の形をとるので不可。

[語句] go on 〜「（旅行など）に出かける」　go on a cruise「遊覧航海に出かける」

313 prevent A from *doing* [標準]

　　　　　　　　　「A が〜することを妨げる」→「…のために A は〜できない」

▶ 『抑制・防止』を表す from「〜から/〜しないように」。

❶ = He could not join the party because of his illness.

▶ prevent の代わりに，keep / stop / hinder などを用いてもほぼ同意。

[解答] 309 (③) これは SF が好きな人には興味深い本です。　310 (with, ease)
311 (What made her decide to buy) the house?
312 (①) 彼は相続したお金のおかげで世界遊覧航海に出かけることができた。
313 ❶ (His illness prevented him from joining the party).
❷ (kept) 彼女はその問題について何も言わなかった。
　　　 急用のために私はすぐに行けなかった。

第16章　名詞構文・無生物主語　145

☑ 314 (take / ten-minute / a / it / will / walk) you to the station.〔1 語不要〕
(畿央大)

☑ 315 After an hour's walk we came to the lake.
= An hour's walk (　　) us to the lake.
① brought　② caused　③ put　④ reached
(佛教大)

☑ 316 そのエピソードを聞くと学生時代を思い出す。
The episode (　　　　　　　　　　). (高岡法科大)

☑ 317 この本を読めば日本での人々の生活がよくわかるでしょう。 (日本大)
This book (how / a / lead / show / life / they / will / you) in Japan.

☑ 318 彼が電話してきたので，電子メールを書かずに済んだ。
His call (　　) me the trouble of e-mailing him. (慶應義塾大)

☑ 319 To his great surprise, his father suddenly came back from China.
= His father's sudden return from China (　　) him a great deal.
(名城大)

Power Up! 100　無生物主語　　⊃ 311〜319

英語では人以外の無生物を主語とした構文をとることが多い。

❶ 無生物主語の訳しかた
主語を「〜によって」「〜なので」「〜すれば」などと副詞的に訳し，目的語である『人』を主語にして訳すと，日本語らしくなることが多い。

　That song always makes **me** think of my hometown.
　= Whenever I hear that song, I remember my hometown.
　(その歌を聴けばいつも自分の故郷を思い出す)(東邦大)

❷ 無生物主語で用いられる主な動詞
① 「〜させる」型：make / cause / allow / enable
② 「〜するのを妨げる」型：prevent / keep / stop / hinder
③ 「〜を連れて行く〔くる〕」型：take / bring / lead / carry
④ 「〜を思い出させる」型：remind
⑤ 「〜を示す」型：show / reveal / tell / suggest / prove
　Her frown **told** [**suggested**] that she was angry.
　(しかめ面で彼女が怒っているのがわかった)
⑥ 「〜（の手間）を省く」型：save / spare
⑦ 『感情・心理状態』を表す動詞：surprise / delight / frighten / excite

314 **take A to B**「AをBに連れて行く」➡「…でAはBに行く［着く］」 [基本]
 ▶ lead A to B「(道路などが) AをBに連れて行く」(= take A to B)も押さえておこう。Either road will **lead** you **to** the station. (獨協大)
 （どちらの道を行ってもあなたは駅に行けます）

315 **bring A to B**「AをBに連れてくる」➡「…でAはBにくる［着く］」 [標準]
 ▶ came to ～なので, (　)には took ではなく ① brought が入る。

316 **remind A of B**「AにBを思い出させる」 [標準]
 ▶ 無生物主語の文になることが多いので, ふつうは「…を見ると［聞くと］AはBを思い出す」と訳す。
 ▶ この of は「～に関して／～について」の意味で,『関連』を表す。

317 **show that** 節［疑問詞節］「～ということを示す」➡「～がわかる」 [標準]
 ▶ reveal「明らかにする」／ tell / suggest などの動詞も, 無生物が主語の場合「…によって［…を見れば］～とわかる」と訳せばよい。
 A closer examination will **reveal that** the Japanese economy is declining.
 （さらによく調べてみると, 日本経済が衰退しているということがわかるだろう）
 [語句] lead「(ある種の人生, 生活)を送る［過ごす］」

318 **save A B**「AのB(労力など)を省く」(= spare A B) [標準]
 ▶ save [spare] A the trouble of *doing*
 「Aの～する手間を省く」➡「…のおかげでAは～しないですむ」

319 『感情・心理状態』を表す動詞 [標準]
 ▶ surprise「～を驚かせる」／ delight「～をうれしがらせる」／ frighten「～を恐がらせる」／ excite「～を興奮させる」などの『感情・心理状態』を表す動詞も, 無生物主語をとることが多い。
 The report **delighted** protestors. (駒澤大)
 （その報告を聞いて抗議する人たちは喜んだ）
 [語句] To his great surprise「彼がとても驚いたことには」— to は『結果』を表す前置詞なので,「～して(その結果)驚いた」と訳してもよい。

[解答]
314 (A ten-minute walk will take) you to the station. [it が不要]
 10分歩けば駅まで行けます。
315 (①) 1時間歩くと湖に着いた。
316 The episode (reminds me of my school [student] days).
317 This book (will show you how they lead a life) in Japan.
318 (saved [spared])
319 (surprised) 彼の父が突然中国から戻ったので, 彼はとても驚いた。

第17章 特殊な構文

Theme 78

320 地下鉄が混んでいたのは雪のせいでした。　　　　　　　　　（愛知工業大）
It (was / was crowded / the snow / the subway / that / because of).

321 間違っているのは僕ではなく君のほうだ。　　　　　　　　　（工学院大）
It (who / I / is / am / you / but / are / not) wrong.〔1語不要〕

322 (　　　) you went into the room with?
① Who she was　　　　② What is she
③ Who it was that　　　④ Who was it that　　　　　　（西南学院大）

Theme 79

323 彼はまさに我々が探していた人です。　　　　　　　　　　（東北学院大）
He is the (been / for / have / looking / man / that / very / we).

324 There can be no doubt (　　　) about it.
① whoever　② whomever　③ whatever　④ whichever　（中央大）

325 It was nice of you to invite me to the concert last night, Kim. I really (　　　) have a great time!
① would　② did　③ might　④ should　　　　　　　（南山大）

326 いったい私を何者だと思ったのですか。
(did / earth / for / me / on / take / you / what)?　　　　（東北学院大）

Power Up! 101　強調構文と形式主語構文の見分けかた　⊃ 320, 321

❶ **It is [was]** と **that** を取り除いた残りの部分が
完全な文 → 強調構文　　不完全な文 → 形式主語構文

❷ **It is [was]** と **that** の間に入る語が
名詞 / 代名詞 / 副詞（句 / 節）→ 強調構文
形容詞またはそれに類する語句 → 形式主語構文

(It was) **yesterday** (that) he broke the window. ── 強調構文
（彼が窓を壊したのは昨日だった）
It was **clear** that he broke the window yesterday. ── 形式主語構文
（彼が昨日窓を壊したのは明らかだった）

Part 1　表現・構文編

Theme 78 強調構文　　　⊃ 320〜322

320　It is ... that ～「～なのは…である」　[標準]
▶「...」の部分を強める強調構文。強調されるのは，文の主語/目的語/補語などとして働く名詞/代名詞や，副詞（句/節）などである。動詞/形容詞は強調できない。本問は副詞句 because of the snow を強調した形。過去の文については，本問のように It was ... を用いるのが原則。

321　It is not A but B that [who] ～「～なのは A ではなく B である」　[発展]
▶本問は not A but B の相関語句を強調した形。not A but B が主語の場合，動詞は B に一致させるので，who の後ろには are がくる。
▶強調されるものが『人』なら，who を that の代わりに用いることもある。

322　疑問詞 + is it that ～?　[標準]
▶疑問詞が強調される場合は，疑問詞が文頭に出て〈疑問詞 + is it that ～?〉になる。

Theme 79 語句による強調　　　⊃ 323〜326

323　very + 名詞「まさにその～/ちょうどその～」— 名詞の強調　[標準]
▶この場合の very は形容詞で，名詞を強めるために用いられる。
This is the **very** book I need now.（これこそ今私に必要な本です）
before my **very** eyes「まさに私の目の前で」

324　whatever「少しの～も」— 否定の強調　[発展]
▶no を伴う名詞や nothing の後ろに用いて，否定を強調する。

325　do [does / did] + 動詞の原形「実際に[確かに]～する[した]」　[標準]
— 動詞の強調
▶動詞の原形の直前に助動詞 do [does / did] を置いて動詞を強調する。
She **does** look tired.（彼女は確かに疲れているみたいだ）
▶本問は過去時制なので，〈did + 動詞の原形〉の形になる。

326　on earth「いったい（全体）」— 疑問詞の強調　[標準]
▶疑問詞の直後に on earth / in the world / ever などをつけて，疑問詞を強調する。
[語句] take A for B「A を B と思う[間違える]」（⊃ 792）

解答　320　It (was because of the snow that the subway was crowded).
　　　321　It (is not I but you who are) wrong.〔am 不要〕
　　　322　（④）あなたと一緒にその部屋に入ったのは一体だれだったのですか。
　　　323　He is the (very man that we have been looking for).
　　　324　（③）それについては疑問の余地がまったくない。
　　　325　（②）キムさん，昨晩はコンサートに招待してくださってありがとうございました。本当にとても楽しかったです。　326　(What on earth did you take me for)?

Theme 80

327 On the wall opposite the door (　　) three paintings.
① hung　② hanging　③ displayed　④ displaying　（獨協大）

328 彼らは，これが最後の食事で，この後数日間何も食べられなくなるだろうとは思いもしなかった。
Little (did / realize / that / they / this / would) be their last meal for several days.　（追手門学院大）

329 事件のあとになって初めて，彼女は自分が置かれていた危険な状態に気づいた。
Only (　　)(　　)(　　)(　　) she realize the (　　)(　　)(　　)(　　) in.
〔she / had / the / incident / danger / been / after / did〕　（日本大）

Theme 81

330 Hiroshi was born in Kobe, and so (　　) his sister Mari.
① didn't　② did　③ wasn't　④ was　（芝浦工業大）

Power Up! 102　補語・目的語の倒置

❶ ⟨S + V + C⟩ → ⟨C + V + S⟩
強調のために補語を文頭に出すと，主語が名詞の場合には，⟨V + S⟩ の語順。主語が代名詞の場合は ⟨S + V⟩ のまま。
　Very *important* **is your advice** for this project.
　（この企画にはあなたの助言が非常に重要です）
　cf. Very *important* **it is** for this project.

❷ ⟨S + V + O⟩ → ⟨O + S + V⟩
強調のために目的語を文頭に出しても，後ろは ⟨S + V⟩ のまま。ただし，目的語に否定語や only が含まれている場合は，疑問文の語順。
　The *man* **I know** very well.（その男を私はよく知っている）
　cf. ⎰ No pity **did she feel** for him.
　　　　（彼女は彼をかわいそうだとは思わなかった）
　　　⎱ Only a piece of bread **did he eat** yesterday.
　　　　（彼は昨日パン 1 切れしか食べなかった）

Theme 80　強調のための倒置　　　⊃ 327〜329

327　『場所 / 方向』を表す副詞（句）+ V + S　　［標準］

▶ 強調のために『場所 / 方向』を表す副詞（句）を文頭に出すと，その後ろは倒置が起こり，〈V + S〉の語順になる。ただし，主語が代名詞の場合は，ふつう〈S + V〉のままである。

Down **came her mother**. （彼女の母親が降りてきた）

cf. Down **she came**. （彼女が降りてきた）

328　否定語 + 疑問文の語順　　［標準］

▶ 強調のために never / little / rarely / seldom などの否定語を文頭に出すと，その後ろは倒置が起こり，疑問文と同じ語順になる。

Never **have I heard** such a ridiculous story. （実践女子大）
（そんなばかげた話は聞いたことがない）

▶ little はふつう「ほとんど〜ない」という弱い否定を表すが，これを文頭に出した倒置文では「少しも〜ない」という強い否定を表す。

329　**only** を含む句 / 節 + 疑問文の語順　　［発展］

▶ 副詞 only は否定に近い意味を持つので，only を含む句 / 節を強調のために文頭に出すと，その後ろは倒置が起こり，疑問文と同じ語順になる。

▶ 特に『時』の副詞句 / 副詞節を強調した表現「〜してようやく / 〜して初めて」が入試に頻出。

Theme 81　慣用的な倒置　　　⊃ 330〜332

330　**so** + 助動詞［be 動詞］+ S「S もまたそうだ」　　［標準］

▶ 前の肯定の内容を受けて，「S もまたそうだ」という場合，〈so + 助動詞［be 動詞］+ S〉の倒置形を用いる（助動詞は do や完了形の have も含む）。本問では was born in Kobe を受けて，so was his sister Mari となる。

▶ 前文に一般動詞が用いられている場合は do［does / did］を使う。

"I hate trains on a wet day like this." "**So do I**." （駒澤大）
（「こんな雨の日に電車に乗るのは嫌いです」「私もそうです」）

解答
327（①）ドアの反対側の壁に３枚の絵がかかっていた。
328 Little (did they realize that this would) be their last meal for several days.
329 (after, the, incident, did, danger, she, had, been)
330（④）ヒロシは神戸で生まれました。そして，彼の姉［妹］のマリもそうです。

☑ **331** Hiroshi can't play piano and I can't either.
　　　　= Hiroshi can't play piano; (　　) (　　) I.　　〈名古屋外国語大〉

☑ **332** Elizabeth will not go to the party tonight, (　　) will Terry.
　　　① also　　② and　　③ if　　④ nor　　〈南山大〉

Theme 82

☑ **333** Since this school is very liberal, students need not wear uniforms if they (　　).
　　　① don't　　　　　　② don't want to
　　　③ wanted　　　　　④ want it　　〈京都産業大〉

☑ **334** Milk turns sour unless (　　).
　　　① refrigerated　　　② to refrigerate
　　　③ refrigerating　　　④ refrigerator　　〈中央大〉

☑ **335** I hope Anna passed the exams. (　　), she'll have to repeat her senior year.　　〈関西学院大〉
　　　① If not　　② With them　　③ If so　　④ Without them

Power Up! 103　その他の慣用的な省略

☐ **if any**　①「(通例 few / little の次にきて) たとえあるにしても」
　　　　　　②「もしあれば」
　① There were very few people, **if any**, who actually saw what happened.
　　（何が起きたのかを実際に見た人は，たとえいたとしてもきわめて少なかった）
　　　　　　　　　　　　　　　　　　　　　　〈慶應義塾大〉
　② Would you read my letter and correct the mistakes, **if any**?（センター）
　　（私の手紙を読んで，もし間違いがあれば訂正していただけますか）

☐ **if ever**「(通例 seldom / rarely の次にきて) たとえあるにしても」
　Tom seldom, **if ever**, watches TV.〈千葉工業大〉
　（トムはテレビを見ることは，たとえあるにしてもめったにない）

☐ **if anything**「どちらかといえば / むしろ」（= rather）
　His condition is, **if anything**, better than in the morning.〈同志社大〉
　（彼の体調は，どちらかといえば，朝よりはよい）

☐ **if possible**「できるなら / できたら」
　I feel like taking the computer course, **if possible**.〈愛知学院大〉
　（できればコンピューターのコースをとりたいなと思っています）

331 neither + 助動詞［be 動詞］+ S「S もまたそうでない」　[標準]

▶前の否定の内容を受けて，「S もまたそうでない」という場合，〈neither［nor］+ 助動詞［be 動詞］+ S〉の倒置形を用いる。

332 nor + 助動詞［be 動詞］+ S（+ V）「S もまたそうでない」　[標準]

▶neither と同様，前の否定の内容を受けて，「S もまたそうでない」の意味を表す。nor 自体が接続詞なので，neither のように接続詞 and やセミコロン（;）を置かないで 2 文を結ぶ。

Theme 82　省略・代用　　　⊃ 333〜338

333 重複を避けるための省略　[標準]

▶本問は，前にある動詞（を含む語句）を省略して，不定詞の to だけを用いる場合。この to を代不定詞という。

if they don't want to wear uniforms ➡ if they don't want to

334 副詞節中の〈S + V〉の省略　[標準]

▶副詞節では〈S + V〉が省略されることがある。特に副詞節中の主語が主節の主語と同一で，しかも動詞が be 動詞の場合に多い。

▶本問は unless it is refrigerated の it is が省略された形。

335 if not「もしそうでなければ」— 慣用的な省略　[発展]

▶if 節では慣用的に〈S + V〉が省略されることが多い。その場合は，if 節の主語が主節の主語と違ってもよい。

▶本問の If not は If Anna didn't pass the exams〔条件文〕の意で，not が前文を否定した文の代用となっている。

▶if not は「〜ではないにしても」という意味で用いることもある。

They say this is one of the best books, **if not** the best one.（立命館大）

（これは最良の本ではないにしても，そうした本の 1 冊だそうだ）

解答

331（neither, can）ヒロシはピアノを弾けないが，私も弾けない。

332（④）エリザベスは今夜パーティーに行かないし，テリーも行かないだろう。

333（②）この学校は非常に自由を重んじるので，もしそうしたくないなら，生徒は制服を着なくてもよい。

334（①）牛乳は冷蔵されないとすっぱくなる。

335（①）アンナが試験に受かっていたならいいのだが。もしそうでなかったら，4 年をやり直さなければならないだろう。

☐ 336 「いい天気になると思う」「そうだといいね」
　　　"Do you think we'll have good weather?" "I hope (　　)." （中央大）

☐ 337 「もうすぐ晴れるでしょうか」「そうはならないと思うよ」
　　　"Will it clear up soon?" "I'm afraid (　　)." （専修大）

☐ 338 "One of these days there'll be a terrible accident on this corner."
　　　"I (　　)!"
　　　① don't hope it　　　② don't hope so
　　　③ hope not　　　　　④ hope no （大阪産業大）

Theme 83

☐ 339 This weekend Michael will plant carrots in the garden, mow the lawn, and (　　). （慶應義塾大）
　　　① paints the house　　　② he plans to paint the house
　　　③ paint the house　　　　④ would be painting the house

☐ 340 私たちは理想的な家をずっと探しているし，これからもそうします。
　　　We (and / have / be / will / looking / been / for) an ideal house.

Power Up! 104　長文に頻出する共通関係を見抜く　➲ 339, 340

文中の2つ以上の語句が，ある1つの語句と共通の関係を持つとき，これを共通関係という。共通関係構文は文を簡潔にするためのもので，省略の一種といえる。共通関係構文には大きく分けて次の2つの型がある。

❶ X (A + B) 型：共通語句 (X) が前に置かれているもの
She kindly *told* me **where to go** and **what to buy**.
（彼女は親切にもどこへ行って何を買ったらよいか教えてくれた）
Democracy is *the government* **of the people**, **by the people** and **for the people**. （民主主義とは国民の，国民による，国民のための政治である）

❷ (A + B) X 型：共通語句 (X) が後ろに置かれているもの
Our strength **declines**, and **eyesight** fails, *with age*.
（私たちは年とともに体力が衰え視力が弱ってくる）
She always **looked** but never really **was** *happy*.
（彼女はいつも幸せそうに見えたが，本当に幸せだったことはない）

▶ ❶・❷ どちらの型においても，and / or / but などの等位接続詞が共通関係を見抜く重要な手掛かりになっている。等位接続詞が何と何を結んでいるのか，そして共通語（句）がどれなのかを見抜くことが，英文の構造を正しく理解する上で極めて大切である。

336 **I hope so.**「そうであることを願う／そうだといいね」 [標準]

▶ so は代名詞的に前文の内容を受けて，hope / be afraid / think / suppose などの動詞の目的語として用いられる。

▶ 本問では，so は hope の目的語である肯定の that 節の代用である。
so = that we'll have good weather

337 **I'm afraid not.**「（残念ながら）そうでないと思う」 [標準]

▶ hope / be afraid / think / suppose などの目的語が否定の that 節の場合は，so ではなく not で代用する。

I'm afraid not. = I'm afraid (that) (it will) not (clear up soon).

cf.
- Will it rain? ― I hope [am afraid / think / suppose] **so**.
  （雨は降るでしょうか ― 降るでしょう）〔so = that it will rain〕
- Will it rain? ― I hope [am afraid / think / suppose] **not**.
  （雨は降るでしょうか ― 降らないと思う）〔not = that it will not rain〕

▶ think / suppose の場合は，I think [suppose] not. よりも，I don't think [suppose] so. のほうがふつう。

338 **I hope not.**「そうでないことを願う」 [標準]

▶ hope / be afraid など，動詞自体が強い意味を持つものは，*I don't hope so. や *I'm not afraid so. の形は不可。

cf. I think [suppose] not. = I don't think [suppose] so.（そうでないと思う）

Theme 83　共通関係　⊃ 339, 340

339 X（A + B）型：共通語句（X）が前に置かれているもの [標準]

▶ 本問の場合，and が will に続く動詞の原形を 3 つ結んで，〈S will V ～, V ～, and V ～.〉の共通関係構文になっている。

340 （A + B）X 型：共通語句（X）が後ろに置かれているもの [標準]

▶ have been と will be が and で結ばれ，共通語である現在分詞 looking につながる共通関係構文。

We **have been** and **will be** *looking* for an ideal house.

解答
336 (so)　337 (not)
338 (③)「近いうちにこの曲がりかどで恐ろしい事故が起きるでしょう」「そうならないでほしいですね！」
339 (③) この週末に，マイケルは庭にニンジンを植え，芝を刈り，そして家にペンキを塗るつもりだ。
340 We (have been and will be looking for) an ideal house.

イディオムの覚えかた

　"Pocket Books" から出ている，デール＝カーネギーの Public Speaking という本に記されていたことだが，ふつう，人は，生まれながらに持っている実際の記憶能力のせいぜい 10％ぐらいしか使っておらず，残りの 90％は記憶の自然法則（natural laws of remembering）を無視することによって無駄にしているそうだ。そして，その記憶の自然法則として "impression（印象）" "association（連想，関連）" "repetition（繰り返し）" の 3 つを挙げている。これらの記憶の自然 3 法則を無視することなく，いかに能率的にイディオムを覚えるか簡単に述べてみよう。

❶ イディオムはそれだけを取り出して覚えるのではなく，必ず文章の中で記憶するようにしなければならない。そうすれば「印象」もいっそう強くなるし，たとえ忘れたとしても，再度出てきたときには，記憶の糸がたどりやすくなる。

❷ イディオムは個々別々に学習するのではなく，ほかのイディオムと "関連" させて，『同意のもの』・『反意のもの』・『間違いやすいもの』はまとめて覚えることが大切である。本書の Part 2 は特にその点に留意して構成した。

❸「イディオムは覚えられない」とか「覚えにくい」という声をよく聞くが，このように嘆く前に，根気よく "繰り返し" て覚えようとすることである。本書では見開き 2 ページ完結主義を採用し，左ページに問題（ときに Power Up! コラムを含む），右ページには問題のポイントになっているイディオムの解説と整理，最下段に解答を付して見開き 2 ページに収め，学習がスムーズに進められるようにした。

　英語の学習は，「習うより慣れよ」と言われるが，本書を常に座右に置き，問題文や解説と整理の例文などを何度も読み返し，学習してほしい。そして驚くほど短期間のうちに，イディオムの知識が諸君のものとなることを実感してほしい。

Part 2

イディオム編

入試によく出題される重要熟語570個に習熟することが，本編の目標です。

- 第18章　同意熟語 …………………………………… 158
- 第19章　反意熟語 …………………………………… 188
- 第20章　まぎらわしい熟語 ………………………… 198
- 第21章　基本動詞を中心とする熟語 ……………… 220
- 第22章　その他の重要熟語 ………………………… 256

第18章 同意熟語

Theme 84

□ 341 私はその知らせを聞いて泣かずにいられなかった。
I could not (　　　) (　　) when I heard the news. （武蔵大）

□ 342 私はその光景を見て思わず笑ってしまった。
I could not but (　　) at the sight. （武蔵大）

□ 343 私たちは人間以外の動物をどうしても人間的な感情でみてしまう。
We can't (　　　) (　　　) think of other animals in terms of human emotion. （千葉大）

□ 344 昨日最終バスに乗り遅れたので，私はタクシーで家に帰るしかなかった。
Since I missed the last bus yesterday, I had no (c　　) but to take a taxi home. （東京医科大）

□ 345 出発を延期するよりしかたがない。
There is (　　　) for it but to put off our departure. （千葉商科大）

□ 346 外国から来た人たちと話をするときは，彼らの文化的背景をいつも考慮に入れるべきである。 （関東学院大）
We should always take into (a　　) the cultural backgrounds of the people when talking with those from foreign countries. (= consider)

□ 347 彼の作品を審査するときには，彼の経験不足を考慮に入れなければならない。
In judging his work, we must take (　　　) (　　　) his lack of experience. （大阪電気通信大）

□ 348 交通の遅れを考慮に入れることを忘れるな。 （獨協大）
Don't forget to make (　　　) for traffic delays. (= take account of)

□ 349 あの少年の年齢を考えてやらないといけないよ。
You have to (a　　) (　　　) the boy's age. （青山学院大）

Theme 84 同意熟語① ➲ 341〜349

341 cannot help *doing* ★★
342 cannot but *do* ｝「〜せずにはいられない」 ★★
343 cannot help but *do* ★★

▶ 341, 343 の help は「〜を避ける」(= avoid)の意味。
▶ cannot but *do* は文語的表現なので，口語では cannot help *doing* を用いる。cannot help but *do* は米口語。

語句 343 in terms of 〜「〜の（観）点から」(➲ 903)

344 have no choice [alternative] but to *do* ★★
　= There is no choice [alternative] but to *do* ｝「〜するより ★★
345 There is nothing for it but to *do* しかたがない」 ★★
　= have nothing for it but to *do*

▶ cannot help *doing* / cannot but *do* とほぼ同意の表現。
▶ 行為者を明確に表したいときには，have no choice [alternative] but to *do* を用いる。

346 take 〜 into account [consideration] ★★
347 take account of 〜 ｝「〜を考慮に入れる」 ★★
348 make allowance(s) for 〜 (= **consider**) ★★
349 allow for 〜 ★★

▶ これらはやや改まった表現なので，日常的には consider / think over を使う。
　Don't make up your mind so fast; first **consider** it [**think** it **over**].
　（そんなに急いで決心するな。まずそれをよく考えてみよ）（上智大）
▶ 346 は，目的語が長い場合 take into account 〜 の語順になる。

解答
341 (help, crying)　　342 (laugh)　　343 (help, but)
344 (choice)　　345 (nothing)　　346 (account)
347 (account, of)　　348 (allowance)　　349 (allow, for)

Theme 85

350 私がちょうどお風呂に入ろうとしたとき，奇妙な物音が聞こえた。
I was (a　　) (　　) get into the bath when I heard a strange noise.　　〈中部大〉

351 私がまさに家を出ようとしたときに電話が鳴った。
I was on the (p　　) of leaving the house when the phone rang.
　(= was just going to leave)　　〈岡山商科大〉

352 そのロウソクは今にも消えそうだ。
The candle is (　　) the verge of (　　) out.　　〈名古屋工業大〉

353 その悲しい知らせを聞いて，彼女はわっと泣き出した。
When she heard the sad news, she (b　　) (　　) tears.　　〈大東文化大〉

354 トムの冗談はおかしくはなかったが，それでもマリアは急に笑い出した。
Even though Tom's joke was not funny, Maria still (b　　) (　　) laughing.　　〈南山大〉

355 ちょっとの成功でそんなに鼻を高くしてはいけない。
Don't be so (　　) of such a small accomplishment.　　〈亜細亜大〉

356 彼らは自分たちの古い伝統をたいへん誇りに思っている。
They take great pride (　　) their old traditions.　　〈中京大〉

357 彼は自分の運転の腕前を自慢している。
He prides (　　) (　　) his skill in driving a car.
　(= is proud of)　　〈中京大〉

358 彼はチェスで今まで負けたことがないと自慢していた。
He boasted (　　) not having (　　) defeated at chess.　　〈弘前大〉

Theme 85　同意熟語②　　⊃ 350〜358

350	**be about to** *do*	★★
351	**be on the point of** *doing*	★★
352	**be on the verge of** *doing*	★★

「今にも〜しようとしている」
(= **be just going to** *do*)

▶ be about to *do* は be going to *do* より差し迫った未来を表し，be on the point [verge] of *doing* とほぼ同意。

▶ be about to *do* [be on the point of *doing*] + when ... は「ちょうど〜しようとしていると…」のように，前から訳し下ろす場合が多い。

▶ verge は「瀬戸際 / 寸前」(= edge / brink)の意味で，主に悪い事柄について用いる。

This species of bird **is on the verge of** extinction.
(この種の鳥は今にも絶滅しようとしている)

[語句] 352 go out「(火・明かりが) 消える」(⊃ **560**)

| 353 | **burst into** 〜 | ★★ |
| 354 | **burst out** *doing* | ★★ |

「急に〜し出す」
(= **break into** / **break out** *doing*)

▶ burst into tears = burst out crying「急に泣き出す」
　burst into laughter = burst out laughing「急に笑い出す」

▶ 同意熟語として break into 〜(⊃ **657**) / break out *doing* も押さえる。
When he went into the classroom, all of the students **broke into** *laughter* [**out** *laughing*].
(彼が教室に入ると，生徒全員が急に笑い出した) (流通経済大)

355	**be proud of** 〜	★★
356	**take pride in** 〜	★★
357	**pride** *oneself* **on** 〜	★★
358	**boast of** 〜	★★

「〜を誇る / 〜を自慢する」

▶ proud 形 / pride 名 / pride 動 に伴う前置詞の違いに注意。

▶ boast of 〜 は be proud of 〜 より「鼻にかける / 自慢して吹聴する」の意味が強い。

解答
350 (about, to)　351 (point)　352 (on, going)
353 (burst, into)　354 (burst, out)　355 (proud)
356 (in)　357 (himself, on)　358 (of, been)

Theme 86

☐ **359** メアリーを彼女の双子の妹［姉］と見分けるのはほとんど不可能です。
It is almost impossible to tell Mary (　　) her twin sister. （関西学院大）

☐ **360** アメリカ人と英国人はどのようにして見分けられますか。
How will you (k　　) an American from an Englishman? （高崎経済大）

☐ **361** 本物の真珠と模造の真珠を見分けるのは私たちには難しい。（ノートルダム女子大）
It is difficult for us to (d　　) real pearls from imitation ones.

☐ **362** 私たちは進歩と退歩の区別がつく。
We can distinguish between advance (　　) retrogression. （中央大）

☐ **363** 私たちは飲料水の供給をその川に頼っている。 （名古屋女子大）
We (d　　) upon the river for our supply of drinking water.

☐ **364** 私は君が彼を通勤の足としてあてにできるのを知っています。
I know you can (r　　) on him for transportation to work. （センター）

☐ **365** 私たちは彼を頼りにしている。
We are (c　　) on him. (= relying on) （明海大）

☐ **366** 彼は誰も助けを求めてすがろうとは思わないタイプの人だ。
He is the kind of person no one would (t　　) to for help. （立教大）

☐ **367** 私はこれらの文がどういう意味なのか理解できない。 （日本工大）
I can't (m　　) out what these sentences mean. (= understand)

☐ **368** 私たちはそのときジムが何をしたいのかわからなかった。
We couldn't (f　　) out what Jim wanted to do at that time.

（愛知医科大）

Theme 86 同意熟語③   ⤴ 359〜368

359	**tell** A **from** B	★★
360	**know** A **from** B	★★
361	**distinguish** A **from** B	★
362	**distinguish between** A **and** B	★★

「A を B と区別する〔見分ける〕」

▶ 通例 tell は can を伴い，know は否定文 / 疑問文 / 条件文で用いる。distinguish はやや堅い表現になる。

He couldn't **tell** silk **from** cotton.（彼は絹と綿を見分けられなかった）

= He didn't [×couldn't] **know** silk **from** cotton.

= He couldn't **distinguish** silk **from** cotton.

= He couldn't **distinguish between** silk **and** cotton.（東洋大）

[語句] 362 retrogréssion「退化 / 退歩 / 後退」

363	**depend on**［**upon**］	★★
364	**rely on**［**upon**］	★★
365	**count on**［**upon**］	★★
366	**turn**［**look**］**to**	★★

A (for B)

「(B を) A に頼る / A (の B) を当てにする」

▶ rely より depend / count のほうが一般的。熟語問題としては count on ［upon］の出題が多い。

▶ depend on［upon］は無生物が主語の場合は「〜次第である / 〜にかかっている」と訳すとよい。入試ではこの意味での出題も多いので注意。

Success doesn't always **depend on** luck.

（成功は必ずしも運次第というわけではない）（筑波大）

▶ turn / look の場合，前置詞は on ではなく to になる。

（困ったときなどに）〜のほう(to)に振り向く［を見る］（turn［look］）

➡ 〜に頼る / 〜を当てにする

367	**make out** 〜	★★
368	**figure out** 〜	★★

「〜を理解する」(= **understand** / **comprehend**)

▶ figure out 〜には「〜を解決する /（答え）を出す」の意味もある。

I can't **figure out** the answer to this problem.

（私はこの問題の答えを出すことができない）（拓殖大）

解答
359 (from)　360 (know)　361 (distinguish)　362 (and)
363 (depend)　364 (rely)　365 (counting)　366 (turn)
367 (make)　368 (figure)

Theme 87

☐ 369 私たちは携帯電話をアクセサリーとみなしている。
We regard cellular phones (　　) accessories. （大阪産業大）

☐ 370 セキネ氏はその問題の権威とみなされている。
Mr. Sekine is looked (　　) as the authority on the subject.
(= regarded) （高岡法科大）

☐ 371 私はこれまでクジラやイルカを環境問題として考えたことはありませんでした。
I have never thought (　　) whales and dolphins (　　) an environmental problem. （近畿大）

☐ 372 あなたのチャンスを十分に利用しなさい。
(　　) full use of your opportunities. （東京電機大）

☐ 373 私はあなたに才能を最大限に活かしてほしいのです。
I want you to (　　) the (m　　) of your talents. （関西外国語大）

☐ 374 広いアパートが見つからなければ，ここに住み続けて何とかやっていくだけのことです。
If we cannot find a large apartment, we will continue living here and simply (　　) the (　　) of it. （東洋大）

☐ 375 彼は天気がよいのでこれ幸いと車を洗った。
He took (　　) of the sunny weather to wash his car. （西南学院大）

☐ 376 英語を学ぶあらゆる機会を利用しなさい。
Avail (　　) of every opportunity to learn English. （愛知学院大）

☐ 377 彼女が今日の練習に時間どおりに来ないのではないかと私は心配している。
I'm afraid she may not (s　　) (　　) on time for today's practice. （追手門学院大）

☐ 378 彼は約束の時間に姿を見せなかった。
He failed to (t　　) (　　) at the appointed time. (= appear) （青山学院大）

164　Part 2　イディオム編

Theme 87 同意熟語④ ⊃ 369〜378

369 **regard A as B** ★★
370 **look on [upon] A as B** ★★
371 **think of A as B** ★★

「AをBとみなす」
（= **consider A (to be) B**）

▶ この as は「〜（である）と／〜として」の意味。B には名詞／形容詞／分詞などがくる。これらの表現はしばしば受身で用いられる。
He **is regarded [is looked on] as** (being) fit for the job. = He is considered (to be) fit for the job.（彼はその仕事に適任だとみなされている）

▶ 同意熟語としてはほかに，**see [view] A as B** がある。
I don't **see [view]** him **as** qualified to be president.
（彼には社長の資格がないと思う）

372 **make use of** 〜「〜を利用する」（= **use / utilize**） ★★

▶ 本問のように，名詞 use [ju:s] の前に形容詞を伴うことが多い。
make **full [good / peaceful]** *use* of 〜「〜を十分に［十分に／平和的に］利用する」

373 **make the most of** 〜「〜を最大限に利用する」 ★★
374 **make the best of** 〜「〜を精一杯利用する／何とかやっていく」 ★★

▶ 一般的に，make the most of 〜が「有利な状況を最大限に活かす」というニュアンスに対して，make the best of 〜は「不利な状況を精一杯利用する／何とかうまく切り抜ける」である。

375 **take advantage of** 〜「〜を利用する」（= **make use of**） ★★

▶ ほかに，「（親切・無知など）につけ込む［乗じる］」（= **impose on**）の意味もある。
Never **take advantage of** another's misfortune.
（決して他人の不幸につけ込んではいけない）〈横浜国立大〉

376 **avail** *oneself* **of** 〜「（機会など）を利用する」 ★★

377 **show up** ★★
378 **turn up** ★★

「現れる／姿を見せる」（= **appear / come / arrive**）

▶ turn up には「（音量など）を大きくする／（ガスなど）を強める」という意味の他動詞用法もある。（⇔ turn down ⊃ 813）
Will you **turn up** the TV?（テレビの音を大きくしてくれませんか）

解答 369 (as) 370 (on [upon]) 371 (of, as) 372 (Make)
373 (make, most) 374 (make, best) 375 (advantage) 376 (yourself)
377 (show, up) 378 (turn, up)

第18章 同意熟語

Theme 88

☐ 379 私たちはとても早く出発したが，長旅だったので真夜中になってようやく到着した。
Although we (　　　) out very early, the journey was long and we didn't arrive till midnight. 〈千葉商科大〉

☐ 380 渋滞を避けるために朝早く出発することにした。
We decided to (　　　) off early in the morning to avoid a traffic jam. 〈中央大〉

☐ 381 彼女は今晩東京を発って大阪に向かう予定です。
She is (　　　) Tokyo for Osaka tonight. 〈大阪産業大〉

☐ 382 マイクはいつも妹をからかっている。
Mike always makes (　　　) of his younger sister. 〈浜松大〉

☐ 383 人前で笑い者にされたくない。
I don't like being made a (　　　) of in public. 〈中央大〉

☐ 384 トムはただ君をからかっていただけだ。
Tom was just (p　　　) your leg. (= making fun of you) 〈昭和女子大〉

☐ 385 幼い頃，私はおじさんとおばさんに面倒を見てもらった。
I was looked (　　　) by my uncle and aunt when I was very young. 〈成城大〉

☐ 386 彼女は料理と掃除をすべてやり，しかもその上幼い子供の世話をした。
She did all the cooking and cleaning and took (　　　) of the younger children. (= looked after) 〈日本大〉

☐ 387 ジュリーはこれまでずっと看護師をしている。彼女は自分の生活を病人の世話に費やしている。
Julie has been a nurse all her life. She has spent her life (c　　　) for the sick. 〈城西大〉

Theme 88　同意熟語⑤　　　　⊃ 379〜387

379　set out
380　set off　　「(旅行などに) 出発する」(= **start**)

▶ set out [off] for 〜「〜に向かって出発する」(= **start for / leave for**)
After lunch, they **set out** [**off**] for the next destination.
(昼食後，彼らは次の目的地に向けて出発した) (近畿大)

▶ set out to *do*「〜し始める/〜しようと試みる」も押さえておこう。
She **set out to** paint the whole house, but finished only the front part.
(彼女は家全体を塗り始めたが，前面しか塗れなかった) (大東文化大)

381　leave A for B「A を発って B に向かう」(= **start from A for B**)

▶ 目的語を伴わない，leave for 〜「〜に向かって出発する」(= **start for**)の形も重要。
He **left** [**started**] **for** London early in June.
(彼は6月初めにロンドンに向かって出発した) (近畿大)

382　make fun of 〜
383　make a fool of 〜　　「〜を笑い者にする／〜をからかう」
384　pull *one's* leg　　　(= **ridicule / tease**)

▶ pull *one's* leg は「(人の) 足を引っ張る/邪魔する」の意味では用いない。

▶ play a joke [trick] on 〜「〜をからかう／〜にいたずらをする」も押さえておこう。
The boys decided to **play a trick on** Ted, so they hid his hat. (三重大)
(男の子たちはテッドにいたずらをしようと決め，彼の帽子をかくした)

385　look after 〜
386　take care of 〜　　「〜の世話をする」
387　care for 〜

▶ care for 〜は，否定/疑問/条件文で「〜を好む」の意味もある。
I don't really **care for** that sort of thing.
(私はそういうことがあまり好きではありません) (高千穂大)

[語句] 387 spend A (in) *doing*「A (時間) を〜することに費やす」(⊃ 87)

[解答]　379 (set)　380 (set)　381 (leaving)　382 (fun)　383 (fool)
　　　　384 (pulling)　385 (after)　386 (care)　387 (caring)

Theme 89

388 学生たちはこれらの指示を無視している。 (青山学院大)
The students have (　　) no notice (　　) these instructions.

389 彼は私の警告にまったく注意を払わなかった。
He didn't (　　) attention (　　) my warning at all. (東京国際大)

390 彼女はこの前のオリンピックに参加しました。
She took (　　) (　　) the previous Olympic Games. (早稲田大)

391 学生たちはスポーツ活動に参加するよう奨励されている。
Students are encouraged to (　　) in sporting activities.
(= take part) (玉川大)

392 その委員会は5人のメンバーからなる。
The committee (　　) (　　) five members. (慶應義塾大)

393 野球の1チームは9人の選手で構成されている。 (中央大)
A baseball team is (　　) (　　) of nine players. (= consists of)

394 人体は主として炭素と水素と酸素から成り立っている。
The human body is (c　　) chiefly (　　) carbon, hydrogen, and oxygen. (日本大)

395 この辞書なしではやっていけない。
I cannot do (　　) this dictionary.
= This dictionary is indispensable (　　) me. (西南学院大)

396 私たちは何日もの間，睡眠をとらずにはやっていけない。
We can't dispense (　　) sleep for too many days.
(= do without) (関西外国語大)

397 もし大学に入学できたら，経済学をやるつもりです。 (東京都立大)
If they admit me to the university, I think I will (m　　) in economics.

398 ジョンは来年応用物理学を専攻する予定です。
John is planning to (s　　) in applied physics next year. (東京電機大)

Theme 89 同意熟語⑥　　⊃ 388〜398

| 388 | take notice of ～ | ｝「～に注意を払う」 | ★★ |
| 389 | pay attention to ～ | | ★★ |

▶ take no notice of ～ = pay no attention to ～「～に注意を払わない / ～を無視する」(= ignore)

| 390 | take part in ～ | ｝「～に参加する」(= **join** (**in**)) | ★★ |
| 391 | participate in ～ | | ★★ |

▶ go in for ～「(競技) に参加する (= take part in) / (試験) を受ける」も押さえておくこと。(⊃ 708)

392	consist of ～	｝「(要素・メンバーなど) で構成される」	★★
393	be made up of ～		★★
394	be composed of ～		★★

▶ of は『材料・構成要素』を表す。
▶ consist は自動詞なので，*be consisted of ～は誤り。
▶ consist of ～と consist in ～「～にある」(= lie in) を区別すること。
　True happiness **consists in** contentment.
　(本当の幸せは満足にある)(帝京大)

| 395 | do without ～ | ｝「～なしですます」(= go without) | ★★ |
| 396 | dispense with ～ | | ★★ |

▶ dispense では with を用いることに注意。

[語句] 395 A (人) cannot do without [dispense with] B (物)
　　　= B is indispensable to A「B は A にとって必要不可欠である」

| 397 | major in ～ | ｝「～を専攻する」 | ★★ |
| 398 | specialize in ～ | | ★★ |

▶《米》では学部レベルでは major を，大学院レベルでは specialize を用いる。一般に商売・活動などで「～を専門とする」を表すには，specialize in ～を用いる。

解答
388 (taken, of)　　389 (pay, to)　　390 (part, in)
391 (participate)　　392 (consists, of)　　393 (made, up)
394 (composed, of)　　395 (without / to)　　396 (with)
397 (major)　　398 (specialize)

Theme 90

☐ 399 街かどで数人の少女に出会い、その1人を見て東京にいる自分の娘を思い出した。
On the street corner I (　　　) into several girls, one of whom reminded me of my daughter in Tokyo. （福岡大）

☐ 400 私はここへ来る途中で昔のクラスメイトに偶然出会った。
I (c　　) across an old classmate on my way here. （関西学院大）

☐ 401 学生たちは次の学期が始まったらレポートを提出することになっている。
The students are supposed to hand (　　　) their reports when the next semester begins. （= submit） （名古屋工業大）

☐ 402 あなたは（遅くとも）月曜日までに課題を提出しなければならない。
You should (t　) (　　　) your assignment no later than Monday. （関西学院大）

☐ 403 議長が強く言うのでほかの委員も彼の意見に従った。
The chairman spoke so forcefully that the rest of the committee yielded (　　　) his opinion. （武蔵大）

☐ 404 彼らの要求に屈しないと決心した。
I was determined not to (　　　) in to their demands. （= surrender to） （中央大）

☐ 405 あなたはこれらの要求に屈してはならない。 （東京国際大）
You must not (　　　) (w　　) to these demands. （= yield to）

☐ 406 ジョンは昨日なくした身分証明書をずっと捜している。
John has been (l　　) (　　　) the ID card he lost yesterday.
（= in search of） （センター）

☐ 407 警察はなくなった書類を捜している。
The police are (s　　) (　　　) missing documents. （日本大）

☐ 408 これこそ私が長年探していた蝶です。
This is the very butterfly I have been in (　　　) (　　　) for years.
（= looking for） （立命館大）

170　Part 2　イディオム編

Theme 90 同意熟語⑦　　　⊃ 399〜408

399 run into [across] 〜
400 come across 〜
「(人)に偶然出会う」(= happen to meet) ★★

▶ come [run] across 〜 は「(物)を偶然見つける」(= find 〜 by chance)の意味にも使う。

Where did you **come across** the rare stamp?
(その珍しい切手はどこで見つけたのですか)〔東京理科大〕

401 hand in 〜
402 turn in 〜
「〜を提出する」(= submit / give in) ★★

▶ hand in 〜 / give in 〜《英》は「(手渡しで)提出する」場合。「(郵送などで)提出する」なら send in 〜。turn in 〜《米》はいずれの意味でも用いられる。

[語句] **402** no [not] later than 〜「(遅くとも)〜までに」

403 yield to 〜
404 give in to 〜
405 give way to 〜
「〜に屈する / 〜に負ける」
(= submit to / surrender to) ★★

▶ **404** と **405** の to のない形, give in 〜「〜を提出する」(= hand in)/ give way 「崩れる / 壊れる」(= collapse)にも注意。

The bridge will **give way** if we all cross it at once.
(もし私たちがいっせいに渡ったら, その橋は崩壊するだろう)〔日本大〕

406 look for 〜
407 search for 〜
408 (be) in search of 〜
「〜を探す」(= try to find) ★★

▶ look [search] for 〜 の for は「〜を求めて」の意味。(be) in search of 〜の場合は of を使うことに注意。

▶ search 〜 は「(場所)をさぐる」の意味なので注意。

The police **searched** the man. (警察はその男をボディチェックした)

[解答] **399** (ran)　　**400** (came)　　**401** (in)　　**402** (turn, in)
403 (to)　　**404** (give)　　**405** (give, way)　　**406** (looking, for)
407 (searching, for)　　**408** (search, of)

Theme 91

409 君は忘れないうちに彼の住所を書き留めたほうがいいよ。
You had better put (　　　) his address before you forget it. （関西大）

410 彼はメモ帳に私の電話番号を書き留めた。 （早稲田大）
He (w　　) (　　　) my telephone number in his notebook.

411 あなたに彼のスピーチを書き留めてもらいたい。
I want you to (t　　) (　　　) his speech. (= record) （関西学院大）

412 新しい車のために一定の金額を貯金してはどうですか。 （日本大）
Why don't you put (a　　) a certain sum for a new car? (= save)

413 彼女は万一のときに備えていくらか貯金をした。
She put (b　　) some money for a rainy day. （神田外語大）

414 毎朝起きたら寝具を片づけることになっている。
You are supposed to put (　　　) your bedding after you get up.
(= put in a proper place) （大阪電気通信大）

415 私たちが劇場に着いたとき，もうコンサートは始まっていた。
The concert had already begun when we arrived (　　　) the theater. （慶應義塾大）

416 午後 6 時に成田を発ち，午前 10 時にシアトルに着いた。
We left Narita at six in the afternoon and (　　　) to Seattle at ten in the morning. (= reached) （東京家政大）

417 この仕事申込書にご記入ください。
Could you please (　　　) out this job (　　　) form? （東京理科大）

418 この用紙に住所と名前を記入してください。
Please (　　　) in your name and address on this form. （中部大）

Power Up! 105 「すっかり / 完全に」の意味の out と up

- **wear out** 〜「〜を疲れ果てさせる」　□ **be tired [worn] out**「疲れきる」
- **die out**「死に絶える」　□ **speak out [up]**「思い切って意見を言う」
- **eat up** (〜)「(〜を) 食べつくす」　□ **use up** 〜「〜を使い果たす」
- **dry up**「完全に乾く / 干上がる」　□ **add up** 〜「〜を合計する」

Theme 91 同意熟語⑧　　⊃ 409〜418

409 put down 〜　　　　　　　　　　　★★
410 write down 〜　　「〜を書き留める」　★★
411 take down 〜　　　　　　　　　　　★★

▶ put down 〜には「(人・暴動など) を押さえつける [鎮める]」(= suppress / subdue) の意味もある。

The army **put down** the riot within a few hours.
(軍隊は数時間以内に暴動を鎮圧した)〈獨協大〉

412 put aside 〜　　「〜をたくわえる / 〜をとっておく」　★★
413 put by 〜　　　　(= save / reserve)　　　　　　　　★★

〜を脇に(aside / by)置く(put) ➡ 〜をたくわえる / 〜をとっておく

▶ put の代わりに,「〜を置く」という意味を持つ set や lay を用いても同意。
put [set / lay] aside = put [set / lay] by「〜をたくわえる」
The inn clerk was kind enough to **set aside** a nice room for him.
(ホテルのフロント係は親切にも彼に良い部屋をとっておいてくれた)〈日本女子大〉

414 put away 〜　「〜を片づける」　★★

▶ put away 〜には「〜をたくわえる」(= put aside) の意味もある。
You should **put** money **away** for your old age.
(年をとってからのためにお金をたくわえておくべきだ)〈久留米大〉

415 arrive at [in] 〜　　「〜に到着する」(= reach)　★★
416 get to 〜　　　　　　　　　　　　　　　　　　★★

▶ arrive at 〜は建物・駅など比較的狭い場所に, arrive in 〜は国・都市など比較的広い場所に用いるのが原則。

417 fill out [up] 〜　「〜に (必要事項を) 記入する /　★★
418 fill in 〜　　　　　(名前など) を記入する」　　　　★★

(空白を) すっかり(out / up)埋める(fill) / 埋め込む(fill in)

語句 417「申込書 ➡ 申込み用紙」application form

解答
409 (down)　　410 (wrote, down)　　411 (take, down)　　412 (aside)
413 (by)　　　414 (away)　　　　　415 (at)　　　　　　416 (got)
417 (fill, application)　　　　　　418 (fill)

Theme 92

419 ジョージのような男とは到底うまくやっていけないよ。
I just can't get (　　) (　　) a man like George.　　（追手門学院大）

420 「お互い仲よくやっていきなさい」と彼女は繰り返した。
"(　　) on with each other," she repeated.　　（東京女子大）

421 私は今まで仕事に遅刻したと非難されたことがない。
I've never been accused (　　) coming to work late.　　（名古屋工業大）

422 その男は窃盗で告発された。　　（名古屋学院大）
The man was charged (　　) theft. (= was accused of)

423 ボランティア団体が戦争の犠牲者たちに食料と薬を供給した。　　（南山大）
The volunteer group (p　　) war victims (　　) food and medicine.

424 すべてのデータベースはそれに供給される情報の質に依存している。
All databases depend on the quality of the information that is (s　　) to them.　　（関西外国語大）

425 私は彼の袖を引っぱったが，彼は平気で話し続けた。
I pulled him by the sleeve, but he went (　　) talking unconcernedly.　　（大阪工業大）

426 列車がとても混み合っていたので，私は京都から東京までずっと立ち続けなければならなかった。
The train was so crowded I had to (k　　) (　　) all the way from Kyoto to Tokyo.　　（東京理科大）

427 音楽が始まったあとでさえ彼らはしゃべり続けた。
Even after the music started they (c　　) (　　) talking.
　　　　　　　　　　(= continued)　　（西南学院大）

Theme 92 同意熟語⑨　　⇨ 419〜427

419 get along with ～ ⎫
420 get on (well) with ～ ⎭ 「～と仲よくやっていく」

▶ **419, 420** は「(仕事などが) はかどる/うまくいく」の意味でも使われる。

How's your son **getting along [on] with** his studies?
(息子さんの勉強はうまくいっていますか)〈青山学院大〉

▶ get along [on]「(何とか) やっていく/暮らしていく」

He was able to **get along** on the small amount of money.
(彼はその少ないお金で暮らしていけた)〈立教大〉

421 accuse **A** of **B** ⎫
422 charge **A** with **B** ⎭ 「A を B で非難する [告発する]」

▶ 例えば、blame A for B「A を B で責める」/ praise A for B「A を B でほめる」のように、賞罰を表す動詞のあとには for を置くのがふつうだが、accuse と charge の 2 つは例外として覚えておこう。

▶ 受動態 A is accused of B / A is charged with B で使われることが多い。

423 provide **A** with **B** = provide **B** for **A** ⎫
424 supply **A** with **B** = supply **B** to [for] **A** ⎭ 「A (人) に B (物) を供給する」

▶ A (人) と B (物) を入れ替えると、前置詞は for [to] になる点に注意。

They provided *the homeless* **with** *blankets*.
= They provided *blankets* **for** *the homeless*.
(彼らはホームレスに毛布を与えた)〈立教大〉

425 go on *doing* ⎫
426 keep (on) *doing* ⎬ 「～し続ける」
427 carry on *doing* ⎭ (= continue *doing* / continue to *do*)

▶ keep on *doing* は keep *doing* と同意だが、on を伴うとより強意的で、しつこさの意味を含む。

▶ go on with ～ = keep on with ～ = carry on with ～「～を続ける」

He **went [kept / carried] on with** his work.
= He went [kept / carried] on working. (彼は働き続けた)

解答　**419** (along [on], with)　**420** (Get)　**421** (of)
422 (with)　**423** (provided, with)　**424** (supplied)
425 (on)　**426** (keep, standing)　**427** (carried, on)

Theme 93

☐ **428** 彼女は入学試験の結果をしきりに知りたがっていた。 （昭和女子大）
She was (a　　) to know the result of the entrance examination.

☐ **429** 私たちはあなたがた全員と会うことを切望しています。
We are so (e　　) to meet all of you. （東海大）

☐ **430** 子供たちはカナダへ観光旅行に行きたくてうずうずしていた。 （桜美林大）
The children were (i　　) to go on a sightseeing trip to Canada.

☐ **431** 彼には自分の知識を鼻にかける傾向があった。
He was (a　　) to boast of his knowledge. （上智大）

☐ **432** 昨今，政治家は金を名誉の上に置く傾向がある。
Politicians today are (i　　) to value money over honor. （立命館大）

☐ **433** 医者は，子供は冬に風邪をひきやすくなると親たちに注意した。
The doctor warned parents that children would be (l　　) to catch cold in winter. （東京理科大）

☐ **434** 若い人は特にこの病気にかかりやすい。 （青山学院大）
Young people are especially (p　　) to this disease. (= are liable to)

☐ **435** ジョンは経済的な事情のために退学せざるをえなかった。
John was (f　　) to drop out of school due to his financial situation. （早稲田大）

☐ **436** 隣人たちは家を売らざるをえなかった。 （日本大）
Our neighbors were (c　　) to sell their houses. (= were forced to)

☐ **437** ジェーンはよい仕事に就いていたが，結婚するために辞めざるをえなかった。
Jane had a good job, but she was (o　　) to give it up to get married.
（都留文科大）

Theme 93 同意熟語⑩　　⊃ 428〜437

428 be anxious to *do* ★★
429 be eager to *do* 　　「しきりに〜したがっている」 ★★
430 be impatient to *do* ★★

▶ anxious の場合は結果に不安を感じる熱望を示す。

▶ be anxious [eager] for 〜「〜を切望している」も重要。

　We **are anxious for** news of your safe arrival.
　（私たちはあなたが無事に到着したという知らせを待ちわびている）(東京経済大)

431 be apt to *do* ★★
432 be inclined to *do* ★★
433 be liable to *do* 　　「〜しがちである」(= tend to *do* ⊃ 69) ★★
434 be prone to *do* ★★

▶ apt は習慣的・性質的に「〜しがちな傾向がある」ことを意味し，通例けなして用いる。liable と prone は「好ましくない事態になりがちな」ことを意味し，警告・危険性などに用いることが多い。しかし今日では，その区別は厳密ではないので，ほぼ同意の表現と考えて，まとめて覚えればよい。

　These days he **tends** [**is apt** / **is inclined** / **is liable** / **is prone**] **to** be lazy.（彼は最近怠けがちだ）

　be liable to と be prone to は後に名詞を伴う用法もあることに注意。

435 be forced to *do* ★★
436 be compelled to *do* 　　「しかたなく〜する / 〜せざるをえない」 ★★
437 be obliged to *do* ★★

▶ force [compel / oblige] A to *do*「（無理やり）A に〜させる」の受身形。

▶ force / compel / oblige の順に強制の意味が弱くなる。

▶ oblige から派生する形容詞 obliged は，後ろに to 不定詞でなく，前置詞の to を伴って「〜に感謝している」の意味になる。

　I **am** much **obliged to** you for your kindness.〔かしこまった表現〕
　（ご親切本当にありがとうございます）(立命館大)

解答
428（anxious）　**429**（eager）　**430**（impatient）　**431**（apt）
432（inclined）　**433**（liable）　**434**（prone）　**435**（forced）
436（compelled）　**437**（obliged）

Theme 94

438 君は熱心に勉強しさえすればよい。
(　　) you have to do is to work hard.　　（ノートルダム清心女子大）

439 どのような結果になろうと，君は全力を尽くしさえすればよい。（関西大）
Whatever results may follow, you have (　　) to do your best.

440 「ご両親によろしくお伝えください」「ありがとう。そうします」（学習院大）
"Please give my best (w　　) to your parents." "Thanks, I will."

441 どうぞマリコによろしくお伝えください。
(　　) hello to Mariko, please.　　（関西学院大）

442 ご両親によろしくお伝えください。　　（明海大）
(　　) me to your parents. (= Give my regards to your parents.)

443 今朝はどうしたんだい。顔色が悪いよ。　　（東京理科大）
What's the (　　) with you this morning? You look pale.

444 今日，彼に何かあったの。
What's (w　　) with him today? (= What's the matter)　　（中央大）

445 「どうしたんだい」「話すほどのことは何もないよ」
"What's (u　　)?" "Nothing to speak of."　　（早稲田大）

446 「君は彼に謝ったほうがいいよ」「余計なお世話だ」　　（実践女子大）
"You'd better apologize to him." "(　　) your own business!"

447 それは君の知ったことではない。
That's (　　) of your business.
= That's (　　) business of yours.　　（拓殖大）

Theme 94 同意熟語⑪ ⇒ 438〜447

438 All + S + have to do is (to) *do* ★★
439 S + have only to *do* ★★
　= S + only have to *do*

「S は〜しさえすればよい」

▶ have only to *do* は have to *do* に only が入った形。

　〜だけ(only)しなければならない(have to *do*) ➡ 〜しさえすればよい

▶ have only to *do* は only have to *do* と言うこともある。
　You **only have to** click on this icon to access the Internet.
　(インターネットに接続するにはこのアイコンをクリックするだけでよい)

▶ All + S + have to do is (to) *do* = S + have only to *do* は必ず押さえよう。
　All you have to do is write a letter to him.
　= **You have only to** write a letter to him.
　(君は彼に手紙を書きさえすればよい) (実践女子大)

440 Give my (best) wishes [regards] to A ★★
441 Say hello to A ★★
442 Remember me to A ★★

「A によろしく
　お伝えください」

▶ Remember me to A より Give my (best) wishes [regards] to A のほうがふつう。
▶ Say hello to A は親しい間柄で用いる。

443 What's the matter (with you)? ★★
444 What's wrong (with you)? ★★
445 What's up (with you)? 《話》 ★★

「どうしたの？」

▶ すべて相手の健康・身の上を心配して「どうしたのですか」と尋ねる表現。
▶ Is (there) something [anything] the matter (with you)? (⇒ 29) のほうが丁寧な言いかた。

446 Mind your own business. ★★
447 That's [It's] none of your business. ★★
　= That's [It's] no business of yours.

「君の知ったことじゃない／余計なお世話だ」

解答
438 (All)　　　439 (only)　　　440 (wishes)　　　441 (Say)
442 (Remember)　443 (matter)　444 (wrong)　　445 (up)
446 (Mind)　　447 (none / no)

Theme 95

- [ ] **448** ときどき外国を訪問することはよいことだ。 (関東学院大)
  It is good to visit foreign countries once in a (　　　). (= sometimes)
- [ ] **449** トムはときどき，ニューヨークのブラウン一家を訪れた。
  From (　　　) (　　　) time Tom visited the Browns in New York.
  (= Occasionally) (成蹊大)
- [ ] **450** 彼らは，もちろんときには言い争いもしますが，仲良しです。
  They are good friends although, of course, they argue every now
  (　　　) (　　　). (近畿大)
- [ ] **451** 彼はとても早口で話すので，彼の言うことを理解しにくいことがときどきある。
  At (　　　), it is difficult to understand him because he speaks too
  fast. (立命館大)
- [ ] **452** ともかくそれをするのを忘れてはいけません。
  In (　　　) case, you mustn't forget to do that. (学習院大)
- [ ] **453** いずれにしても，彼は結果に満足していた。 (桃山学院大)
  At (　　　) (r　　　), he was satisfied with the results. (= In any case)
- [ ] **454** 彼女はすぐに戻ると言った。 (大阪学院大)
  She said she would be back right (a　　　). (= immediately)
- [ ] **455** 私は彼のファックスを受け取ると，ただちに返事を書いた。 (拓殖大)
  As soon as I got his fax, I wrote back at (　　　). (= immediately)
- [ ] **456** お前が私の実の息子でなかったら，即座にクビにするのだが。 (早稲田大)
  If you were not my own son, I would dismiss you on the (　　　).
  (= right away)
- [ ] **457** ちょっとしばらくここで待っていて下さい。すぐに戻ってきますので。
  Just wait here for a while. I'll be back in (　　　) time.
  (= at once) (昭和女子大)
- [ ] **458** 突然空が暗くなり，雨が降りだした。 (西南学院大)
  All (　　　) (　　　) the sky became dark and it started to rain.
- [ ] **459** 突然，ヒデキはフライト・アテンダントと結婚したことを報告した。
  All of a (　　　) Hideki reported his marriage to a flight attendant.
  (= Suddenly) (高千穂大)

Theme 95 同意熟語⑫ ⊃ 448〜459

448	once in a while	｜	★
449	from time to time	｜「ときどき」	★★
450	(every) now and then [again]	｜(= sometimes / occasionally)	★★
451	at times	｜	★★

▶ 日常的には sometimes を用いる。once in a while は「忘れたころに」, from time to time は「やや定期的に」を含意する, やや形式ばった表現。now and then は「ある間隔を置いて」を含意。

▶ once in a while が最もよく出題される。以下 449 → 451 は出る順。

| 452 | in any case | ｜「ともかく / いずれにしても」 | ★★ |
| 453 | at any rate | ｜(= anyway / anyhow) | ★★ |

▶ in any case 「どんな場合でも / どんな事情にせよ ➡ ともかく」

454	right away	｜	★★
455	at once	｜「すぐに / ただちに」(= immediately)	★★
456	on the spot	｜	★★
457	in no time	｜	★★

▶ at once には「同時に」(= at the same time) の意味もある。
　We cannot do two things **at once**.
　(同時に2つのことをするのは不可能だ)

▶ on the spot は「その場で / 即座に」の意味。
　The thieves couldn't open the safe **on the spot**, so they carried it away with them. (学習院大)
　(泥棒たちはその場で金庫を開けられなかったので, 金庫を持って逃げた)

| 458 | all at once | ｜「突然」(= suddenly) | ★★ |
| 459 | all of a sudden | ｜ | ★★ |

解答
448 (while) 　449 (time, to) 　450 (and, then [again])
451 (times) 　452 (any) 　453 (any, rate)
454 (away) 　455 (once) 　456 (spot)
457 (no) 　458 (at, once) 　459 (sudden)

Theme 96

☐ 460 一般に，物価はここ数ヶ月間安定している。　　　　　　　　　（桃山学院大）
(　　　) general, prices have been stable for the past few months.

☐ 461 概して，子供は大人より記憶力がいい。　　　　　　　　　　　（桜美林大）
As a (　　　), children have better memories than grownups.

☐ 462 大体のところ，彼は実に活発な人物だ。
On the (　　　), he is an active person indeed.　　　　　　　（東京国際大）

☐ 463 英国人は概して保守的で伝統を重んじる国民だ。
The English people are, (　　　) and large, conservative and
traditional.　　　(= generally)　　　　　　　　　　　　　　　（奈良大）

☐ 464 父が私に送ってくれたお金で，当分の間は間に合うだろう。
The money my father sent me will do for the time (　　　).
　　　　　　　　　　　　　　(= for a while)　　　　　　　（獨協大）

☐ 465 結婚は当分の間延期しなければならない。
The marriage must be put off (　　　) the present.　　　　　（早稲田大）

☐ 466 私たちは時間どおりに学校へ着くだろう。もう着いたも同然だ。
We'll get to school on time; we're as (　　　) as there now.
　　　　　　　　　　　(= practically)　　　　　　　　　　（昭和女子大）

☐ 467 発見されたとき，ハイカーたちは凍死寸前だった。　　　　（慶應義塾大）
The hikers were all (　　　) frozen when they were found.

☐ 468 要するに私たちの努力はすべて無に帰した。
All our efforts, in (s　　　), resulted in nothing.　　　　　（明治大）

☐ 469 言わんとすることを私に手短に説明してください。
Please explain to me in (b　　　) what you mean.　　　　　（日本大）

☐ 470 私たちは誰かに何かを伝えるために，つまり，情報を伝達するために言葉を使う。
We use words to tell somebody something, (　　　) (　　　), to
communicate.　　　　　　　　　　　　　　　　　　　　　　（成城大）

☐ 471 彼女の姉はバイオリンを弾いてお金を稼いでいる。言い換えると，彼女はプロのミュージシャンです。
Her sister makes money by playing the violin; (　　　) (　　　)
(　　　), she is a professional musician.　　　　　　　　　　（近畿大）

182　Part 2　イディオム編

Theme 96 同意熟語⑬   ⤴ 460〜471

460 **in general**
461 **as a (general) rule**
462 **on the whole**
463 **by and large**

「概して / 大体のところ」（= **generally**）

▶ on the whole と as a whole「全体として（の）」を混同しないように。
They had to put the interest of the group **as a whole** above the freedom of the individual.
（彼らはグループ全体としての利益を個人の自由より重視しなければならなかった）(センター)

464 **for the time being**
465 **for the present**

「当分の間 / さしあたりは」（= **for the moment** / **for a while**）

語句 464 will do「間に合う / 十分である」

466 **as good as**
467 **all but**

「ほとんど / 〜も同然で」（= **almost** / **practically**）

▶ 通例，形容詞 / 副詞 / 動詞の前で用いられる。
The man who stops learning is *as good as* **dead**.
= The man who stops learning is *all but* **dead**.
（学ぶことをやめる人は死んだも同然です）(センター)

468 **in short**
469 **in brief**

「要するに / 手短に言えば」（= **in a word**）

▶ in short [brief] とほぼ同意の to sum up / to be brief / to put it briefly / to make a long story short などの独立不定詞表現も押さえておこう。
To sum up, they had a difficult trip.
（要するに，彼らは困難な旅をしたのだ）(愛知工業大)
To put it briefly, I don't want to see her.
（手短に言うと，彼女に会いたくない）(東京慈恵医科大)

470 **that is (to say)**
471 **in other words**

「すなわち / 言い換えれば」

解答　460 (In)　461 (rule)　462 (whole)　463 (by)　464 (being)
465 (for)　466 (good)　467 (but)　468 (short)　469 (brief)
470 (that, is)　471 (in, other, words)

Theme 97

472 人生はある意味では航海のようだ，と彼は思っている。
He thinks that life is like a voyage, (　　) a (　　). 〔駒澤大〕

473 あなたの意見はある意味では正しい。
Your opinions are right, in a (　　). (= in a sense) 〔九州共立大〕

474 彼女は徐々によくなっているが，完治するまでにはしばらくかかるだろう。
She is getting better by (　　), but it will be some time before she is completely well. (= gradually) 〔東京理科大〕

475 母の健康状態は少しずつよくなってきている。 〔専修大〕
Mother's health is improving (　　) by (　　). (= gradually)

476 彼はカギのかかったドアを開けようとしたがだめだった。 〔久留米大〕
He tried in (　　) to open the locked door. (= without success)

477 あなたの努力がむだであったとは思えないのだが。
I would not think your effort was (　　) no (p　　). 〔成蹊大〕

478 ラジオによれば先月は2週間雨が降り続いたそうだ。
The radio says they had rain for two weeks on (　　) last month.
(= continuously) 〔札幌大〕

479 不思議なことが次々に起こった。
Mysterious things happened in (　　). 〔青山学院大〕

480 彼女は連続3回優勝した。 〔神奈川大〕
She has won the championship three times in a (　　).
(= successively)

481 これまでのところ私たちの計画は非常にうまくいっている。
(S　　) (　　), our plan has been going very well. 〔武庫川女子大〕

482 私は今までのところあまり多くのお金は稼いでいません。
I haven't earned much money (　　) (　　). 〔拓殖大〕

Power Up! 106　「〜ずつ」の意味の by を用いた表現　⊃ 474, 475

- **step by step**「一歩一歩」　☐ **one by one**「1つずつ」
- **day by day**「一日一日と」　*cf.* day after day「来る日も来る日も」
  Day by day he seemed to get better.（日に日に彼はよくなるようだった）〔拓殖大〕
- **by degrees**
- **little by little**　｝「徐々に / 少しずつ」(= gradually)

184　Part 2　イディオム編

Theme 97 同意熟語⑭   ⮕ 472〜482

472 **in a sense**　⎱「ある意味では」　★★
473 **in a way**　　⎰　　　　　　　　★★

474 **by degrees**　　　⎱「徐々に / 少しずつ」（= **gradually**）　★★
475 **little by little**　⎰　　　　　　　　　　　　　　　　　　　★★

▶ この by は「〜ずつ」の意味。（⮕ **Power Up! 106**）

476 **in vain**　　　　　　　　⎱「むだに / むなしく」（= **only to fail**）　★★
477 **to no purpose [avail]**　⎰　　　　　　　　　　　　　　　　　　　★★

▶ in vain の位置に注意。in vain は文末では but を伴うこともある。

　He tried **in vain** to open the locked door.
　= He tried to open the locked door (, *but*) **in vain**.
　= He tried to open the locked door **only to fail**.

▶ in vain / to no purpose [avail] ともに be 動詞の補語として形容詞的に用いられることもある（→ 本問）。

　All his plans **were in vain [to no avail]**.
　（彼の計画はすべてむなしい結果となった）

▶ 同意熟語としては，ほかに for nothing（⮕ **28**）/ to no effect などがある。

478 **on end**　　　　　⎫
479 **in succession**　⎬「連続して」（= **continuously / successively**）　★★
480 **in a row**　　　　⎭

▶ on end「直立して」，in a row「一列に（なって）」という意味も押さえよう。

　His hair stood **on end**.（彼の髪の毛は逆立った）
　The children stood **in a row**.（子供たちは一列に並んで立っていた）

481 **so far**　⎱「今までのところ」（= **up to now / till [until] now**）　★★
482 **as yet**　⎰　　　　　　　　　　　　　　　　　　　　　　　　　★★

▶ so far は通例，現在完了形とともに用いる。as yet は否定文で用いることが多い。

解答
472 (in, sense)　473 (way)　474 (degrees)　475 (little, little)
476 (vain)　477 (to, purpose)　478 (end)　479 (succession)
480 (row)　481 (So, far)　482 (as, yet)

Theme 98

483 彼が大阪へ出発する前に，私はどうしてもそこに着かなければならない。
I must get there by all (　　　) before he leaves for Osaka. (青山学院大)

484 盗まれた宝石はどんな犠牲を払っても取り戻さなければならない。
The stolen jewels must be recovered (　　　) (　　　) cost. (同志社大)

485 ケリーはとても勤勉だったので，健康を犠牲にして働いた。
Kelly was so diligent that he worked (　　　) the (c　　) (　　　) his health. (白鳳大)

486 彼は健康を犠牲にして懸命に働いた。 (神戸学院大)
He worked very hard (　　　) the (e　　) (　　　) his health.

487 私はヨーロッパに行かずにまずアメリカに行くことに決めました。(流通科学大)
(I　　) (　　　) going to Europe, I decided to go to America first.

488 君の古いスーツケースの代わりに私のを使ってもいいですよ。(桃山学院大)
You can use my suitcase in (　　　) of your old one. (= instead of)

489 私はどうかと言えば，その計画に賛成しないつもりだ。
(　　　) for me, I will not approve of the plan. (広島工業大)

490 その男が誰かということについては疑問の余地はなかった。
There could be no doubt as (t　　) who the man was. (龍谷大)

491 どんな服を着るべきかについて特別な決まりはない。
There are no special rules (　　　) regards what clothes we should wear. (上智大)

492 先生はその生徒の成績に関して何も言わなかった。
The teacher didn't say anything (　　　) regard to the student's grades. (= concerning) (姫路獨協大)

493 妻と私は経済状態に関しては問題がない。
My wife and I have no problem with (　　　) to the financial situation. (武蔵大)

Theme 98 同意熟語⑮ ⊃ 483〜493

483 **by all means**
484 **at any cost [price]** 「ぜひとも」
　= **at all costs**

▶ by all means の承諾を表す用法も重要。
"Can I bring Alan?" "**By all means.**"
「アランを連れてきてもいいですか」「いいですとも」(亜細亜大)

485 **at the cost [price] of ～** 「～を犠牲にして」
486 **at the expense of ～**　(= **at the sacrifice of**)

487 **instead of ～**
488 **in place of ～** 「～の代わりに」

▶ instead of ～の of のあとに動名詞（句）がくると，「～しないで（その代わりに）」と訳すことが多い。

489 **as for ～** 〔通例文頭に用いて〕「～について言えば／～に関する限り」
490 **as to ～** 〔文中に用いて〕「～については」(= **about**)

▶ as to ～は，wh 節や句が続く場合に用いられることが多い。それ以外は about / on であるのがふつう。
▶ as to ～は「～について言えば」(= as for)の意味になることもある。
As to his promotion, we'll discuss later.
（彼の昇進に関しては，あとで話し合うことにしよう）

491 **as regards ～**
492 **with [in] regard to ～** 「～に関して」(= **concerning**)
493 **with respect to ～**
　= **in respect of ～**

▶ ここでの regard / respect は「点」の意味。
In this **regard [respect]** you are wrong.（この点では君は間違っている）
▶ これらの表現は about / on / as to より形式ばった，堅い言いかた。

解答
483 (means)　484 (at, any)　485 (at, cost, of)
486 (at, expense, of)　487 (Instead, of)　488 (place)
489 (As)　490 (to)　491 (as)
492 (with [in])　493 (respect [regard])

第19章 反意熟語

Theme 99

☐ 494 スミスさんのお宅に行くのに何かパリッとしたものを着るべきですか。
Should I (　　　) on something smart to go out to the Smiths? 〈千葉商科大〉

☐ 495 とても暑いですね。コートを脱いだらどうですか。
It's so hot. Why don't you (　　　)(　　　) your coat? 〈立命館大〉

☐ 496 あの人がこの前あなたがほめていた魅力的な婦人ですか。 〈獨協大〉
Is that the attractive lady you spoke (w　　)(　　　) last time?

☐ 497 だれに対しても，その人のいないところで悪口を言うな。
Don't speak (　　　) of anybody behind his or her back. 〈別府大〉

☐ 498 彼は数学を一生懸命勉強するという約束を守った。
He (　　　) his promise to study mathematics hard. 〈大阪産業大〉

☐ 499 もし約束を破れば，あなたは不誠実だという評判を受けるでしょう。
If you break your (　　　), you will get a reputation of dishonesty.
（= break your promise） 〈八戸工業大〉

☐ 500 私は振り向いてジローが逃げていくのを見つけた。 〈神田外語大〉
I turned around and caught (　　　)(　　　) Jiro running away.

☐ 501 議論で興奮しすぎると，要点を見失うおそれがある。
If you get too excited in an argument, you're likely to (l　　)(s　　)
(　　　) the main point. 〈センター〉

☐ 502 子供たちはかつては自分の両親を尊敬したものだったが，今では対等なものと考える傾向がある。
Children used to look up (　　　) their parents; now they are inclined to regard them as equals. 〈上智大〉

☐ 503 勤勉な人は怠惰を軽蔑すると言われている。
It is said that industrious people look (　　　)(　　　) laziness.
（= despise） 〈東京理科大〉

Theme 99 反意熟語 ① ⇒ 494〜503

494 put on ～ 「(服など) を着る [身につける]」 ★★
495 take off ～ 「(服など) を脱ぐ [とる]」 ★★

▶ put on ～ の反意表現は put off ～ ではなく，take off ～ である。put off ～ は「～を延期する」の意味で使うのがふつう。(⇒ 766)

▶ put on weight「体重が増える」(= gain weight) も押さえよう。

▶ take off には「(飛行機などが) 離陸する」の意味の自動詞用法がある。この場合の反意表現は land「着陸する」。

▶ try on ～「～を試しに着て [はいて / かぶって] みる」もここで押さえよう。
That hat is just the color I've been looking for. May I **try** it **on**? (関西学院大)
(その帽子はまさに私が探していた色です。試しにかぶってよろしいでしょうか)

496 speak well of ～ 「～のことをよく言う [ほめる]」(= **praise**) ★★
497 speak ill [badly] of ～ 「～のことを悪く言う [けなす]」(= **criticize**) ★★

▶ speak well [ill] of ～はやや古風な言いかたなので，日常生活で使われることはまれ。受動態は，be well [ill] spoken of とするのがふつう。
She **was** always **ill spoken of** [**spoken ill of**] by her classmates.
(彼女はいつも級友たちに悪口を言われていた) (専修大)

498 keep *one's* word [promise] 「約束を守る」 ★★
(= **be as good as** *one's* **word**)
499 break *one's* word [promise] 「約束を破る」 ★★

▶ word は「約束」(= promise)の意味では，必ず *one's* word の形になる。
John is a man of **his word**. He never breaks his promise.
(ジョンは必ず約束を守る人だ。彼は決して約束を破らない) (大東文化大)

500 catch sight of ～ 「～を見つける」 ★★
501 lose sight of ～ 「～を見失う」 ★★

502 look up to ～ 「～を尊敬する」(= **respect**) ★★
503 look down on ～ 「～を見下げる / ～を軽蔑する」(= **despise**) ★★

解答
494 (put)　　495 (take, off)　　496 (well, of)　　497 (ill [badly])
498 (kept)　　499 (word)　　500 (sight, of)
501 (lose, sight, of)　　502 (to)　　503 (down, on)

Theme 100

☑ **504** この会社は従業員の個性を重視しています。
This company makes (　　　) of the employees' personality. (玉川大)

☑ **505** 彼は自分が直面するかもしれない困難を軽視していた。(成蹊大)
He made (　　　) of the difficulty he would possibly encounter.

☑ **506** その女の子は橋を渡っているあいだずっと母親のスカートをつかんでいた。
The child took (　　　) (　　　) her mother's skirt when she walked across the bridge. (日本女子大)

☑ **507** 彼はロープから手を離し落ちていった。
He (　　　) go (　　　) the rope and fell. (武蔵大)

☑ **508** そのような薬があなたに効くと私は確信しています。
I'm quite sure that such a medicine will (　　　) you good. (東洋大)

☑ **509** 悪書は若者にたいへん害になる。
Bad books do great (　　　) to young people. (中央大)

☑ **510** その政府職員は，自分でも気づかないうちに国家機密を漏らしていた。
The agent had revealed the state secret before he was (　　　) of it. (= was conscious of) (明海大)

☑ **511** 彼女が私に何を言いたかったのか私にはわからない。
I am (i　　) of what she wanted to tell me. (= don't know) (甲南大)

☑ **512** 経済的には，彼女は今，以前ほど夫に依存していない。
Financially, she is now less (　　　) (　　　) her husband than she used to be. (都留文科大)

☑ **513** 両親の世話にならないことは彼にとってどんなに良いかしれない。
It will do him infinite good to be (　　　) (　　　) his parents. (立命館大)

Theme 100 反意熟語 ② ⇒ 504〜513

504 **make much of ～** 「～を重んじる」 ★★
  （= value / think much [highly] of）

505 **make light [little] of ～** 「～を軽んじる」 ★★
  （= think little [lightly] of）

▶ make nothing of ～「～をなんとも思わない」（= think nothing of）も重要。
  He **makes nothing of** walking 5 miles.
  （彼は5マイル歩くくらいなんとも思っていない）

506 **take hold of ～** 「～をつかむ」（= hold / grasp / seize） ★★

507 **let go of ～** 「～から手を離す」 ★★

▶ take hold of ～ の take の代わりに，catch / get も使える。
  At last we **got hold of** our friend after trying to telephone many times.
  （私たちは何度も電話をかけ、ついに友人をつかまえた（＝連絡をとった））（センター）

508 **do A good** 「Aのためになる」（= do good to A） ★★

509 **do A harm** 「Aの害になる」（= do harm to A） ★★

▶ do は「(益・害など) を与える [もたらす]」の意味。
▶ good は「利益・ため (になること)」の意味の名詞。
▶ do A more harm than good「Aにとって益よりも害のほうが多い」
  Smoking **does you more harm than good**.
  （喫煙はあなたのためになるというより害になる）（駒澤大）

510 **be aware of ～** 「～に気づいている / ～を知っている」 ★★
  （= be conscious of）

語句 reveal ～ to A「(秘密など) をAに漏らす」

511 **be ignorant of ～** 「～を知らない」（= be unaware of） ★★

512 **be dependent on [upon] ～** 「～に依存している」 ★★

513 **be independent of ～** 「～から独立している」 ★★

▶「～に依存している」は前置詞 on，「～から独立している」は『分離』の of。

解答 **504** (much) **505** (light [little]) **506** (hold, of) **507** (let, of)
508 (do) **509** (harm) **510** (aware) **511** (ignorant)
512 (dependent, on) **513** (independent, of)

Theme 101

☐ 514 オレンジはビタミンCが豊富だ。
Oranges are (　　) in vitamin C. 〔千葉商科大〕

☐ 515 日本は天然資源に乏しい。
Japan is (　　) in natural resources. 〔明治大〕

☐ 516 彼女は必要とあれば，他人を助けることをいとわないような人です。〔久留米大〕
She is the kind of person who is (　　) to help others if necessary.

☐ 517 メアリーは初めはパーティーに行くのを渋っていたが，行ってみるとおもしろかった。
Mary was (r　　) to go to the party at first, but she found that it was fun. 〔中央大〕

☐ 518 アメリカでの成功は主にどれくらい「裕福で」あるかによって定義されることが多い。
Success in America is often defined mainly in terms of how "(w　　)(　　)" a person is. 〔桜美林大〕

☐ 519 その女優は日本に来る前は貧しかった。
The actress was (b　　)(　　) before she came to Japan.
(= was short of money) 〔立命館大〕

☐ 520 私たちは陰で人の悪口を言ってはならない。
We mustn't speak ill of a man (　　) his back. 〔名古屋学院大〕

☐ 521 彼は年老いた母親を面と向かって侮辱しさえした。
He even insulted his old mother (　　)(　　) face. 〔日本大〕

☐ 522 彼が無事に帰宅したので妻は安心した。
His safe return made his wife feel at (e　　). 〔立教大〕

☐ 523 マークは一度も舞台で演じたことがなかったので不安だった。
Mark had never acted on the stage and he was (i　　) at (e　　).
(= nervous) 〔獨協大〕

Theme 101 反意熟語 ③   ⇨ 514〜523

514 **be rich in** ～ 「～に富んでいる」（= **be abundant in** / **abound in**） ★★

515 **be poor in** ～ 「～に乏しい」（= **be deficient in**） ★★

516 **be willing to** *do* 「～してもよいと思っている / ～するのをいとわない」 ★★

517 **be reluctant to** *do* 「～したくない / いやいや～している」 ★★

▶ be willing to *do* は be ready to *do* 「喜んで～する」ほど積極性はない。

cf.
I **am willing to** help you.
（(おっしゃってくだされば) いつでもお手伝いします）
I **am** always **ready to** help you.
（いつでも喜んでお手伝いします）

518 **be well off** 「暮らし向きがよい / 裕福である」（= **be rich** [**wealthy**]） ★★

519 **be badly off** 「暮らし向きが悪い / 貧乏である」 ★★
　　　　　　　　　　　　　　　　　（= **be poor** / **be short of money**）

▶ 比較表現も入試に頻出する。be better off ⇔ be worse off
He **is** much **better off** than he used to be.
（彼は昔よりもずっと暮らし向きがよい）（千葉工業大）

語句 518 **in terms of** ～ 「～の（観）点から」（⇨ 903）

520 **behind A's back** 「Aの陰で / Aのいないところで」 ★★

521 **to A's face** 「Aに面と向かって / 公然と」 ★★

語句 520 **speak ill of** ～ 「～のことを悪く言う」（⇨ 497）

522 **at ease** 「気楽な［に］/ 安心した［て］/ くつろいで」 ★★
　　　　　　　　　　　　　　　　　（= **at home** / **comfortable**）

523 **ill at ease** 「不安な / 落ち着かない」 ★★
　　　　　　　　　　　　　　　　　（= **uncomfortable** / **nervous**）

▶ ill at ease の ill は副詞で,「(ほとんど)～ない」（= hardly / not）の意味。
I can **ill** afford to take a vacation now.（今休暇を取るような余裕はない）

解答
514 (rich)　　515 (poor)　　516 (willing)　　517 (reluctant)
518 (well, off)　519 (badly, off)　520 (behind)　521 (to, her)
522 (ease)　　523 (ill, ease)

第19章 反意熟語

Theme 102

☐ **524** 彼の説明は的を射ていたので，私たちは容易に理解することができた。
His explanation was to the (　　) and we could easily understand it. 〈武庫川女子大〉

☐ **525** 彼は時事問題についてコメントしたが，それは的はずれだった。
He made some comments on current topics, which were (b　　) the point. 〈福岡大〉

☐ **526** この自動販売機は故障している。
This vending machine is out of (　　). 〈浜松大〉

☐ **527** いつも物事をきちんと整理しておきなさい。
Always keep things (　　) (　　). (= tidy) 〈学習院大〉

☐ **528** スミス教授のファッションセンスはどうしようもないほど時代遅れだ。
Professor Smith's fashion sense is hopelessly out of (　　).
(= old-fashioned) 〈明海大〉

☐ **529** この辞書は最新版ではないので，新しいのを買うつもりです。〈早稲田大〉
This dictionary is not (　　) (　　) date, so I'm going to buy a new one.

☐ **530** ブライアンは体調が良くないと感じたので，ジョギングを始めることにした。 〈青山学院大〉
Brian decided to take up jogging because he felt out of (s　　).

☐ **531** 規則的に運動したら体調を良好に維持できるだろう。
Regular exercise will keep your body (　　) (s　　). 〈中部大〉

☐ **532** 子供たちに厳しくしないと，手に負えなくなるよ。
If you are not firm with the children, they will get (　　) (　　) (h　　). 〈立命館大〉

☐ **533** 政府は暴動を抑えることができなかった。
The government couldn't get the riot (　　) (h　　). 〈中央大〉

Power Up! 107 その他の〈out of ＋ 名詞〉の表現

out of は「（通常の状態・範囲）からはずれて」の意味から『否定』の意味を持つさまざまなイディオムを作る。out of と in が反意語を形成する場合が多い。

☐ **out of fashion**「すたれて」⇔ **in fashion**「はやって」
☐ **out of sight**「見えない所に［の］」⇔ **in sight**「見える所に［の］」
☐ **out of the question**「問題にならない／不可能な」（→ 888）

Theme 102 反意熟語 ④　　　⊃ 524〜533

524 **to the point**「要領を得た / 的を射た / 適切な」(= **relevant**) ★★
525 **beside [off] the point**「要領を得ない / 的はずれの」(= **irrelevant**) ★★

▶ beside [off] the point の同意熟語 beside [off / wide of] the mark も押さえておこう。

Do you take me for forty? You are **wide of the mark**.
(私のことを 40 歳だと思っているの？ 見当違いをしているよ)(南山大)

526 **out of order**「故障して」 ★★
527 **in order**　　「順調で / きちんとして」 ★★

528 **out of date**「時代遅れの」(= **old-fashioned**) ★★
529 **up to date**「最新の」(= **latest** / **modern**) ★★

▶ up to date は名詞の前ではハイフンありの up-to-date が一般的。

My revised homepage is full of **up-to-date** information.
(私の改訂したホームページは，最新の情報でいっぱいです)(明海大)

▶ out of fashion「すたれて」⇔ in fashion「はやって」もほぼ同意。

530 **out of shape**「体調が悪くて」 ★★
531 **in shape**　　「体調が良くて / 健康で」 ★★

532 **out of hand**「手に負えない（で）」(= **out of control**) ★★
533 **in hand**　　「支配して / 制御して」(= **under control**) ★★

▶ out of hand は「即座に / 直ちに」, in hand は「手に / 手元に［の］」の意味もあるので注意。

People who fear computers reject the machines **out of hand**.
(コンピューターを恐れる人々はその機械を即座に拒絶する)(日本大)

I don't have enough cash **in hand** to go by taxi.
(タクシーで行くのに十分なお金が手元にない)

解答　**524** (point)　**525** (beside)　**526** (order)　**527** (in, order)
528 (date)　**529** (up, to)　**530** (shape)　**531** (in, shape)
532 (out, of, hand)　**533** (in, hand)

Theme 103

☐ **534** 私は偶然岐阜でいとこに会った。　　　　　　　　（名古屋外国語大）
(　　　) (c　　　) I met my cousin in Gifu. (= I happened to meet)

☐ **535** メアリーは懲らしめるために，わざと自分の娘に恥ずかしい思いをさせた。
Mary embarrassed her daughter (　　　) (p　　　) so that she might teach her a lesson.　　　　　　　　　　　　　　　　　　　（慶應義塾大）

☐ **536** 思慮分別のある人なら，人前でそんなことは言わないだろうに。（青山学院大）
A sensible man wouldn't say such a thing (　　　) (p　　　).

☐ **537** その件について2人だけでお話ししたいのですが。
May I talk with you (　　　) (　　　) about the matter?　（青山学院大）

☐ **538** どうか勤務時間中はタバコを控えてください。　　　　　　（小樽商科大）
Please refrain from smoking while (　　　) (d　　　). (= at work)

☐ **539** 彼は勤務中怖い顔をしているが，非番のときは陽気だ。
He looks grim on duty but he is cheerful (　　　) (d　　　).（芝浦工業大）

☐ **540** アメリカでは映画は貧しい人でも楽しめる新しい娯楽だった。
In America the movies were a new form of entertainment which was (w　　　) (　　　) of the poor.　　　　　　　　　（同志社女子大）

☐ **541** ナイフと薬は子供たちの手の届かない場所に安全に保管してください。
Please keep knives and medicine safely (　　　) of children's (　　　).　　　　　　　　　　　　　　　　　　　　　　　　（日本工業大）

☐ **542** まだ電話を切らないで。まだ話したいことがあるから。
Don't (　　　) up yet. I'd like to say a few words.　　　　　（東海大）

☐ **543** 「そのまましばらくお待ちください」と交換手が言った。
"Hold (　　　) a minute, please," said the operator.（四天王寺国際仏教大）

☐ **544** 電話を切らずにお待ちください。すぐにベーカー氏におつなぎします。
Hold the (　　　), please. I'll put you (　　　) to Mr. Baker in a moment.　　　　　　　　　　　　　　　　　　　　　　　　（名古屋学院大）

Theme 103 反意熟語 ⑤　　　→ 534〜544

534 **by chance**　「偶然に」（= accidentally / by accident）　★★
535 **on purpose**　「故意に / わざと」（= intentionally / deliberately）　★★

意図（purpose）に基づいて（on）➡ 故意に

語句 535 teach A a lesson「A を懲らしめる」

536 **in public**　「公然と / 人前で」（= publicly）　★★
537 **in private**　「こっそりと / 内密に」（= privately）　★★

▶ 536 は，主語 a sensible man に仮定が潜んでいる。（→ 238）

538 **on duty**　「勤務時間中で / 当番で」　★★
539 **off duty**　「勤務時間外で / 非番で」　★★

仕事（duty）にくっついて（接触・従事の on）➡ 当番で

仕事（duty）から離れて（分離の off）➡ 非番で

540 **within A's reach**　「A の手の届く所に」（= within (the) reach of A）　★★
541 **out of A's reach**　「A の手の届かない所に」（= out of (the) reach of A）　★★

▶ **within easy reach** (of A)「（A の）すぐ近くに」も重要。

The lake was **within easy reach of** his cottage.
（その湖は彼の別荘から目と鼻の先にあった）

▶ out of のほかに beyond も使われる。

Absolute truth is **beyond** human **reach.**
（絶対的真理は人間の手の届かない所にある）（同志社大）

542 **hang up**「電話を切る」　★★
543 **hold on**
544 **hold the line**　｝「（電話を切らないで）待つ」（=《英》hang on）　★★

▶ hang up は受話器を電話機にぶら下げる動作から生まれた表現。

▶ line「（電話の）回線」を使った表現，The line is busy.「お話し中です」/ be on another line「別の電話に出ている」も押さえておこう。

Sorry, **the line is busy** now.（すみません，ただいま話し中です）（和光大）

語句 544 put A through to B「A の電話を B につなぐ」（→ 771）

解答
534 (By, chance)　535 (on, purpose)　536 (in, public)
537 (in, private)　538 (on, duty)　539 (off, duty)
540 (within, reach)　541 (out, reach)　542 (hang)
543 (on)　544 (line, through)

第20章 まぎらわしい熟語

Theme 104

545 明日の朝，出勤途中に車で迎えに来ます。　　　　　　　　　　（中央大）
　　　I'll pick you (　　　) on my way to work tomorrow morning.

546 彼女はそのドレスに合う靴を選んだ。　　　　　　　　　　　　（拓殖大）
　　　She picked (　　　) the shoes that matched the dress. (= selected)

547 何かが起こるのを待っていてもむだです。　　　　　　　　　　（センター）
　　　It's no use (w　　) (　　　) something to happen.

548 彼女はにっこり笑って客に応対した。　　　　　　　　　　　　（梅花女子大）
　　　With a smile she waited (　　　) the customer. (= served)

549 今ここでこの問題に対処することは不可能です。　　　　　　　（亜細亜大）
　　　It is impossible to deal (　　　) this problem here and now.

550 私の父は羊毛と綿を取り扱う貿易商です。　　　　　　　　　　（東京理科大）
　　　My father is a merchant who deals (　　　) wool and cotton.

551 その問題は難しすぎて私たちにはうまく対処できない。
　　　The problem is too difficult for us to (c　　) (　　　).　　（國學院大）

552 オーストラリアのどこで育ちましたか。
　　　Where in Australia (　　　) you grow (　　　)?　　　　　　（東京成徳大）

553 私は生まれも育ちも大阪です。
　　　I was born and (　　　) (　　　) in Osaka.　　　　　　　　（創価大）

Theme 104 まぎらわしい熟語 ① ⟳ 545〜553

545 **pick up** 〜「〜を車で迎えに行く［来る］/〜を車に乗せる」 ★★

▶ pick up 〜 は「〜を拾い上げる」という基本の意味から発展して,「〜を車で迎えに行く」「(言語・知識など) を身につける［聞き覚える］」など種々の意味がある。

Children usually **pick up** foreign languages very quickly.
(子供はたいてい外国語をとても早く身につける) (青山学院大)

▶ 本問のように, 目的語が代名詞の場合は, 目的語を up の先に出して pick you up としなければならない　×pick up you

546 **pick out** 〜「〜を選ぶ」(= **select** / **choose**) ★★

▶「ピックアップする」は和製英語。pick up に「選ぶ」の意味はない。

547 **wait for** 〜「〜を待つ」 ★★

▶ wait for A to do「Aが〜するのを待つ」

548 **wait on** 〜「(客) に応対する」(= **serve**) ★★

▶ 会話表現 Have you been **waited on**?「(客に対して) ご用をお伺いしていますか」(= Are you being served?《英》) を覚えておこう。

549 **deal with** 〜「〜を扱う/〜に対処する」(= **treat** / **handle**) ★★

550 **deal in** 〜　「〜を商品として扱う/〜を売る」 ★★

551 **cope with** 〜「〜によく対処する/〜をうまく処理する」 ★★

▶ cope with 〜 = deal with 〜 successfully の関係。

552 **grow up**　「育つ/成長する」 ★★

553 **bring up** 〜「〜を育てる」(= **raise** / **rear**) ★★

▶ grow up は自動詞, bring up 〜 は他動詞の働き。混同しないように。

Her father **grew up** in a small town.
= Her father **was brought up** in a small town.
(彼女の父親は小さな町で育った) (日本女子大)

解答　545 (up)　　　　546 (out)　　　　547 (waiting, for)
　　　548 (on)　　　　549 (with)　　　550 (in)
　　　551 (cope, with)　552 (did, up)　　553 (brought, up)

Theme 105

☑ **554** あなたはこの仕事を今月末までにやり遂げなければならない。
You must carry (　　) this task by the end of this month.
　　　　(= accomplish) 〈愛知学院大〉

☑ **555** あとでこの議論を続けましょう。
Let's carry (　　) this discussion later. (= continue) 〈関東学院大〉

☑ **556** 冬に暖かい服装をしないせいで，ひどい風邪を引くことがある。
Not dressing warmly in winter can (r　　) (　　) catching a bad cold. 〈同志社大〉

☑ **557** 彼の大成功は忍耐と勤勉の結果でした。 〈青山学院大〉
His big success (r　　) (　　) his patience and diligence.

☑ **558** この部屋を出る前に必ず電気を消しなさい。 〈中央大〉
Be sure to (t　　) (　　) the light before you leave this room.

☑ **559** タバコを消さなければ，この部屋へ入ることは許されません。
You are not allowed to enter this room unless you (　　) (　　) your cigarette. (= extinguish) 〈獨協医科大〉

☑ **560** 明かりが消え，私たちは暗闇の中にとり残された。
The light went (　　) and we were left in the dark. 〈関西学院大〉

☑ **561** 彼から1年間何の音沙汰もありません。
I haven't (　　) from him for a year. 〈関西大〉

☑ **562** それから5年たってやっと彼が結婚したことを耳にしました。〈早稲田大〉
It was not until five years later that I heard (　　) his marriage.

Theme 105 まぎらわしい熟語 ② ⊃ 554〜562

554 **carry out 〜**「〜を実行する / 〜を成し遂げる」 ★★
 (= put 〜 in [into] practice / perform / accomplish / achieve / fulfill)

555 **carry on 〜**「〜を続ける」(= continue) ★★
 ▶ carry on with 〜 もほぼ同意。(⊃ 427)
   本問 = Let's **carry on with** this discussion.

556 **result in 〜** 「〜という結果になる」 ★★

557 **result from 〜** 「〜の結果として起こる」 ★★
 ▶『結果』+ result from +『原因』=『原因』+ result in +『結果』の関係。
   The accident **resulted from** *his carelessness.*
   = *His carelessness* **resulted in** *the accident.*
   (彼の不注意のためにその事故が起こった)

558 **turn off 〜**「(電灯・テレビなど) を消す / (ガス・水道など) を止める」
 ⇔ **turn on 〜**「(電灯・テレビなど) をつける / (ガス・水など) を出す」 ★★
 スイッチを回して(turn)電流を離脱している(off)［電流を接触している(on)］状態にする
 ▶「(電灯・テレビ) をつける [消す]」は switch on [off] とも言う。

559 **put out 〜**「(火・電灯など) を消す」(= extinguish) ★★
 ▶ put out 〜は，燃える火や電灯［明かり］を消す場合に用いる。
   put out a fire [the light]「火［電灯］を消す」 *turn off a fire
 ▶ 反意熟語の put on 〜 には「(電灯・テレビなど) をつける」の意味もあるが，
   「〜を着る / 〜を身につける」の意味で用いるのがふつう。(⊃ 494)
   「火をつける」は light a fire または fire (動) がよい。

560 **go out**「(火・明かりが) 消える」 ★★
 ▶ put out 〜に対応する自動詞表現。

561 **hear from 〜**「〜から便りがある」⇔ **write to 〜**「〜に手紙を書く」 ★★

562 **hear of 〜** 「〜のうわさを耳にする」 ★★

解答 554 (out) 555 (on) 556 (result, in)
 557 (resulted, from) 558 (turn, off) 559 (put, out)
 560 (out) 561 (heard) 562 (of)

Theme 106

☐ **563** 単語の正確な意味がわからないときは，必ず辞書でその単語を調べなさい。
When you can't tell the exact meaning of a word, be sure to (　　　) it up in your dictionary. 〈杏林大〉

☐ **564** 警察はその事件を徹底的に調べている。
The police are looking (　　　) the case thoroughly. 〈上智大〉

☐ **565** 先生に提出する前に，彼は草稿にざっと目をとおしておきたかった。
He wanted to look (　　　) the draft before he gave it to his teacher. (= check) 〈千葉工業大〉

☐ **566** 彼女は休日の計画について彼に同意した。
She agreed (　　　) him about the holiday plan. 〈センター〉

☐ **567** 私たちの申し出に彼が喜んで同意してくれたのには驚いた。
We were surprised at his willingness to agree (　　　) our proposal. 〈同志社大〉

☐ **568** 私は昨日ビルに会ったが，彼はあなたとあなたのご両親の安否を尋ねていた。
I saw Bill yesterday; he (a　　　) (　　　) you and your parents. 〈桃山学院大〉

☐ **569** 彼女は暑かったので，冷たい水を頼んだ。
She felt hot and (　　　) (　　　) a glass of cold water. 〈熊本学園大〉

☐ **570** 君がたった今，申し込んできたばかりの勤め口について話して下さい。
Tell me about the job you've just applied (　　　). 〈京都産業大〉

☐ **571** これらの規則は誰にも同じようにあてはまる。
These rules apply (　　　) everybody alike. 〈駒澤大〉

Power Up! 108 「調べる」の意味のイディオム　⊃ 563〜565

lookを用いた「〜を調べる」の意味のイディオムは，**look up** / **look into** / **look over** の3つがよく出題される。違いに注意してしっかり覚えよう。ほかには，goを用いた **go into** / **go over** / **go through** を押さえておこう。

As we **went over** his story in detail, we decided that he was telling a lie.
（私たちは彼の話を詳細に調べて，彼がうそをついていると判断した）〈日本大〉

Theme 106 まぎらわしい熟語 ③　　⊃ 563〜571

563 **look up ~**　「(辞書・電話帳をくって)~を調べる」　★★
564 **look into ~**　「(問題・事件など)を調べる」　★★
　　　　　　　　　　　　　　　　　　　(= **investigate** / **examine**)
565 **look over ~**　「(書類など)にざっと目をとおす/~を調べる」　★★
　　　　　　　　　　　　　　　　　　　(= **examine** / **check**)

▶ into / over と違い，up は副詞。目的語が代名詞の場合は，563 のように look it up の語順になることに注意。

566 **agree with ~**　「(人・考え)に賛成する」　★★
567 **agree to ~**　「(計画・提案など)に賛成する」　★★

▶『人』に賛成する場合は with，『事』に賛成する場合は to を用いる。

cf. { I agree **with** *you*. (私は君と同意見だ)
　　　{ I agree **to** *his plan*. (私は彼の計画に賛成する)

▶ agree with ~ の「(気候・食べ物などが)~に合う」の意味も頻出。
　I like fish, but meat doesn't **agree with** me.
　(私は魚は好きですが，肉は体に合いません) (大正大)

568 **ask after ~**　「(人の安否・健康)を尋ねる」 (= **inquire after**)　★★
569 **ask for ~**　「~を求める/~をくれと頼む」 (= **demand** / **request**)　★★

▶ ask A for B「A に B を求める」とセットで覚えよう。
　It's been years since I **asked** you **for** any help.
　(私があなたになんらかの援助を求めてから何年も経ちます) (センター)

570 **apply for ~**　「(職・入学・許可など)を申し込む[志願[出願]する]」　★★

▶ apply to ~ (for ...)「~(人・組織)に(…(職・入学・許可など)を)申し込む[志願[出願]する]
　He **applied to** six law schools and was accepted at four of them.
　(彼は 6 校の法科大学院に出願して，そのうち 4 校に合格した) (中央大)

571 **apply to ~**　「(規則などが)~にあてはまる」 (= **be true of**)　★★

▶ apply A to B「A を B にあてはめる」とセットで覚えよう。
　This rule cannot be **applied to** you.
　(この規則はあなたにはあてはめることができない)

解答　563 (look)　564 (into)　565 (over)　566 (with)　567 (to)
　　　568 (asked, after)　569 (asked, for)　570 (for)　571 (to)

Theme 107

572 フランス国旗の３つの色は「自由，平等，同胞愛」を表す。
The three colors of the French national flag stand (　　　) "liberty, equality, and fraternity."　　(= represent)　（中央大）

573 母親というものは，子供がどんなことをしても，たいてい子供を擁護するものだ。
A mother will usually stand (　　　)(　　　) her children, no matter what they have done.　（上智大）

574 彼のお父さんは困った時にはいつも彼の力になった。
His father (　　　) by him whenever he was in trouble.
(= supported)　（中央大）

575 彼は自分が集めてきた本はどれも手放したがらなかった。
He was reluctant to (　　　)(　　　) any of the books he had collected.　（東京理科大）

576 私は橋の上で彼と別れた。
I parted (　　　) him on the bridge.　（専修大）

577 きっとあなたはいい仕事を見つけられますよ。
I'm sure you will succeed (　　　) finding a good job.　（南山大）

578 彼は父親の財産を相続しました。
He succeeded (　　　) his father's estate.　（立正大）

579 彼には暮らしていくだけの十分な収入がある。
He has a sufficient income to live (　　　).　（芝浦工業大）

580 羊は草を食べて生きている。
Sheep (f　　)(　　　) grass.　（駒澤大）

204　Part 2　イディオム編

Theme 107 まぎらわしい熟語 ④   ⇨ 572〜580

572 stand for ~ 「~を表す/~を意味する」（= **represent** / **mean**） ★★
▶ stand for ~ には「~を支持する」（= support）の意味もあるが，入試で出題されるのは主に「~を表す」のほう。

573 stand up for ~ ★★
　　　　　　「~を擁護する（= **defend**）/~を支持する（= **support**）」
~のために［~を支持して］(for) 立ち上がる(stand up)
▶ speak up for ~「~を弁護する」も押さえておこう。
If anybody says bad things about me, I hope you will **speak up for** me.
（もし誰かが私の悪口を言ったら，あなたに私の弁護をしてほしい）〈立命館大〉

574 stand by ~ 「~の味方をする/~を支持する」 ★★
（= **support** / **back up**）
~のそばに (by) 立っている (stand) ➡ ~の味方をする
▶ stand by には「待機する/傍観する」の意味の自動詞用法もある。

575 part with ~ 「~を手放す」 ★★
576 part from ~ 「~と別れる」 ★★
▶「物を手放す」は part with，「人と別れる」は part from。ただし，まれに混同して使われることもある。

577 succeed in ~ 「~に成功する」⇔ **fail** (**in**) ~「~に失敗する」 ★★
578 succeed to ~ 「~を相続する/~のあとを継ぐ」（= **inherit**） ★★
▶ 578 は「（事業・職務など）を引き継ぐ」の意味では take over (⇨ **789**) と交換可。
He **succeeded to** the family business after finishing high school.
= He **took over** the family business after finishing high school.
（彼は高校を卒業すると家業を継いだ）

579 live on ~ 「~に頼って生きる」 ★★
▶ 目的語「~」は『食物』や『お金』など。
We *live* mostly *on* **rice**.（私たちは米を常食としている）〈東海大〉

580 feed on ~ 「（動物が）~を食べて生きる」 ★★

解答 572 (for)　573 (up, for)　574 (stood)　575 (part, with)
576 (from)　577 (in)　578 (to)　579 (on)　580 (feed, on)

Theme 108

□581 私は自分の考えを胸にしまっておくよう彼に忠告した。しかし彼は黙っていられなかった。
I advised him that he should keep his thoughts to himself, but he couldn't (　　　) his tongue. (= keep silent)　　　〈慶應義塾大〉

□582 彼女は息を殺して，彼らに見つからないようにと願った。　〈日本大〉
She (　　　) her (　　　) and hoped that they wouldn't find her.

□583 駅に行く途中，この手紙を投函していただけませんか。
Would you do me a (　　　) and post this letter on your way to the station?　　　〈成城大〉

□584 スミスさん，重大なお願いがあって来たのですが。
We've come to ask a big favor (　　　) you, Mr. Smith.　〈関西外国語大〉

□585 バイオテクノロジーは緑の革命を引き起こした。　〈青山学院大〉
Biotechnology (　　　) rise to a green revolution. (= resulted in)

□586 それは短い結婚生活だった。キャサリンは娘を産んですぐに死んだ。
It was a short marriage. Katherine died soon after (　　　) birth to a daughter.　　　〈関西学院大〉

□587 ジョンは最近とても忙しい。彼と連絡をとるのは容易ではない。
John is very busy these days. It is not easy to get in (　　　) with him.　　　〈青山学院大〉

□588 父は海外にいる間，郵便や電話で私たちと連絡を取り合った。
Father (k　　　) in (　　　) with us by mail and telephone while he was overseas.　　　〈センター〉

□589 会議は10時にやっと終わった。　　　〈立命館大〉
The meeting finally (　　　) (　　　) an end at ten. (= broke up)

□590 これらのばかげた慣習をやめなければならない。
We must (　　　) an end to these stupid practices.　〈東京理科大〉

Theme 108 まぎらわしい熟語 ⑤　　　⊃ 581〜590

581 hold *one's* tongue 「黙っている」(= keep silent) ★★
582 hold *one's* breath 「息を殺す/息を止める」 ★★

　[語句] 581 keep 〜 to *oneself* 「〜を人に話さないでおく」(⊃ 724)

583 do A a favor 「Aの頼みを聞き入れる」(= do a favor to A) ★★
584 ask a favor of A 「Aに頼みごとをする」(= ask A a favor) ★★

　▶ これらの favor は「親切な行為/(善意からの)恩恵/世話」の意味。583 の do は「(人に)(恩恵・願いごと)を施す」の意味。
　Could [Would] you **do me a favor**?
　= May I **ask a favor of you**? (お願いがあるのですが)〈日本福祉大〉

585 give rise to 〜　「〜を引き起こす」 ★★
　　　　　　　　　　(= cause / bring about ⊃ 658 / result in ⊃ 556)
586 give birth to 〜「(子)を産む」 ★★

　▶ give birth to 〜には「(物・事)を生み出す/〜の原因になる」の意味もある。この意味では give rise to と同意。
　Their ideas **gave birth to** a new wave of international cooperation.
　(彼らの着想が新しい国際協力の波を生み出した)

587 get in touch with 〜　「〜と連絡をとる」(= contact) ★★
588 keep in touch with 〜「〜と連絡をとり合う」 ★★
　　　　　　　　　　　　　　　(= maintain contact with)

　▶ 一時的に連絡をとるなら get, 継続的に連絡をとるなら keep。

589 come to an end 「終わる」 ★★
590 put an end to 〜「〜を終わらせる」 ★★

　▶ come to an end は自動詞として, put an end to 〜 は他動詞として用いる。
　[語句] 589 break up「(会議・パーティーなどが)終わる」(⊃ 656)

[解答] 581 (hold)　　582 (held, breath)　583 (favor)　584 (of)
　　　 585 (gave)　　586 (giving)　　　　587 (touch)　588 (kept, touch)
　　　 589 (came, to)　590 (put)

Theme 109

591 食べ過ぎないようにしなければならないということを心に留めておくのは重要なことです。
It is important to (b   ) (   ) mind that we must try not to overeat.　(＝ remember)　(慶應義塾大)

592 だれかいっしょに行こうと考えている女の子はいるのですか。
Do you have any girl (   ) (   ) to go with?　(関西大)

593 ケンとトムには何か共通点があるように思える。
Ken and Tom seem to have something in (   ).　(高知大)

594 私たちは食料が不足していた。
We were (   ) of food.　(＝ lacked)　(駒澤大)

595 どうもガソリンがなくなってきたようです。
I'm afraid we are (   ) short of gasoline.　(名城大)

596 それぞれの問題にすばやく答えなさい。さもないと，時間がなくなりますよ。
Answer each question quickly, or you'll (   ) out of time.　(中央大)

597 新任教授の最初の講義は学生たちの期待を大きく裏切るものだった。
The new professor's first lecture fell far (   ) of the students' expectations.　(中央大)

598 私たちのリーダーは想像力豊かで，しばしば新しい考えを提案する。(センター)
Our leaders are imaginative and often (c   ) up (   ) new ideas.

599 サリーは学校を 2 週間休んだので，クラスメートに追いつくために一生懸命勉強しなければならない。
Sally missed two weeks of school, so she has to work hard to (   ) up (   ) her class.　(専修大)

600 ファッションの変化にはまったくついていけないよ。
I can't (   ) up (   ) all the changes in fashion.　(西南学院大)

Theme 109　まぎらわしい熟語 ⑥　　⊃ 591〜600

591 **bear [keep] A in mind**「Aを心に留めておく / Aを覚えておく」★★
▶ A が that 節など長い場合，bear in mind A の語順になる。592, 593 も目的語 A が長い場合は同様の語順になる。

592 **have A in mind**「Aを考えている / Aを計画している」★★
▶ Do you have anything in mind?「(お店で店員が客に) 何をお探しですか」も押さえておこう。

593 **have A in common**「Aを共通に持っている」★★
▶ in common は「共通の / 共通に」の意味。

594 **be short of ～**　「～が不足している」★★
595 **run short of ～**「～が不足する / ～がなくなる / ～を切らす」★★
596 **run out of ～**　「～を使い果たす / ～を切らす」★★
　　　　　　　　　　　(= **exhaust** / **use up**)

597 **fall [come] short of ～**「～に達しない / ～に届かない」★★
▶ run short of ～ も run out of ～ と同じように「～を切らす」と訳すことがあるが，まだ完全になくなった状態ではないので，ふつう進行形で用いる。
▶ 595, 596 の of のない run short は「(物が) 不足する」, run out は「(食料・金・時間などが) 尽きる」の意味の自動詞用法。
Fuel is **running short**. ≒ We're running short of fuel.
(燃料が切れつつある)
Time has **run out**. ≒ We've run out of time. (時間切れです)

598 **come up with ～**「(考え・答えなど) を思いつく [見つける / 提案する]」
　　　　　　　　　　　(= **think of** / **find** / **suggest**) ★★

599 **catch up with ～**「～に追いつく」(= **overtake**) ★★

600 **keep up with ～**「～に遅れずについていく」★★
　　　　　　　　　　　(= **keep pace with ～** / **keep abreast of [with]** ～)

解答
591 (bear, in)　592 (in, mind)　593 (common)　594 (short)
595 (running)　596 (run)　597 (short)　598 (come, with)
599 (catch, with)　600 (keep, with)

Theme 110

601 ウーロン茶は緑茶と非常に違っていると思いますか。
Do you think oolong tea is very different (　　　) green tea?　〈南山大〉

602 他人に無関心なのは深刻な問題である。　〈湘南工科大〉
Being indifferent (　　　) other people is a serious problem.

603 私はこの話題についてはよく知っています。
I am familiar (　　　) this subject.　〈明治大〉

604 彼の名前はその国のだれにでもよく知られている。
His name is familiar (　　　) everybody in the country.　〈京都産業大〉

605 1日中歩きまわってくたくたに疲れた。
I'm dead (t　　) (　　　) walking around all day.　〈神戸学院大〉

606 あなたは毎日同じことばかりしていやになりませんか。　〈日本大〉
Are you not (t　　) (　　　) doing the same thing every day?

607 私はもうハンバーガーを食べたくない。うんざりしているんだ。
I don't want to eat hamburgers any more. I am fed (　　　) (　　　) them.　〈早稲田大〉

608 彼は歌がうまい人として私たちによく知られている。
He is well (k　　) (　　　) us as a good singer.
(= We know him well as a good singer.)　〈札幌学院大〉

609 人はつき合う相手を見ればわかるものです。
We are known (　　　) the company we keep.　〈京都産業大〉

610 私たちの町はその美しさで世界中に知られている。
Our city is known (　　　) its beauty all over the world.　〈千葉商科大〉

611 その当時，私はいわば技術として知られるものをもたなかった。
At that time, I did not have what is known (　　　) a technique.　〈甲南大〉

Theme 110 まぎらわしい熟語 ⑦　　⤴ 601〜611

601 be different from ~　「~と異なる / ~と違っている」　★★
　　　　　　　　　　（= **differ from**）

▶《米口語》では，different のあとに（文の要素を省略した）節が続く場合，than が好まれる。

　This is different **than** *I expected.*
　= This is different **from** *what I expected.*（これは私の思っていたのと違う）

602 be indifferent to ~　「~に無関心である / ~に無頓着である」　★★

603 be familiar with ~　「(物事) をよく知っている / ~に精通している」　★★
604 be familiar to ~　「(人) によく知られている」　★★

▶ A (人) is familiar with B (物事) = B is familiar to A の関係に注意。
　603 = This subject is familiar **to** me.
　604 = Everybody in the country is familiar **with** his name.

605 be tired from ~　「~で疲れている」　★★
606 be tired of ~　「~に飽きている / ~にうんざりしている」　★★
　　　　　　　　　（= **be sick of**）
607 be fed up with ~　「~に飽き飽きしている / ~にうんざりしている」　★★

▶ be fed up with ~ は be tired of ~ より強意的。
▶ 607 は feed up A with B「A に B を飽きるほど食べさせる」の受身形。
　fed は feed「~に食物を与える」の過去分詞（feed — fed — fed と活用）。

608 be known to ~　「(人) に知られている」　★★
609 be known by ~　「~によってわかる」　――『判断の基準』の by　★★
610 be known for ~　「~のことで知られている」――『有名の理由』の for　★★
611 be known as ~　「~として知られている」　★★

▶ be known for ~ と be known as ~ の違いを次の例文で確認しよう。
　Atami is known **for** its hot springs [**as** a hot-spring town].
　（熱海は温泉で [温泉町として] 知られている）

解答
601 (from)　　602 (to)　　603 (with)　　604 (to)
605 (tired, from)　　606 (tired, of)　　607 (up, with)　　608 (known, to)
609 (by)　　610 (for)　　611 (as)

Theme 111

☐ **612** 同じことが動物にもあてはまる。動物の体の構造も一様ではない。
The same is true (　　　) animals, whose body structure is also uneven. （熊本大）

☐ **613** 彼が約束をちゃんと守ると，どうやってわかるだろうか。
How do I know that he will be true (　　　) his word?
 (= keep his promise) （日本大）

☐ **614** マークはマラソンに勝つと確信している。
Mark is (s　　) (　　　) winning the marathon race. （法政大）

☐ **615** メアリーはきっと試験に合格すると思う。
Mary is (　　　) to pass the examination. （中央大）

☐ **616** 有能な読者なら著者というものも人間であり，きっと間違いもするはずだということを知っている。
An efficient reader knows that authors are human and are (b　　　) to make mistakes. （立命館大）

☐ **617** この列車は名古屋行きです。
This train is bound (　　　) Nagoya. （東海大）

☐ **618** 私たちはみんなあなたが無事に帰ってくることを切に願っていました。
We were all anxious (　　　) your safe return. （茨城大）

☐ **619** あなたのことが心配でゆうべは眠れませんでした。 （日本医科大）
I was so (a　　) (　　　) you that I wasn't able to sleep last night.

☐ **620** ブラウン夫人は子供たちの養育についてたいそう心配している。
Mrs. Brown is very (c　　　) about rearing her children.
 (= is worried about) （近畿大）

☐ **621** 私はこのこととはかかわりがない。
I am not (c　　) (　　　) this. (= This is none of my business.)
 （東京外国語大）

212　Part 2　イディオム編

Theme 111 まぎらわしい熟語 ⑧　　⊃ 612〜621

612 be true of ~ 「~にあてはまる」（= apply to） ★★
613 be true to ~ 「~に忠実である」（= be faithful to） ★★
614 be sure of ~ 「~を確信している」（= be certain of） ★★
▶ be sure (that 節) ~ は「~と確信している / きっと~だと思う」の意味。
615 be sure to do 「必ず~する / きっと~する」 ★★
▶ be sure of ~ と be sure to do とでは確信している人 (S) が違うので注意。

cf. ⎧ He **is sure of** success. = **He** is sure that he will succeed.
　　　（成功すると彼〔本人〕は確信している）
　　 ⎨ He **is sure to** succeed. = **I** am sure that he will succeed.
　　　（彼が成功すると私〔話し手〕は確信している ➡ 彼はきっと成功すると思う）

616 be bound to do 「きっと~する」（= be sure to do） ★★
617 be bound for ~ 「（乗物などが）~行きである」 ★★
▶ be bound to do の bound は bind「~を束縛する / ~に義務を負わせる」の過去分詞。

　~するように縛られる ➡ ~する義務がある / きっと~する

618 be anxious for ~ 「~を切望している」（= wish for） ★★
▶ be anxious to do は「しきりに~したがっている」の意味。（⊃ **428**）
619 be anxious about [for] ~ 「~を心配している」
　　　　　　　　　　　　　　（= be worried about） ★★
▶ be anxious for ~ は「~を心配している」の意味になることもある。
　They **were anxious for** [**about**] their own safety.
　（彼らは自分たち自身の安全が心配であった）

620 be concerned about ~ 「~を心配している」
　　　　　　　　　　　　　（= be worried about / be anxious about） ★★
621 be concerned with ~ 「~に関係している / ~に関心を持っている
　　　　　　　　　　　　　（= be interested in）」 ★★

解答 612 (of)　613 (to)　614 (sure, of)　615 (sure)　616 (bound)
　　　 617 (for)　618 (for)　619 (anxious, about [for])
　　　 620 (concerned)　621 (concerned, with)

Theme 112

□ 622 木からいろんな物が作られる。
Wood is made (　　) various kinds of articles. 〔龍谷大〕

□ 623 そのモデルカーはプラスチックでできているのですか，それとも金属でできているのですか。
Is that model car made (　　) plastic or metal? 〔追手門学院大〕

□ 624 ワインはブドウから作られる。
Wine is made (　　) grapes. 〔武蔵工業大〕

□ 625 私たちは順番に年老いた母の世話をしなければならない。
We have to look after our old mother by (t　　). 〔日本大〕

□ 626 人を嫌うと，今度は自分が人から嫌われる。 〔関西学院大〕
When you dislike others, you are disliked by them (　　) turn.
(= as well)

□ 627 トムは式に間に合うように到着できるでしょう。 〔武庫川女子大〕
Tom will be able to arrive (　　) (　　) for the ceremony.

□ 628 飛行機はちょうど定刻に空港を離陸した。
The plane took off from the airport right (　　) time.
(= punctually) 〔関西学院大〕

□ 629 列車は9時50分きっかりに到着した。
The train arrived at 9:50 (　　) the minute. 〔中央大〕

□ 630 母は私に具合が悪そうねと言ったが，それどころか私はとても体の調子がよかった。
My mother told me I looked ill, but (　　) (　　) (　　), I felt very well. 〔聖徳岐阜教育大〕

□ 631 それとは逆の真の証拠を発見するためには，非常に注意深い観察と思考を必要とする。
It requires very careful observation and thought to discover any real proof (　　) the contrary. 〔秋田大〕

□ 632 予期に反して，パーティーはとても楽しかった。
Contrary (　　) my expectations, I quite enjoyed myself at the party. 〔東洋大〕

Theme 112 まぎらわしい熟語 ⑨　　⊃ 622〜632

622 be made into ～　「～に作られる / 加工されて～になる」 ★★
623 be made of ～　　「～でできている」 ★★
624 be made from ～　「～で作られている」 ★★

▶ be made from ～ は主に原材料の『質』が変化する場合に用い，変化しない場合は be made of ～ がふつう。

625 by turns 「順番に / 代わる代わる」（= **alternately**） ★★

▶ turn は「順番」の意味。by turns には -s がつくことに注意。

626 in turn 「（代わって）今度は」 ★★

▶ in turn には「順番に / 交替で」の意味もある。
She looked **in turn** at the three men.
（彼女はその 3 人の男を順番に見た）（亜細亜大）

627 in time　　　「間に合って / 遅れずに」 ★★
628 on time　　　「時間どおりに / 定刻に」（= **punctually**） ★★
629 to the minute 「**1** 分もたがわずに / きっかり」（= **sharp** / **on time**） ★★

▶ to the minute の to は「～（に至る）まで」の意味で『到着点・限度』を表す。
to a [the] day「1 日もたがわず / きっかり」
to an inch「寸分たがわず」

630 on the contrary 「それどころか」 ★★
631 to the contrary 「それとは反対の [に]」 ★★
632 contrary to ～　「～に反して」 ★★

▶ on the contrary は通例文頭で，to the contrary は文尾で用いる。

解答
622 (into)　　623 (of)　　624 (from)　　625 (turns)
626 (in)　　627 (in, time)　　628 (on)　　629 (to)
630 (on, the, contrary)　　631 (to)　　632 (to)

Theme 113

633 交通渋滞のためにバスは20分遅れて着いた。　　　　　　　（産業能率大）
The bus arrived 20 minutes (　　　) time because of a traffic jam.

634 新聞を毎日読みなさい。さもないと時勢に遅れるよ。
Read the newspaper every day, or you will fall behind (　　　) (　　　).　　　　　　　　　　　　　　　　　　　　　（玉川大）

635 あの大きな机を移動しなければいけないね。本当にじゃまなんだから。
We'll have to move that big desk; it's really (　　　) the way. （成城大）

636 繁華街へ行く途中，何年も会わなかった旧友に偶然会った。
(　　　) my way (　　　) I ran into an old friend whom I hadn't seen for years.　　　　　　　　　　　　　　　　　　　　　（明海大）

637 ところで，最近彼に会いましたか。　　　　　　　　　　（愛知工業大）
(　　　) the (　　　), have you seen him lately? (= Incidentally)

638 君はもう20歳になったことだし，自活すべきだよ。　　　　　（甲南大）
Now that you are twenty, you should live (　　　) your (　　　).

639 自分専用の飛行機を持っているとは彼は大金持ちに違いない。（横浜市立大）
He must be very rich to have a plane (　　　) (　　　) (　　　).

640 最初はそのことで困ったが，今は当時よりもよくわかる。　　（専修大）
I had trouble with that (　　　) (　　　); I understand better now.

641 ウィルソンは去年の夏に初めてハワイを訪れた。
Wilson visited Hawaii for the first (　　　) last summer. （神奈川工科大）

642 私は5年ぶりに日本に帰った。　　　　　　　　　　　　　（東海大）
I came back to Japan for the first (　　　) (　　　) five years.

Theme 113 まぎらわしい熟語 ⑩　　⊃ 633〜642

633 **behind time**「定刻より遅れて」⇔ **ahead of time**「定刻より早く」 ★★

634 **behind the times**「時代遅れで / 時勢に遅れて」 ★★
▶「時代・時勢」の意味では通例 times と複数形になる。

635 **in the way**（**of A**）⎫
　　＝ **in A's way**　　　　 ⎬「（A の）じゃまになって」 ★★
　⇔ **out of the way**（**of A**）⎫
　　＝ **out of A's way**　　　 ⎬「（A の）じゃまにならないように［所に］」
Please get **out of the way**.（すみません，どいてください）

636 **on the**［**one's**］**way**「途中で」 ★★
▶しばしば『方向』を示す副詞（句）を伴う。本問の downtown は副詞。
　on my way **downtown**［×to downtown］「繁華街へ行く途中で」

637 **by the way**「ところで / ついでながら」（＝ **incidentally**） ★★
▶話題を変えるときに使う。

638 **on one's own**「ひとりで / 独力で」（＝ **alone** / **by oneself** ⊃ 33） ★★
自分自身（one's own）に頼って（on）➡ 独力で / 独立して

639 **of one's own**「自分自身の / 自分専用の」 ★★
▶ of one's own accord「自発的に」（＝ voluntarily）も押さえておこう。
　I want you to do it **of your own accord**.
　（私はあなたに自発的にそれをしてもらいたい）（拓殖大）

640 **at first**「初めのうちは」（＝ **in the beginning**） ★★
▶ at first は「初めのうちは / 最初は」の意味で，「あとでは［のちには］〜となった」という含みを持った言いかた。

641 **for the first time**「初めて」 ★★
▶ for the first time は最初の経験を表す。at first「初めのうちは」/ first of all「まず第 1 に」との意味の違いに注意。

642 **for the first time in 〜**「〜ぶりに」 ★★
〜の期間の中で（in）初めて（for the first time）➡ 〜ぶりに

解答
633 (behind)　　634 (the, times)　　635 (in)
636 (On, downtown)　　　637 (By, way)　　638 (on, own)
639 (of, his, own)　640 (at, first)　641 (time)　642 (time, in)

Theme 114

☐ **643** 待ちに待ってやっとジョンが到着した。
I waited and waited, and (　　　) (　　　) John arrived.　(京都産業大)

☐ **644** 「やっぱり私，今晩レストランには出かけないわ」　(立命館大)
「がっかりさせないでよ。みんな君が来るだろうと思っているんだから」
"I don't think I'll go out to the restaurant tonight (　　　) (　　　)."
"Please don't let us (　　　). Everyone's expecting you to be there."

☐ **645** 結局，あなたはもっと練習しなくてはならないでしょう。
(　　　) the long run, you will have to practice more.　(札幌学院大)

☐ **646** 実を言うと，昔よくその川へ魚釣りに行った。
I used to go fishing in the river, as a (　　　) of (　　　).　(工学院大)

☐ **647** 欧米では時間厳守は当然のことと考えられている。
In Europe and America people regard punctuality as a (　　　) of
(　　　).　(山形大)

☐ **648** 私たちは平穏と静けさのために田舎に引っ越した。
We moved to the country (　　　) the sake (　　　) peace and
quiet.　(東京電機大)

☐ **649** チームを代表して，キャプテンがトロフィーを受け取った。
(　　　) (　　　) of the team, the captain received the trophy.
(= Representing)　(関西学院大)

☐ **650** 昨日ジョーンズ氏のために送別会が開かれた。
A farewell party was held in (h　　　) of Mr. Jones yesterday.　(法政大)

☐ **651** 規則に従いさえすれば，自由にこの部屋を使えますよ。
You are allowed to use this room (s　　　) (　　　) (　　　) you
follow the rules.　(摂南大)

☐ **652** あなたの親切は生きている限り忘れません。
I won't forget your kindness (　　　) (　　　) (　　　) I live.　(阪南大)

☐ **653** 私の知る限りでは，トムはこれまで一度もそんな間違いをしたことがない。
As (　　　) as I know, Tom has never made such a mistake.　(九州産業大)

218　Part 2　イディオム編

Theme 114 まぎらわしい熟語⑪ ⊃ 643〜653

643 at last　「ついに / とうとう」（= finally / at length）　★★
▶ at last は苦労を経て，待ち望んでいたことが最後にうまくいくことを表す。否定文には用いない。

644 after all　「(しかし) 結局 / ついに」　★★
▶ 結果が『意図・予想・計画』などに反することを述べる表現。
▶ 前文を補足して，「だって［何と言っても］〜（だから）」の意味で用いる場合もある。　She can't understand. **After all**, she's only two.
　　（彼女には理解できないのです。何と言ってもまだ2歳だから）
[語句] let 〜 down 「〜を失望させる」

645 in the long run　「(長い目で見れば) 結局」　★★
（= eventually / in the end）

646 as a matter of fact　「実を言うと / 実際」（= actually / in fact）　★★

647 as a matter of course　「当然のこととして / もちろん」　★★

648 for the sake of 〜　「〜の (利益の) ために」　★★
（= for the good [benefit] of）

649 on [in] behalf of 〜　「〜を代表して / 〜に代わって / 〜のために」　★★

650 in honor of 〜　「〜に敬意を表して / 〜のために」　★★
▶ それぞれ for A's sake / on A's behalf / in A's honor の形もある。
They fought **for their country's sake**.（彼らは国のために戦った）

651 as [so] long as 〜　「〜しさえすれば / 〜なら」（= if only）—『条件』　★★
▶『条件』を表す場合は so long as の形も使われる。

652 as long as 〜　「〜する限りは / 〜する間は (= while)」—『時間の制限』　★★
▶ 本問の as long as は，文字どおり時間的な意味で用いられている。651 の『条件』を表す場合に比べると，入試での出題数は少ない。

653 as [so] far as 〜　「〜する限りでは」—『範囲の制限』　★★
▶ as long as が『時間の制限』を表すのに対して，as [so] far as は『範囲の制限』を表す。「〜する限り」という同じ訳語で処理することが多いので混同しやすい。意味，用法とも違うので十分な注意が必要である。

解答
643 (at, last)　　644 (after, all / down)　　645 (In)
646 (matter, fact)　　647 (matter, course)　　648 (for, of)
649 (On [In], behalf)　　650 (honor)　　651 (so, long, as)
652 (as, long, as)　　653 (far)

第20章 まぎらわしい熟語

第21章 基本動詞を中心とする熟語

Theme 115

654 その機械はそんなほこりっぽい部屋で使うとすぐに故障するだろう。
That machine will soon (　　　)(　　　) if you use it in such a dusty room. （東京工科大）

655 その戦争が勃発した年を知っていますか。 （日本女子大）
Do you know the year when the war broke (　　　)? (= began)

656 総会は午後3時に終わった。
The general assembly broke (　　　) at three o'clock in the afternoon.　　(= ended) （東京国際大）

657 2人組の強盗がわが家に押し入った。
Two robbers (　　　) into our house. （浜松大）

658 この失敗はあなた自身の不注意によってもたらされた。
This failure has been (b　　)(　　　) by your own carelessness.
　　　　(= caused) （西南学院大）

659 どんな経緯でその男は解雇されることになったのか。 （昭和女子大）
How did it (　　　) about that the man was dismissed? (= happen)

660 ホワイト教授は昨年1冊目の本を出版した。
Professor White (b　)(　　　) his first book last year.
　　　(= published) （中央大）

661 彼の新しい本が来月出版される。
His new book is going to come (　　　) next month. （立命館大）

662 そのテレビ番組は人々に喫煙の危険を痛切に感じさせた。 （東洋大）
The TV program (　　　) home to people the risks of smoking.

663 父の戒めがしみじみとこたえたのはそのときだった。 （早稲田大）
It was then that my father's reproof (　　　)(　　　) to me.

Theme 115 基本動詞を中心とする熟語 ① ⇒ 654〜663

654 break down「(車・機械などが) 故障する / だめになる」 ★
- ▶ break down は「(人が) 取り乱す / 体調を崩す」の意味でも用いる。
- Laura **broke down** when she heard of her mother's death.
- (ローラは母が死んだと聞いて取り乱した) (駒澤大)

655 break out「急に発生する [起こる]」(= occur / begin / start) ★★
- ▶「戦争・火災・暴動・嵐」などが主語の場合に用いる。

656 break up「(会議・パーティーなどが) 終わる」(= come to an end) ★★

657 break into ~「~に押し入る」 ★★
- ▶ break into ~ には「急に~し出す」(⇒ 353) の意味もある。

658 bring about ~「~を引き起こす / ~をもたらす」(= cause) ★★

659 come about「起こる / 生じる」(= happen / occur / take place) ★★
- ▶ come と bring は自動詞と他動詞のイディオムをつくる。ペアで覚えよう。
  660〜665 も同様。
- 658 = This failure has **come about** because of your own carelessness.

660 bring out ~「~を出版する」(= publish) ★★

661 come out「出版される」(= be published) ★★
- ▶ bring out ~「~を明らかにする」/ come out「明らかになる」も重要。
- Close investigation will **bring out** the truth.
- (よく調べれば真実が明らかになるでしょう)
- The secret will **come out** in the end.
- (その秘密は,結局明らかになるだろう)

662 bring ... home to ~ ★★
「…を~に痛切に感じさせる [しみじみわからせる]」
- ▶ 本問のように目的語「…」が長い場合,「~」のあとに「…」がくることが多い。
- ▶ home は「(狙った所に) ぐさりと / 痛切に」の意味の副詞。

663 come home to ~「~に痛切に感じられる [しみじみわかる]」 ★★

解答　654 (break, down)　655 (out)　656 (up)　657 (broke)
658 (brought, about)　659 (come)　660 (brought, out)
661 (out)　662 (brought)　663 (came, home)

Theme 116

664 この科学は文化体系の複雑さを明らかにするのに最も適している。
This science is best suited to bringing to (　　　) the complexities of a cultural system.　　(= disclosing)　　(関西外国語大)

665 職員はその事実を隠そうとしたが、間もなくそれは発覚した。(慶應義塾大)
The staff tried to cover up the truth, but soon it came to (　　　).

666 私はその申し出をどうしても受ける気にならない。
I cannot (　　　) myself to accept that offer.　　(同志社大)

667 幸運にも彼のお父さんは大金を手に入れた。
Fortunately his father came (　　　) a large sum of money.
(= obtained)　　(日本大)

668 彼の父は、彼が成人したら車を買ってあげると約束した。(亜細亜大)
His father promised to buy him a car when he came (　　　) (　　　).

669 彼は意識を取り戻したとき、歩道に寝ているのに気づきました。(青山学院大)
When he came (　　　), he realized he was lying on a sidewalk.

670 新聞の今日の天気予報は、確かに的中した。
What the newspaper said about the weather for today has certainly come (　　　).　　(東京理科大)

671 私は明日、ジョンソン氏を訪問したいと思っています。
I would like to (　　　) (　　　) Mr. Johnson tomorrow.
(= pay a visit to)　　(東京情報大)

Theme 116　基本動詞を中心とする熟語 ②　⊃ 664〜671

664 **bring ~ to light**　「~を明るみに出す / ~を暴露する」（= **disclose**）★★
▶ 本問では目的語「~」が長いので後置されている。

665 **come to light**　「明るみに出る」 ★★

666 **bring** *oneself* **to** *do*　「~する気になる」 ★★
▶ 通例 cannot を伴って否定文で用いる。

667 **come by ~**　「~を手に入れる」（= **get** / **obtain**） ★★
~のそばに（by）来る（come）➡ ~を手に入れる

668 **come of age**　「成年に達する / 成人する」 ★★
▶ この age は「成年 / 成人」の意味。
　be of **age**「成年に達している」/ be under **age**「未成年である」

669 **come to**　「意識［正気］を取り戻す」 ★★
　　　　　　　（= **become conscious** / **regain**［**recover**］**consciousness**）
▶ come to *oneself*［*one's* senses］「本来の自分自身［自分の意識］に戻る」から，*oneself* / *one's* senses を省略したもの。省略しない形もある。
　Fortunately, he **came to himself** after the operation.
　(幸いにも，彼は手術のあとに意識を取り戻した) (東京理科大)

670 **come true**　「（夢が）実現する / 言った［思った］とおりになる」 ★★
▶〈come + 形容詞〉「~になる」は通例，好ましい状態への変化に用いる。
　come true / come alive「生き生きする」/ come right「うまくいく」など。
　cf.〈go + 形容詞〉「~になる」は通例，好ましくない状態への変化。
　　go mad［bad / wrong］「気が狂う［腐る / 失敗する］」

671 **call on ~**　「(人) を訪問する」（= **visit**） ★★
▶ call at ~ は「(場所) を訪問する」の意味を表す。
　May I **call at** *your office* at five tomorrow?
　(明日 5 時に事務所を訪ねてもよろしいですか) (専修大)
▶ call on A to *do*「A に~することを求める［頼む］」も重要。
　She **called on** me **to** write a letter of recommendation.
　(彼女は私に推薦状を書いてくれるようにと頼みました) (専修大)

解答　664 (light)　665 (light)　666 (bring)　667 (by)
　　　　668 (of, age)　669 (to)　670 (true)　671 (call, on)

Theme 117

672 チャーリーに電話して、そのニュースを彼に知らせましたか。（千葉工業大）
Did you call (　　　) Charlie and tell him the news? (= telephone)

673 「彼はちょうど今別の電話に出ています。しばらくお待ちいただけますか」
「いいえ，あとでかけ直します」
"He's on another line right now. Would you like to hold on a minute?"
"No, thank you, I'll (　　　) (　　　) later." （中央大）

674 事態は冷静な判断を必要としている。
The situation calls (　　　) cool judgment. （玉川大）

675 その試合が雨のために中止になったとき，ファンはがっかりした。 （産業能率大）
The fans were disappointed when the game was called (　　　) because of rain. (= cancelled)

676 収入の範囲内で生活するためには，余分な支出を切りつめなければならない。
You must cut (　　　) extra expenses in order to live within your means. (= reduce) （浜松医科大）

677 私が聴衆に私の考えを説明していたとき，トムが私と議論しようとして口をはさんだ。
When I was explaining my idea to the audience, Tom (c　　) (　　　) to argue with me. (= interrupted) （立命館大）

678 その新しいスタイルは今年流行しているようだ。
The new style seems to have (　　　) on this year. （聖心女子大）

Theme 117 基本動詞を中心とする熟語 ③ ⊃ 672〜678

672 call up ~「~に電話をかける」(= **ring up**《英》/ **telephone**) ★★
▶ call up ~ は up を省略して，単に call と言うことも多い。

673 call back「折り返し電話する / 電話をかけ直す」 ★★
▶ call back には他動詞用法もある。call back ~「~に折り返し電話する」目的語が代名詞の場合は，call ~ back の語順になる。
I'll **call** *you* **back** later. (あとでこちらからかけ直します)

674 call for ~「~を要求する / ~を必要とする」(= **require** / **demand**) ★★
~を求めて (for) 大声で呼ぶ (call) ➡ 声をあげて~を求める [要求する / 必要とする]

675 call off ~「~を中止する / ~を取り消す」(= **cancel**) ★★
(催し物) を中止 (off) と宣言する [叫ぶ] (call) ➡ ~を中止する
▶「~を延期する」(⊃ 495) の意味の put off ~ と間違わないように。

676 cut down ~「~を減らす / ~を切りつめる」(= **reduce** / **decrease**) ★★
(不必要な部分) を切り (cut) 倒す [落とす] (down) ➡ 小さくする / 少なくする ➡ 減らす
▶ cut down on ~ もほぼ同意。
The doctor advised my father to **cut down on** smoking.
(医者は父にタバコを減らすように忠告した) (千葉商科大)
[語句] means「財産 / 収入 / 手段 (⇔ end「目的」)」

677 cut in「(話などに) 口をはさむ / 割り込む」(= **interrupt**) ★★
▶ 同意表現に break in「話に侵入する ➡ 突然口をはさむ」がある。
▶ cut [break] in on ~「~に口をはさむ [割り込む]」(= interrupt)
The rude man **cut** [**broke**] **in on** our conversation.
(その無作法な男が私たちの会話に割り込んだ) (摂南大)

678 catch on「(考え・服装などが) 受け入れられる / 流行する」 ★★
▶ catch on (to ~) には「(~を) 理解する」の意味もある。
You're **catching on**. (わかってきたじゃないか)

解答 672 (up)   673 (call, back)   674 (for)   675 (off)
      676 (down) 677 (cut, in)   678 (caught)

第21章 基本動詞を中心とする熟語

Theme 118

☐ **679** 警官はどろぼうの腕をつかんだ。
The policeman caught the thief (　　) (　　) arm. 〈桜美林大〉

☐ **680** 生徒たちは厳しい校則をただちに廃止するように求めた。
The students requested that the strict regulations (　　) (　　) away with right away. 〈神田外語大〉

☐ **681** 私の妹は本当にやっかいものだ。一日中文句ばっかり言っている。
My little sister is a real nuisance. She does nothing (　　) complain all day long. 〈日本女子大〉

☐ **682** 大規模店は、一ヶ所ですべての買い物ができるので、とても便利です。
Large-sized stores are very convenient because we can (　　) all our shopping in one place. 〈拓殖大〉

☐ **683** 私は来月、京都見物をしようかと思っている。
I'm thinking of (d　　) the (　　) of Kyoto next month. 〈近畿大〉

☐ **684** 彼女は本を読みながらぐっすり寝入ってしまった。
She fell sound (　　) over a book. 〈福島大〉

☐ **685** 彼はまもなくクラスのみんなに後れをとった。
He soon (f　　) (　　) the rest of the class. 〈亜細亜大〉

☐ **686** 去年のクリスマスは土曜日だった。
Last year Christmas Day (f　　) (　　) Saturday. 〈上智大〉

Power Up! 109　catch A by the arm のパターン　⊃ 679

この種の表現は前置詞によって3つのタイプに分けられる。

☐ ❶ **catch** [**take** / **hold** / **grasp**] **A by the arm**「Aの腕をつかむ」
　　pull A by the sleeve「Aの袖を引く」
☐ ❷ **strike** [**hit**] **A on the head**　「Aの頭をなぐる」
　　pat [**tap**] **A on the shoulder**「Aの肩を（軽く）たたく」
　　kiss A on the cheek　　　　　「Aの頬にキスをする」
☐ ❸ **look** [**stare**] **A in the face** [**eye**(**s**)]「Aの顔 [目] をじっと見る」

Theme 118 基本動詞を中心とする熟語 ④　⊃ 679〜686

679 **catch A by the arm**「Aの腕をつかむ」 ★★
- ▶英語らしい表現の1つ。caught the thief「どろぼうをつかんだ」と大まかに述べ，by the arm「腕を」とつかんだ具体的な場所を細かく示している。
- ▶この種の表現では，前置詞の使い分けと，身体の一部には通例 the がつくことに注意。(⊃ Power Up! 109)

680 **do away with** 〜「(規則・慣行など)を廃止する／〜をやめる (= abolish) ／〜を取り除く (= get rid of)」 ★★
- ▶『提案・要求』などを表す動詞の目的語となる that 節中では動詞の原形を用いるので，be が入る。(⊃ Power Up! 3)

681 **do nothing but** *do*「〜ばかりする」 ★★
　　〜する以外何もしない ➡ 〜ばかりする
- ▶but の後ろに原形不定詞 (動詞の原形) がくる点に注意。

682 **do the [*one's*] shopping**「買い物をする」 ★★
- ▶do は特定の名詞と結びついて「(動作・行為を)〜する／行う」の意味となる。
do the dishes「皿洗いをする」　**do** *one's* face「化粧をする」

683 **do [see] the sights**「見物する」 ★★
- ▶the sights は「名所」の意味。do を用いるのは古風。
- 語句 think of [about] *doing*「〜しようかと思う」

684 **fall asleep**「寝入る」 ★★
- ▶fall sound asleep「ぐっすり寝入る」。sound は副詞で「ぐっすりと」の意味。

685 **fall behind** 〜「〜より遅れる／〜に後れをとる」 ★★

686 **fall on** 〜「(記念日などが)〜にあたる」 ★★

解答　679 (by, the)　680 (be, done)　681 (but)
　　　682 (do)　683 (doing, sights)　684 (asleep)
　　　685 (fell, behind)　686 (fell, on)

Theme 119

687 もっとコーヒーが欲しければ，遠慮なく言ってください。　(関東学院大)
If you would like some more coffee, please (　　　)(　　　) to ask us.

688 私はポケットに入れたリストを手さぐりで探した。
I (f　　)(　　　) the list I had put in my pocket.　(中部大)

689 その洞窟はとても暗かったので手さぐりで進まなければならなかった。
The cave was so dark that they had to (　　　) their (　　　). (西南学院大)

690 私たちはだれがその情報を漏らしたかをつきとめようと調査中です。
We are investigating to (f　　)(　　　) who leaked the information.　(城西大)

691 アキヒロはいつも他人のあら探しをしている。　(高岡法科大)
Akihiro is always finding (　　　)(　　　) others. (= criticizing)

692 私が知ろうとしているのは，あなたが働きたいと思っているのかどうかだ。　(南山大)
What I am trying to (　　　) at is whether you want to work or not.

693 彼らは現在の繁栄を遂げる前に，数多くの困難を乗り越えなければならなかった。
They had to get (　　　) lots of difficulties before achieving their present prosperity.　(上智大)

694 私はできるだけ急いでその仕事を終えてもらいたいのです。明日の昼食時までにそれを仕上げていただけませんか。
I'd like the work to be finished as quickly as possible. Could you (g　)(　　　) with it by lunchtime tomorrow?　(慶應義塾大)

Theme 119 基本動詞を中心とする熟語 ⑤   ⊃ 687〜694

687 feel free to do「遠慮なく〜する」 ★★
be free to do「自由に〜できる」→ feel free to do「遠慮なく〜する」

688 feel for 〜「〜を手さぐりで探す」 ★★
look for 〜「〜を（見て）探す」→ feel for 〜「〜を（手さぐりで）探す」
▶ feel for 〜 には「〜に同情する」（= sympathize with）の意味もある。
I really **feel for** the parents of that little boy who was killed.
（私はあの命を奪われた幼い少年の両親を本当に気の毒に思う）〈日本大〉

689 feel one's way「手さぐりで進む」 ★★
make one's way「進む」（⊃ 749）→ feel one's way「（手さぐりで）進む」

690 find out 〜「（未知の事実などを調べて）〜を見つけ出す［探り出す］」 ★★
▶ find out 〜 は単に「（人・物）を見つける」場合には用いられない。
Have you **found** [**come across** ˣfound out] your glasses?
（めがねを見つけましたか）

691 find fault with 〜「〜のあら探しをする／〜に文句を言う」 ★
(= **criticize** / **complain of** [**about**])
〜に関して（with）欠点［あら］（fault）を見つける（find）
▶ fault には a もつかないし，複数形にもならない点に注意。

692 get at 〜「（事実・情報など）を知る［つきとめる］」 ★★
▶ get at 〜 の「〜に手が届く／〜を手に入れる」，「〜をほのめかす／〜を暗示する」という意味も押さえておこう。
What are you **getting at**?
（君は何を言おうとしているのか）〈立命館大〉

693 get over 〜「（困難など）を乗り越える（= **overcome**）／
（病気・精神的痛手）から回復する［立ち直る］（= **recover from**）」 ★★
〜を越えて（over）到達する（get）➡ 〜を乗り越える

694 get through (with) 〜「（仕事など）を終える」 ★★
▶ with を省略することも可能。

解答　687 (feel, free)　688 (felt, for)　689 (feel, way)　690 (find, out)
691 (fault, with)　692 (get)　693 (over)　694 (get, through)

第21章 基本動詞を中心とする熟語

Theme 120

☐ **695** 民主党は共和党に勝つと思いますか。
Do you think the Democratic Party will get the (　　　)(　　　) the Republican Party? 〈慶應義塾大〉

☐ **696** 私の兄は教師と結婚した。
My brother got (　　　)(　　　) a teacher. (= married) 〈熊本県立大〉

☐ **697** 仕事に取りかかりましょう。
Let's get (　　　) to business. (= start) 〈明海大〉

☐ **698** 車の騒音は私をいらいらさせる。 〈大阪電気通信大〉
The traffic noise gets (　　　) my (　　　). (= annoys me)

☐ **699** どうか悪い癖をなくすように努力してください。
Do try to get rid (　　　) your bad habits. 〈青山学院大〉

☐ **700** ❶ 長生きしたいならタバコをやめなさい。
　Give (　　　) smoking if you want to live long. (= quit) 〈武蔵大〉
❷ 私は大学へ行くという希望を捨てなかった。 〈高岡法科大〉
　I didn't give (　　　) hope of going to college. (= abandon)

☐ **701** その花はとてもいい香りをはなっている。 〈神戸市外国語大〉
The flowers give (　　　) a very pleasant perfume. (= release)

☐ **702** ホテルまで車に乗せていただけませんか。 〈長崎総合科学大〉
Will you (　　　) me a ride to my hotel? (= drive me)

☐ **703** 飛行機で爆弾が爆発した。
A bomb went (　　　) on the airplane. (= exploded) 〈広島経済大〉

☐ **704** 彼は病気から回復するとすぐに、仕事に取りかかった。
He went (　　　) his business as soon as he recovered from his illness. 〈日本大〉

Theme 120 基本動詞を中心とする熟語 ⑥ ⊃ 695〜704

695 **get the better of ~**「~を負かす / ~に勝つ」(= **defeat**) ★★

696 **get married to ~** 「~と結婚する」(= **marry**) ★★

▶ be married to ~「~と結婚している」

"Is Sarah still single?" "No, she's **married to** a doctor."
(「サラはまだ独身なの」「いいえ, 医者と結婚しています」)(桃山学院大)

697 **get down to ~**「~に取りかかる (= **start**)/ ~に本気で取り組む」★★

腰を落ち着けて［本気で］(down) ~に取りかかる (get to)

698 **get on A's nerves**「Aの神経にさわる / Aをいらいらさせる」★★
(= **irritate A / annoy A**)

▶ nerve「神経」はこの成句では nerves と複数形になる点に注意。

699 **get rid of ~**「(厄介なものなど) を取り除く」(= **remove**) ★★

▶ あとにくる語によって訳はいろいろ変わる。

get rid of *a cold*「風邪を治す」　get rid of *the past*「過去を捨てる」
get rid of *one's debt*「借金を片づける」

700 **give up ~**「~をやめる (= **stop / quit**)/ ★★
(考え・希望など) を捨てる［あきらめる］(= **abandon**)」

▶ give up *doing* [×to *do*]「~するのをやめる」

▶ give up A for [as] B「AがBであるものとしてあきらめる」も重要。

He was **given up for** dead [lost].
(彼は死んだもの［行方不明］とあきらめられていた)(札幌大)

701 **give off ~**「(におい・光・熱など) を発する」(= **emit / release**) ★★

702 **give A a ride**「Aを車に乗せ (てあげ) る」★★

703 **go off**「(爆弾などが) 爆発する」(= **explode**) ★★

▶ go off には「(銃などが) 発射される」,「(警報などが突然) 鳴り出す」,「立ち去る」などの意味もある。

The alarm clock didn't **go off** this morning.
(今朝, 目覚まし時計が鳴らなかった)(獨協大)

704 **go about ~**「(仕事など) に精を出す［取りかかる］」★★

解答
695 (better, of)　696 (married, to)　697 (down)　698 (on, nerves)
699 (of)　700 ❶ (up) ❷ (up)　701 (off)
702 (give)　703 (off)　704 (about)

第21章　基本動詞を中心とする熟語

Theme 121

☐ 705 提出する前に，答案を見直すのはよい考えだ。　　　（四天王寺国際仏教大）
　　　It is a good idea to (g　) (o　) your paper before you hand it in.

☐ 706 私はロシア語がまったく理解できなかったので，ロシアで多くの困難を経験した。
　　　I went (　　) a lot of difficulties in Russia because I could not understand Russian at all.　　　（中京大）

☐ 707 あの黄色の靴はあなたのピンク色のズボンと合わない。
　　　Those yellow shoes don't go (　　　) your pink trousers.
　　　　　　　　　　（= match）　　　　　　　　　　　　　　（産業能率大）

☐ 708 彼は本当に甘いものや高カロリー食品を好む。　　　（成蹊大）
　　　He really goes (　　) (　　) sweets and high calorie foods.

☐ 709 あなたはわざわざ私を家まで送ってくれる必要はありません。（青山学院大）
　　　There's no need for you to go (　　) (　　) your way to take me home.　　　　　　（= make a special effort to）

☐ 710 観光ガイドのほとんどは，英語を自由に操りその他の話題にも精通している。
　　　Most of the tour guides have a good (　　) (　　) English and are well versed in other subjects.　　　（近畿大）

☐ 711 あなたの誕生パーティーは楽しかった。
　　　I (　　　) a good (　　　) at your birthday party.　　　（玉川大）

☐ 712 それがどんなものか見当もつかない。
　　　I have no (　　) what it is like.　　　（東洋大）

☐ 713 彼女はその交通事故をかろうじて免れることができた。
　　　She had a (　　) escape from the traffic accident.　　　（京都薬科大）

☐ 714 彼女のぐちは私には効果がなかった。
　　　Her complaints had no (e　) (　　) me.
　　　　　　　　　（= didn't affect）　　　　　　　　　　　（拓殖大）

232　Part 2　イディオム編

Theme 121 基本動詞を中心とする熟語 ⑦　　⊃ 705〜714

705 **go over ~**「~を調べる / ~を見直す」（= **examine**）　★★

706 **go through ~**「(苦難など) を経験する」（= **experience** / **undergo**）　★★
go through ~「~を通り抜ける」➡ (苦難など) を経験する

707 **go with ~**「~と似合う [調和する]」（= **match**）　★★
- ▶go with ~ は「ある物が別の物と似合う」という意味なので，人には使えない。
- ▶「人に似合う」は suit +『人』　×go with +『人』。
  I think that blue **suits** [×goes with / ×matches] you.
  （君には青が似合うと思うよ）（青山学院大）

708 **go in for ~**「~を好む / (好きで) ~をする [始める]」　★★
~に向かって [~を求めて]（for）中に入る（go in）
- ▶go in for ~ には「(競技) に参加する /(試験) を受ける」の意味もある。

709 **go out of the [one's] way to do**「わざわざ~する」　★★
（= **make a special effort to** do / **take the trouble to** do）

710 **have a good command of ~**「~を自由自在に操れる」　★★
- ▶command は「(語学などの) 運用力」の意味。

711 **have a good time**「楽しい時を過ごす」（= **enjoy** *oneself*）　★★
⇔ **have a hard time**「ひどい目にあう」
- ▶have は「(体験として) ~を持つ [経験する]」の意味。
  have an accident「事故にあう」

712 **have no idea**「少しもわからない」　★★
- ▶have no idea + 疑問詞節「~か少しもわからない」
- ▶強める場合は don't have the slightest idea を用いる。
  I **don't have the slightest idea** how he passed the examination.
  （彼がどうやって試験に合格できたのかさっぱりわからない）

  語句 What is A like?「A はどのようなものか」
  　本問では，間接疑問なので what it is like の語順になっている。

713 **have a narrow escape**「やっとのことで逃れる / 九死に一生を得る」　★★
- ▶narrow には「かろうじての / やっとの」の意味がある。

714 **have an effect [influence] on ~**「~に影響を与える」　★★

解答　**705** (go, over)　**706** (through)　**707** (with)　**708** (in, for)
　　　709 (out, of)　**710** (command, of)　　　　　　**711** (had, time)
　　　712 (idea)　**713** (narrow)　**714** (effect, on)

第21章 基本動詞を中心とする熟語

Theme 122

715 彼のばかげた話はもううんざりだ。
I've had (　　) (　　) his nonsense.　　　　　　　　　（青山学院大）

716 何でも自分の思いどおりにするわけにはいかない。
You cannot have your own (　　) in everything.　　　（中央大）

717 警察は群集を制止した。
The police (　　) the crowd back. (= restrained)　　　（法政大）

718 食糧と水の蓄えがもてば，ここでもう１週間キャンプをするつもりです。
If our supply of food and water hold (　　), we are going to camp here for another week.　　　（日本大）

719 この保証は３年間有効です。　　　　　　　　　　（日本大）
This guarantee will (h　　) (g　　) for three years. (= be valid)

720 私たちがここに滞在している間，このよい天気が続くでしょう。
This good weather will hold (　　) during our stay here.　（獨協大）

721 すばらしいお仕事を続けてください。
Please (k　　) (　　) the good work. (= continue)　　（成蹊大）

722 これらの指示をよく守りなさい。
Keep (　　) these instructions carefully.　　　　　　（青山学院大）

723 私が切符を買いに行く間，私のスーツケースを見ていて下さい。
Please keep an (　　) (　　) my suitcase while I go to get my ticket. (= watch)　　　　　　　　　　　　　（関西外国語大）

Theme 122 基本動詞を中心とする熟語 ⑧　　⊃ 715〜723

715 **have had enough of ~**「~はもうたくさんだ」 ★★
> ▶ I have had enough.「十分いただきました」も重要。
> "Would you care for more coffee?" "No, thank you. **I've had enough.**"
> (「コーヒーをもっといかがですか」「いいえ,結構です。十分いただきました」)
> (姫路獨協大)

716 **have [get] *one's* (own) way**「自分の思いどおりにする」 ★★
> ▶ have の代わりに get が使われることもある。own は省略できる。
> ▶「何でも自分の思いどおりにする」は have everything *one's* own way も可。

717 **hold back ~**「(感情など)を抑える/~を制止する」 ★★
> 　　　　　　　　　　　　　　　　　　(= **restrain / control**)
> ▶ 自動詞用法で「しり込みする/ためらう」(= hesitate)の意味もある。
> Tom **held back** when I asked him to give a speech at the meeting.
> (トムに会議でスピーチをしてほしいと頼むと彼はためらった) (千葉工業大)

718 **hold out**「持ちこたえる/(蓄えなどが)もつ/続く」(= **last**) ★★
> 最後まで(out) ある状態を保持する(hold) ➡ 持ちこたえる
> ▶ hold out ~ には「~を差し出す」の他動詞用法もある。
> **hold out** *one's* hand「手を差し出す」

719 **hold good**「有効である/あてはまる」(= **hold true / be valid**) ★★
> よい(good) 状態を保つ(hold) ➡ 有効である

720 **hold up**「(天気など)が続く」 ★★
> ▶ hold up には「~を持ち上げる/~を遅らせる」の他動詞用法もある。
> The mail was **held up** for two days because of the snowstorm.
> (吹雪のために郵便は2日間遅れた) (慶應義塾大)

721 **keep up ~**「~を維持する/~を続ける」(= **maintain / continue**) ★★
> ▶ keep on with ~ で「~を続ける」の意なので,本問では on は不可。(⊃ 426)

722 **keep to ~**「(規則など)を守る/~から離れない」 ★★

723 **keep an [*one's*] eye on ~**「~から目を離さないでいる/ ★★
> 　　　　　　　　　　　　　　　～を見張っている」(= **watch**)

解答
715 (enough, of)　　716 (way)　　717 (held)
718 (out)　　719 (hold, good)　　720 (up)
721 (keep, up)　　722 (to)　　723 (eye, on)

Theme 123

☐ **724** 彼が来るまでこの話はほかの人には話さないようにしましょう。
　　　　Let's keep this story (　　　)(　　　) until he comes. 〈姫路獨協大〉

☐ **725** 早寝［早起き］をすれば健康になる。
　　　　(　　　)(e　　) hours makes you healthy. 〈昭和女子大〉

☐ **726** タクシー運転手：着きました。9ドル50セントになります。
　　　　Taxi driver: Here (　　　) are. That will be $9.50.
　　　　女性客：はい，10ドル。おつりはいりません。
　　　　Woman: Here's $10. Keep the (　　　). 〈上智大〉

☐ **727** 公園の掲示には「芝生に入るな」と書いてあった。
　　　　The notice in the park said, "(K　　)(　　　) the grass." 〈大谷大〉

☐ **728** バブル経済後の深刻な不景気で，多くの労働者が一時解雇されている。
　　　　With a deep recession after the bubble economy, a large number of workers have been (　　　)(　　　).
　　　　　　　　　(= dismissed temporarily) 〈関西学院大〉

☐ **729** その空き地は公園として設計されている。
　　　　The vacant lot is (l　　)(　　　) as a park. 〈早稲田大〉

☐ **730** 時間が足りないのでスピーチのいくつかをプログラムから省かなければならない。
　　　　Time is short and we must leave (　　　) some of the speeches from the program.　　(= omit) 〈上智大〉

☐ **731** 私にまとわりつかないで！ほっといてください。
　　　　Don't hang around me! Leave me (　　　). 〈早稲田大〉

☐ **732** ビルは外国に働きに行ったとき，家族を置き去りにしなければならなかった。〈センター〉
　　　　Bill had to leave his family (　　　) when he went abroad to work.

☐ **733** 彼の英語は申し分ない。
　　　　His English (　　　)(　　　) to be desired. (= is perfect) 〈中央大〉

Theme 123　基本動詞を中心とする熟語 ⑨　　⇒ 724〜733

724 **keep ~ to *oneself*** 「~を人に話さないでおく」　★★
- ▶ to *oneself*「自分だけに / 心中ひそかに」(⇒ Power Up! 13)

725 **keep early [good] hours** 「早寝する /（早寝）早起きする」　★★
⇔ **keep late [bad] hours** 「夜ふかし［朝寝］する」
- ▶ keep early hours はやや古い表現で，日常的にはあまり使われない。

726 **Keep the change.**「おつりはとっておいてください」　★★
- ▶ Here we are.「（目的地に）さあ着いたぞ」を，相手に物や金を差し出すときの表現である，Here you are [it is].「はい，どうぞ」と混同しないように。

727 **keep off ~** 「~から離れている / ~に近寄らない」　★★

728 **lay off ~**「~を一時解雇する」　★★
（仕事から）離れて（off）置く（lay）➡ ~を一時解雇する
cf. layoff 名「（特に不景気による）一時解雇 / レイオフ」

729 **lay out ~** 「（建物・道路など）を設計する」　★★
cf. layout 名「（庭園・都市などの）設計 /（書籍などの）レイアウト」

730 **leave out ~**「~を抜かす / ~を省く」（= **omit**）　★★
外に（out）残したままにする（leave）➡ ~を抜かす / ~を省く

731 **leave [let] ~ alone**「~を放っておく / ~を1人にしておく」　★★

732 **leave ~ behind**「~を置き忘れる / ~を置き去りにする」　★★
- ▶ leave ~ behind の語順になるのがふつう。

733 **leave nothing to be desired**「申し分ない」（= **be perfect**）　★★
cf. leave much to be desired「遺憾な点が多い / 不十分である」
　　（= be far from perfect）
　　This painting of his **leaves much to be desired**.
　　（この彼の絵は，まだまだ不完全です）(佛教大)

解答
724 (to, ourselves)　725 (Keeping, early)　726 (we / change)
727 (Keep, off)　728 (laid, off)　729 (laid, out)　730 (out)
731 (alone)　732 (behind)　733 (leaves, nothing)

Theme 124

734 ポールはいつも両親の期待に応えようとしてがんばる。
Paul always tries to live (　　) (　　) the expectations of his parents. 　　　　　　　　　　　　　　　　　　　　（青山学院大）

735 その若者はずっとその日暮らしをしている。
That young man has been living from (h　　) to (m　　).　（近畿大）

736 学校の近くを運転しているときは、道路を横断している子供たちに気をつけなさい。
When driving near a school, (　　) (　　) for children crossing the road. 　　　　　　　　　　　　　　　　　　　　　　（センター）

737 歴史を振り返ると、女性はほとんどいつも不公平な扱いを受けてきたことがわかる。
(　　) back on history, we see that women have nearly always had unfair treatment. 　　　　　　　　　　　　　　　　　　（明治学院大）

738 彼はお父さんに似ているとよく言われた。　　　　　　　（成蹊大）
He was often told that he looked (　　) his father. (= resembled)

739 私は非常に恥ずかしかったので彼女の顔をまともに見られなかった。
I was so embarrassed that I could not look her (　　) (　　) face. 　　　　　　　　　　　　　　　　　　　　　　　　（青山学院大）

740 その生徒は、クラスのみんなの前でしかられたので、面目を失った。
The student lost (　　) because he was scolded in front of the class.　(= felt ashamed) 　　　　　　　　　　　　　　　（成蹊大）

741 私はすぐに彼らにそのニュースを知らせるつもりだ。
I'll (　　) (　　) time in informing them of the news.　（青山学院大）

742 彼女はいつも冷静だ。彼女が腹を立てるのを見たことがない。
She always stays calm. I've never seen her lose her (　　).
　　　　　　　　　　　　　　　　　　　　　　　　　（関西学院大）

238　Part 2　イディオム編

Theme 124 基本動詞を中心とする熟語 ⑩　→ 734〜742

734 **live up to** 〜「(期待など) に添う [応える]」(= **meet / satisfy**) ★★
- ▶ live up to 〜 には「(主義など) に従って生きる」の意味もある。
  He had his principles and tried to **live up to** them.
  (彼は自分の主義を持ち, それに従って生きようとした) (関西大)

735 **live from hand to mouth**「その日暮らしをする」 ★★

736 **look [watch] out for** 〜「〜に気をつける [用心する]」 ★★
- ▶ look [watch] out「気をつける / 用心する」
  "**Look out**! There's a car coming."
  (気をつけろ！ 車が来るぞ) (学習院大)

737 **look back on [upon]** 〜「〜を振り返ってみる / 〜を回想する」 ★★

738 **look like** 〜「〜に似ている」(= **resemble / take after**) ★★
- ▶ look like 〜「〜のように見える / 〜になりそうである」にも注意。
  From a distance, the castle **looked like** a toy.
  (遠くから見ると, その城はおもちゃのように見えた) (南山大)
  It **looked like** rain this morning.
  (今朝は雨が降りそうでした) (北海道大)

739 **look A in the face [eye(s)]**「A の顔 [目] をじっと見る」(→ 679) ★★
- ▶ この用法の look は他動詞。×look at A in the face としないように。○look at A's face である。

740 **lose face**「面目を失う」 ★★

741 **lose no time (in)** *doing*「すぐに〜する / 時を移さず〜する」 ★★
- ⇔ **take** *one's* **time to do**「ゆっくり〜する」(→ 793)
- *cf.* in no time「すぐに / ただちに」(→ 457)

742 **lose** *one's* **temper**「腹を立てる」(= **get angry**) ★★
- 平静な気分 [落ち着き] (temper) を失う (lose) ➡ 腹を立てる
- ▶ 反意表現は keep [hold] *one's* temper「平静を保つ」

解答
734 (up, to)　735 (hand, mouth)　736 (look [watch], out)
737 (Looking)　738 (like)　739 (in, the)
740 (face)　741 (lose, no)　742 (temper)

第21章 基本動詞を中心とする熟語

Theme 125

- **743** 私はきっとジムがその話をでっち上げたのだと思う。
 I am sure that Jim made (　　　) that story. 〈東洋大〉
- **744** お互いに足りないところを補い合って協力していきましょう。
 Let's work together so we can (　　　) up (　　　) each other's weaknesses. 〈立正大〉
- **745** 演奏が終わると，人々は最寄りの出口に向かった。 〈青山学院大〉
 After the concert, the crowd made (　　　) the nearest door.
- **746** 朝食はたいていコーヒー1杯とロールパンで間に合わせています。
 I usually make (　　　) with a cup of coffee and a bread roll for breakfast. 〈青山学院大〉
- **747** メアリーは以前はよく裕福であるふりをしました。
 Mary used to (　　　) (b　　　) that she was wealthy. 〈青山学院大〉
- **748** 彼の言っていることは，私には全然わけがわからない。
 What he says does not make any (　　　) to me. 〈東京理科大〉
- **749** 老婦人にとって帰宅路を進むのは大変なことだった。 〈日本女子大〉
 It was hard for the old woman to (　　　) her way back home.
- **750** 彼女は子供たちに英語を教えて生計を立てている。 〈立命館大〉
 She makes her (　　　) by teaching English to some children.
- **751** 彼は2，3の大学を考えているが，まだ気持ちは固まっていない。
 He is considering a few colleges, but he hasn't made (　　　) his (　　　) yet. 〈亜細亜大〉

Power Up! 110　make one's way のバリエーション　➲ 749

どのような進みかたをするかをはっきり表すために，make の代わりにさまざまな動詞を用いることができる。

- □ **feel** one's way　　「手さぐりで進む」（➲ 689）
- □ **dance** one's way　　「踊りながら進む」
- □ **force** one's way　　「無理やり進む / （〜に）押し入る (into / through)」
- □ **elbow [shoulder]** one's way　　「ひじで [肩で] 押しのけて進む」
- □ **find** one's way　　「苦労して進む / やっとたどり着く」
- □ **work** one's way **through college**　「働きながら大学を卒業する」
 He **worked his way through college** as a waiter.
 （彼はウェーターとして働きながら大学を出た）

Theme 125 基本動詞を中心とする熟語 ⑪ ⇨ 743〜751

743 **make up** 〜 「〜をでっち上げる／〜を作り上げる」 ★★

▶ make up の「仲直りする」という意味の自動詞用法も重要。
We quarreled, but we decided to **make up**.
（私たちはけんかしたが，仲直りすることに決めた）〈立命館大〉

744 **make up for** 〜 「（不足・損失など）を補う／の埋め合わせをする／の償いをする」（＝ **compensate** (for)） ★★

745 **make for** 〜 「〜のほうへ進んで行く［向かう］」 ★★
（＝ **go toward** / **head for**）

▶ make for 〜 には「〜に役立つ／〜に寄与する」（＝ contribute to）の意味もある。
I hope this treaty will **make for** the peace of the world.
（私はこの条約が世界平和に役立つことを望む）〈東京理科大〉

746 **make do with** 〜 「（不十分だが）〜で間に合わせる／〜ですませる」 ★★
（＝ **do with**）

747 **make believe** 「〜のふりをする」（＝ **pretend**） ★★

▶ make people believe「人に信じさせる」などの目的語の省略からきたもの。本問のように後ろには that 節が続く場合が多い。

748 **make sense** 「よく理解できる／筋がとおっている」 ★★
（＝ **be understandable** / **be reasonable**）

▶ make no sense ＝ don't make any sense「全く理解できない／意味をなさない」
▶ make sense of 〜（通例否定文または疑問文で）「〜を理解する」
Can you **make sense of** this answer?
＝ Does this answer **make sense** to you?
（この答えがあなたにはわかりますか）〈センター〉

749 **make one's way** 「進む」（＝ **proceed** / **go on**） ★★

▶ この make は make for 〜（⇨ 745）の make と同じで，「進む／行く」の意味。

750 **make one's [a] living** 「生計を立てる」 ★★

▶ make の代わりに earn / get / gain なども使える。

751 **make up one's mind** 「決心する」（＝ **decide** / **determine**） ★★

自分の心（one's mind）を作り上げる（make up）➡ 決心する

解答　743 (up)　744 (make, for)　745 (for)　746 (do)　747 (make, believe)
　　　748 (sense)　749 (make)　750 (living)　751 (up, mind)

Theme 126

☐ **752** 科学は時がたつにつれて進歩する。
Science makes (　　　) as the years go by. 　　　　　（大阪商業大）

☐ **753** 政府は酸性雨の問題に取り組む真剣な努力を始めた。
The Government has begun to make a serious (　　　) (　　　) tackle the problem of acid rain. 　　　　　（立命館大）

☐ **754** 母はキッチンの山のようなお皿を見て顔をしかめた。　　　（立命館大）
My mother (　　　) a (　　　) at the piled dishes in the kitchen.

☐ **755** あの人たちは収支を合わせるためにとても一生懸命働かなければならない。　　　　　（東京情報大）
Those people have to work very hard to make ends (　　　).

☐ **756** もう9時です。私たちは間に合うと思いますか。
It's already 9 o'clock. Do you think we'll make (　　　)? 　（千葉商科大）

☐ **757** パーティーは，ほかの人と友達になるのにいい場所だ。　　（関西学院大）
A party is a good place to (　　　) (　　　) with other people.

☐ **758** あのすてきな紳士が私のためにベンチの席をあけてくれた。　（駒澤大）
The attractive gentleman made (　　　) for me on the bench.

☐ **759** 必ず彼が私たちに加わるようにして下さい。
Please make (　　　) that he will join us. (= ensure) 　（大阪商業大）

Theme 126 基本動詞を中心とする熟語 ⑫   ⊃ 752〜759

752 make progress「進歩する」 ★★
- ▶progress は不可算名詞であるから，前に修飾語がつくことがあっても，冠詞はつかない点に注意。
- You've made *a lot of* **progress** with your English.
- （あなたの英語はかなり進歩しましたね）（九州国際大）

753 make an effort [efforts]「努力する」 ★★
- ▶make an effort to *do*「〜する努力をする」

754 make a face [faces]「いやな顔をする / 顔をしかめる」 ★★
   （= **frown** / **pull a face [faces]**）

755 make (both) ends meet「収支を合わせる / 収入内で生活する」 ★★
   （= **live within** *one's* **income**）

756 make it「うまくいく / 成功する / 間に合う」 ★★
- ▶it は『目標・目的（地）・定刻』などをさす『状況』の it。状況によって，「（目的地に）たどり着く /（日時の）都合をつける /（会などに）出席する」などの意味になる。
- "What about next Friday?" "No, next Friday I can't **make it**."（早稲田大）
- （「次の金曜日はどうですか」「だめです，次の金曜日は都合がつけられません」）
- I won't be able to **make it** to the meeting tonight.
- （私は今夜の会合には出席できないだろう）（神戸学院大）

757 make friends with 〜「〜と友達になる / 〜と親しくなる」 ★★
- ▶「友達になる」には相手が必要なので，friends と必ず複数形になる。

758 make room for 〜「〜のために場所を空ける」 ★★
- ▶room は「場所 / 空間」の意味では不可算名詞。

759 make sure + that 節「必ず〜するように手配する ★★
   （= **see to it** + **that** 節 ⊃ 18）/ 〜を確かめる」
- ▶make sure の後ろは that 節のほか，〈of + 名詞〉が続く。
- Search your pockets again to **make sure of** it.（獨協大）
- （それがあるかどうか確かめるためにもう一度ポケットの中を調べなさい）

解答　752 (progress)　753 (effort, to)　754 (made, face)　755 (meet)
756 (it)　757 (make, friends)　758 (room)　759 (sure)

Theme 127

- [ ] **760** 私の祖父は3年前に亡くなった。
  My grandfather passed (　　　) three years ago. (= died)　　〈法政大〉

- [ ] **761** ボブは17歳だったが、楽に20歳でとおった。　　〈神田外語大〉
  Bob was seventeen but had no trouble (p　　) (　　　) twenty.

- [ ] **762** 彼らはみなとおり過ぎるときに手を振った。
  They all waved as they passed (　　　). (= went past)　　〈明海大〉

- [ ] **763** ずきずきと痛む歯を抜いてもらいたい。
  I'd like to have my aching tooth (　　　) (　　　).　　〈千葉商科大〉

- [ ] **764** そのダンプカーは信号のところで止まった。　　〈国士舘大〉
  The dump truck pulled (　　　) at the traffic lights. (= stopped)

- [ ] **765** とうとうその建物は取り壊され、高級なアパートに建て替えられた。
  Finally the buildings were pulled (　　　) and replaced by expensive apartments.　　〈日本大〉

- [ ] **766** 接近している台風のために野外コンサートを延期しなければならないだろう。
  The outdoor concert will have to be put (　　　) because of the approaching typhoon. (= postponed)　　〈東海大〉

- [ ] **767** 上京中はおじの家に泊まりました。
  I put (　　　) (　　　) my uncle's while I was in Tokyo.　　〈北九州市立大〉

- [ ] **768** 彼のふるまいにはがまんできない。
  We cannot put up (　　　) his behavior.　　〈津田塾大〉

- [ ] **769** 実行に移すことのできない理論は、あまり役立ちません。　　〈桜美林大〉
  Theories which cannot be (　　　) into (　　　) are of little use.

- [ ] **770** そのお金を有効に使いなさい。
  Put the money (　　　) good (　　　).　　〈慶應義塾大〉

- [ ] **771** もしもし、英語科研究室につないでいただけませんか。
  Hello, would you please put me (　　　) (　　　) the office of the Department of English?　　〈甲南大〉

Theme 127 基本動詞を中心とする熟語 ⑬　　⊃ 760〜771

760 **pass away**「亡くなる/死ぬ」(= **die**) ★★
▶ die の遠回しな表現。

761 **pass for ~**「~でとおる/~として通用する」 ★★
▶ for は「~として」(= as)の意味。pass as ~ も同意。
[語句] have no trouble (in) *doing*「~するのに苦労しない」(⊃ 86)

762 **pass by**「そばをとおりかかる[とおり過ぎる]」 ★★
cf. passer-by 图「とおりがかりの人/通行人」

763 **pull out ~**「(歯・栓など)を引き抜く/~を引き[取り]出す」 ★★

764 **pull up**「(車などが)止まる」(= **stop**) ★★
「(車のサイドブレーキ・馬の手綱を)上に(up)引けば(pull)車・馬は止まる」と覚えよう。
▶ pull up には「(車など)を止める」という意味の他動詞用法もある。

765 **pull down ~**「~を引き降ろす/(建物など)を取り壊す」 ★★

766 **put off ~**「~を延期する」(= **postpone**) ★★
離して(off)置く(put) ➡ 延期する
▶ put off *doing*「~するのを延期する」(= postpone *doing*)
You should not **put off doing** [×to do] your assignment.
(宿題をするのを延ばしてはいけない) (東洋大)

767 **put up at ~**「~に泊まる」(= **stay at**) ★★

768 **put up with ~**「~をがまんする/~に耐える」 ★★
(= **endure / stand / bear / tolerate**)

769 **put ~ into [in] practice**「~を実行する」(= **carry out** ⊃ 554) ★★

770 **put ~ to use**「~を利用する」(= **make use of** ⊃ 372) ★★
▶ put ~ to good use「~を有効に使う」

771 **put A through to B**「A の電話を B につなぐ」 ★★
(= **connect A with B**)

【解答】
760 (away)　　761 (passing, for)　　762 (by)
763 (pulled, out)　　764 (up)　　765 (down)
766 (off)　　767 (up, at)　　768 (with)
769 (put, practice)　　770 (to, use)　　771 (through, to)

Theme 128

772 ジョージはタバコを吸うのをやめないと，肺ガンになる危険を冒すことになるだろう。
If George doesn't stop smoking, he will (　　　) the risk of developing lung cancer. 〈センター〉

773 その男の子は，もう少しでトラックにひかれるところだった。
The boy was almost run (　　　) by a truck. 〈駒澤大〉

774 彼は次の大統領選に立候補することになっている。
He is running (　　　) president in the next election. 〈駒澤大〉

775 子供たちの世話をしてくれますか。
Will you see (　　　) the children? (= take care of) 〈青山学院大〉

776 群集が大統領を見送りに空港に集まった。
The crowd gathered at the airport to (　　　) the President (　　　). 〈共立女子大〉

777 今や町の中心部から離れたところに住んでいるので，友達とあまり会っていません。
I'm not (　　　) so (　　　) of my friends now that I live far from the center of town. 〈中央大〉

778 「それじゃ決まりね。明日10時に会いましょう」
「いいわ，それじゃ，また」
"Then it's decided. I'll see you tomorrow at 10:00."
"(　　　) (　　　) later. Goodbye." 〈関西学院大〉

779 彼らはただちに医者を呼びにやった。
They (s　　　) (　　　) the doctor at once. 〈流通経済大〉

780 ❶ できるだけ早く仕事にとりかかることを勧めます。
I recommend that you (　　　) about your business as soon as possible. 〈大阪学院大〉
❷ 彼女は帰宅するとすぐに洗濯にとりかかった。
As soon as she came home, she (　　　) about (　　　) the laundry. (= began) 〈明海大〉

Theme 128 基本動詞を中心とする熟語⑭　→ 772〜780

772 run [take] the risk of *doing* 「〜する危険を冒す」 ★★
- ▶ run [take] a risk 「危険を冒す」
  He **ran a** serious **risk** on my behalf.
  (彼は私のために大きな危険を冒してくれた) (駒澤大)
- 語句 develop 「(病気などに) かかる [なる]」

773 run over 〜 「(車・運転手が) 〜をひく / 〜をはねる」 (= **run down**) ★★

774 run for 〜 「〜に立候補する」 ★★

775 see to 〜 「〜を取り計らう / 〜に気をつける / 〜の世話をする」 ★★
- ▶ see to it that 節 「〜するように取り計らう」(→18)

776 see 〜 off 「〜を見送る」 ⇔ **meet** 「〜を出迎える」 ★★
- ▶ 目的語は名詞でも代名詞でも, 〈see + O + off〉の語順になるのがふつう。

777 see much [a lot] of 〜 「〜とよく会う」 ★★
- ▶ see much of 〜 は通例否定文, 疑問文で用いる。
- ▶ see nothing [little] of 〜 「〜とまったく会わない [ほとんど会わない]」も重要。
  I have **seen nothing of** him lately.
  = I have**n't seen anything of** him lately.
  (最近, 彼にはまったく会っていません) (立教大)

778 See you later [soon]. 「それじゃ (またあとで)」 ★★

779 send for 〜 「〜を呼びにやる / 〜に来るように頼む」 ★★
- ▶ send A for B 「B を呼びに A をやる」の A が省略された形。
- ▶ 「(自分で) 呼びに行く, 迎えに行く」は go for 〜 / call for 〜。
  go for a policeman 「警官を呼びに行く」

780 set about 〜 「〜にとりかかる / 〜を始める」 (= **begin / start**) ★★
- ▶ set about *doing* 「〜し始める」(= set out to *do* →379)
  She **set about** writing the essay.
  = She **set out to** write the essay. (彼女は随筆を書き始めた) (慶應義塾大)
- 語句 ❷ do the laundry 「洗濯をする」(→682)

解答　772 (run)　773 (over)　774 (for)　775 (to)
776 (see, off)　777 (seeing, much)　778 (See, you)　779 (sent, for)
780 ❶ (set)　❷ (set, doing)

Theme 129

- [ ] **781** 夏が始まる前にこれらの種をまきなさい。
  Plant these seeds before summer sets (　　　). 〈早稲田大〉
- [ ] **782** リーは17歳の時に彼の最初の会社を作った。
  Lee set (　　　) his first company at the age of seventeen.
  　　（= established） 〈愛知学院大〉
- [ ] **783** 姉はいつも自分の新しいドレスを見せびらかす。
  My sister always (　　　) off her new dress. 〈大阪学院大〉
- [ ] **784** 夜更かしはしないほうがよい。
  You had better not sit (　　　) (　　　) at night. 〈佛教大〉
- [ ] **785** その店は目立つのできっと見つかりますよ。
  You will surely find the store because it stands (　　　). 〈青山学院大〉
  　　　　　　　　　　　　　　　　　（= is noticeable）
- [ ] **786** サトシは性格が父親に似ている。 〈高岡法科大〉
  Satoshi takes (　　　) his father in character. (= resembles)
- [ ] **787** 私は健康のためにテニスを始めた。
  I took (　　　) tennis for my health. (= started to play) 〈亜細亜大〉
- [ ] **788** 子供でもそんな見え透いたうそでだまされはしないだろう。
  A child wouldn't be taken (　　　) by such an obvious lie.
  　　　　　　（= deceived） 〈慶應義塾大〉
- [ ] **789** ジョンはお父さんが引退したら仕事を引き継ぐつもりです。 〈慶應義塾大〉
  John expects to take (　　　) the business when his father retires.

Power Up! 111 「始まる / 始める」の set　　➲ 781, 782

set の基本的な意味は「（きちんと正しく）置く」。ここから「整える / 準備する /（ある状態に）する」などのさまざまな意味に発展して「始まる / 始める」という意味合いも出てくるようになった。

- [ ] **set out** / **set off** / **set forth**「出発する」（= start）（➲ 379, 380）
- [ ] **set about** ~「~にとりかかる / ~を始める」（= begin / start）（➲ 780）
- [ ] **set in**「（いやな天候・病気などが）始まる」（= begin / start）
- [ ] **set up** ~「（仕事・組織など）を始める [設立する] / 建 [立] てる」
  　　set up shop「商売を始める」　**set up** a pole「棒を立てる」

Part 2　イディオム編

Theme 129 基本動詞を中心とする熟語 ⑮　⊃ 781〜789

781 set in　「(いやな天候・病気などが) 始まる」(= begin / start) ★★

782 set up ~　「(仕事・組織など) を始める [設立する / 作る]」 ★★
　　　　　　　　　　　　　　　　　　　　　　　(= establish / found)

783 show off ~　「~を見せびらかす」(= display) ★★
　〜を (ほかの物から) 離れて [➡ 際立って / 目立って] (off) 見せる (show)

784 sit up「寝ないで起きている」(= stay up) ★★
▶ sit up は stay up より堅い言いかた。
▶ sit up late at night「夜更かしをする」

785 stand out「目立つ」 ★★
　　　　　　　　　(= be distinguishable [noticeable / prominent])
(常態から) 外れて (out) 立つ (stand) ➡ 目立つ / 傑出 [突出] する
cf. outstanding 形「目立った / 傑出した」

786 take after ~　「~に似ている」(= resemble / look like) ★★
▶ 血縁関係がある年上の人、特に親に似ている場合に用いる。
▶ after は「~に従って / ~にならって」という『模倣』の意味。

787 take up ~　「(趣味・仕事として) ~を始める」 ★★
▶ take up ~ の「(時間・場所など) をとる [占める]」の意味も重要。
　That table **takes up** a lot of room. (そのテーブルは場所をとる)

788 take in ~　「~をだます」(= deceive / cheat) ★★
相手をうまく取り込む (take in) ➡ ~をだます
▶ take in ~ の、入試によく出題されるもう1つの意味、「~を理解する」
　(= understand / comprehend)にも注意。
　〜を頭の中に取り込む (take in) ➡ ~を理解する
　I couldn't **take in** the lecture at all.
　(私はその講義がまったく理解できなかった) (慶應義塾大)

789 take over ~　「(事業・職務など) を引き継ぐ」 ★★

解答　781 (in)　782 (up)　783 (shows)　784 (up, late)　785 (out)
　　　786 (after)　787 (up)　788 (in)　789 (over)

Theme 130

- **790** 友人に代わって彼はその責任を引き受けるつもりだ。
  He will take (　　) the responsibility for his friend. 〈関西大〉

- **791** 私は最初彼が好きではなかった。
  I didn't take (　　) him at first. (= like) 〈立教大〉

- **792** 彼はよく学生と間違えられる。
  He is often taken (　　) a student. 〈名古屋商科大〉

- **793** 大丈夫です。ゆっくりやってください。
  It's okay. Take your (　　). (= Don't hurry) 〈立命館大〉

- **794** 来月式典が催されることになっている。
  The ceremony is to take (　　) next month. (= be held) 〈中央大〉

- **795** プラスチックは多くの材料に取って代わった。
  Plastics have taken the (　　) of many materials. (= replaced) 〈日本大〉

- **796** それをわざわざ返しにきてくれるなんて，彼はとても親切な人だと思った。
  I thought it was very kind of him to take the (　　) to come and return it. 〈近畿大〉

- **797** 彼の頼みごとにはまったく驚いた。
  His request took me completely (　　) surprise. 〈法政大〉

- **798** 太陽が輝き暖かいので，私は1日休暇をとった。
  The sun was shining and it was warm, so I took a day (　　). 〈慶應義塾大〉

Theme 130 基本動詞を中心とする熟語 ⑯   ⊃ 790〜798

790 **take on ～**「(仕事・責任など) を引き受ける」(= undertake / accept) ★★
- take on ～ には「(性質・外観など) を帯びる (= assume)」,「～を雇う (= employ / hire)」という意味もある。
- These insects can **take on** the color of their surroundings.
  (これらの昆虫は身の回りの色になる)(駒澤大)
- Our company has to **take on** a lot of people this year.
  (今年わが社はたくさんの人を雇わなければならない)(日本大)

791 **take to ～**「～を好きになる」(= come to like / begin to like) ★★
- take to ～ には「～にふける / ～が習慣になる」の意味もある。
- You should not **take to** drinking again.
  (もう二度と飲酒にふけってはいけません)(関西大)

792 **take A for B**「AをBと思う [間違える]」(= mistake A for B) ★★

793 **take one's time**「(あわてず) ゆっくりやる / ゆっくり時間をかける」★★

794 **take place**「(行事などが) 行われる / 催される」(= be held) ★★
- take place には「(事件などが) 起こる」(= happen / occur) の意味もある。
- Where did the accident **take place**?
  (その事故はどこで起きたのですか)(摂南大)

795 **take the place of ～**「～に取って代わる」(= replace) ★★
- ～の (of) 地位 [立場] (place) を取る (take) ➡ ～に取って代わる
- of 以下が代名詞の場合は take A's place となる。
- I looked for someone to **take her place**.
  (私は誰か彼女の代わりをする人を探した)(学習院大)

796 **take the trouble to do**「労を惜しまず～する / わざわざ～する」★★
(= go out of one's way to do ⊃ 709)
- ～する面倒 [苦労] (trouble) を引き受ける (take) ➡ 労を惜しまず～する

797 **take ～ by surprise**「～を不意に襲う / ～をびっくりさせる」★★
- この場合の surprise は名詞で「不意打ち / 奇襲」の意味。

798 **take a day off**「1日休暇をとる」★★
- take ～ off「(～の期間) 休暇をとる」

解答 790 (on)　791 (to)　792 (for)　793 (time)　794 (place)
795 (place)　796 (trouble)　797 (by)　798 (off)

Theme 131

☑ 799 少し休んでのんびりやったほうがいいよ。
You should get some rest and take it (　　　).　　　(芝浦工業大)

☑ 800 彼はその計画をやり遂げようと骨を折った。
He took (　　　) to finish the project.　　　(明治大)

☑ 801 交替で運転すれば、目的地についてもそれほど疲れていないだろう。
If we take (　　　) driving, we won't be so tired when we reach our destination.　　　(立命館大)

☑ 802 天気について話をするときに英国人が使う表現はたくさんある。
There are a lot of expressions used by English people when (　　　) about the weather.　　　(センター)

☑ 803 ご提言ありがとう。上司と相談させてください。
Thank you for your suggestion. Let me talk it (　　　) with my boss.　　　(南山大)

☑ 804 私は新車を購入した。私の妻がそうするように私を説得したのだ。
I bought a new car. My wife (t　　　) me (　　　) it.　　　(清泉女子大)

☑ 805 過労と睡眠不足が彼の健康にこたえ始めた。
The strain and lack of sleep has begun to (t　　　) (　　　) his health.　　　(= affect)　(関西学院大)

☑ 806 ベンは日本で経験したことを彼女に話した。
Ben (　　　) her about his experiences in Japan.　　　(東京女子大)

☑ 807 「新宿駅に行く道を教えていただけませんか」
「いいですよ。お安いご用です」
"Could you tell me the (　　　) to Shinjuku Station?"
"Sure. No problem."　　　(専修大)

☑ 808 ジョンがうそをついているとは思いもよらなかった。
It didn't occur (　　　) me that John was (　　　) a lie.　　　(共立女子大)

Theme 131　基本動詞を中心とする熟語 ⑰　　⇒ 799〜808

799　take it easy「気楽に考える / のんびりやる」★★
それ [漠然とした状況] (it) を気楽に (easy) 考える [思う] (take)
▶ take it easy は別れの挨拶にも用いられる。
"See you. **Take it easy.**"（それじゃまたね）

800　take pains　「骨を折る / 苦労する」★★
▶ pains（複数形）は「骨折り / 苦労」の意味。
▶ take pains to *do*「〜しようと骨を折る / 苦労して〜する」

801　take turns (at [in]) *doing*「交替で〜する」★★
▶ この場合の turn は「順番」の意味。交替は 1 人ではできないので turns と必ず複数形になる。

802　talk about 〜「〜について話す」(= **discuss**) ★★
▶ discuss は他動詞なので，*discuss about 〜 は不可。

803　talk over 〜　「〜をじっくり話し合う / 〜を相談する」★★

804　talk A into B「A を説得して B させる」(= **persuade A into B**) ★★
⇔ **talk [persuade] A out of B**「A を説得して B をやめさせる」
▶ B には動名詞・名詞がくる。
Jody's mother **talked** her **out of** *quitting school*.
（ジョディの母親はジョディを説得して退学を思いとどまらせた）（立教大）

805　tell on 〜「(人・健康など) にこたえる [影響する]」(= **affect**) ★★

806　tell A about B「B について A に話す」★★
▶ tell / say / speak / talk の中で，伝達する相手（人）を目的語にとるのは tell だけ。

807　tell [show] me the way「私に道を教える」★★
▶ tell は口頭で教えること。show は実際に道案内をするか，または地図などを参照したり書いたりして教えること。teach はこの場合は使えない。

808　tell a lie [lies]「うそをつく」⇔ **tell the truth**「本当のことを言う」★★
[語句] It occurs to A that 節「A（人）に〜という考えが思い浮かぶ」（⇒11）

解答
799 (easy)　　800 (pains)　　801 (turns)　　802 (talking)
803 (over)　　804 (talked, into)　　805 (tell, on)　　806 (told)
807 (way)　　808 (to, telling)

Theme 132

☑ **809** そのことは今すぐに決める必要はありません。じっくり考えていいですよ。 (東北学院大)
You don't have to decide the matter at once. You can think it (   ).

☑ **810** この古い写真を見ると必ず母を思い出す。 (駒澤大)
I cannot look at this old picture (   ) (   ) of my mother.

☑ **811** ジョンソンはいつも彼女の文章能力を高く評価していた。
Johnson has always thought (   ) of her writing ability. (中央大)

☑ **812** 彼女は１人で海外旅行をしたいと思ったが，考え直してやめた。
Though she wished to travel abroad by herself, she thought (   ) (   ) it. (立命館大)

☑ **813** 言いたくはありませんが，あなたの要請を断らなければなりません。
I hate to say this, but I have to turn (   ) your request. (摂南大)

☑ **814** そのうわさはうそであることがわかった。
The rumor turned (   ) to be false. (早稲田大)

☑ **815** 客室のほとんどの乗客は疲れきっていた。
Most passengers in the cabin were worn (   ). (日本大)

☑ **816** この問題を解くのに５分あげよう。 (慶應義塾大)
I'll give you five minutes to work (   ) this problem. (= solve)

☑ **817** その科学者は原子力の研究に従事している。
The scientist is working (   ) atomic energy. (中央大)

Theme 132 基本動詞を中心とする熟語 ⑱ ➲ 809〜817

809 **think over** ~ 「~をじっくり考える」（= **consider**） ★★
- ▶ この over は副詞で「じっくりと / 慎重に」の意味。
  cf. talk over ~ 「~をじっくり話し合う」（➲ 803）

810 **think of** ~ 「~を思い出す（= **remember**）/ ★★
  ~を思いつく［考えつく］（= **come up with** ➲ 598）」
- ▶「~のことを考える」のほかに,「~を思い出す［思いつく］」の意味もあるので注意。
  She **thought of** a good solution. （彼女はいい解決策を思いついた）(明海大)
- 語句 cannot ... without *doing*「…すると必ず~する」（➲ 208）

811 **think highly [much] of** ~ 「~を重んじる / ~を高く評価する」 ★★
  （= **make much of** ➲ 504）
- ▶ think much of ~ と make much of ~ は主に否定文で用いる。
  I do*n't* **think [make] much of** him. （私は彼をたいした人間と思っていない）
- ▶ think little [lightly] of ~ 「~を軽んじる」
  think nothing of ~ 「~をなんとも思わない」

812 **think better of** ~ 「~を考え直してやめる / ~を見直す」 ★★
  ~について（of）もっとよく（better）考える（think）➡ ~を考え直す［見直す］➡ ~を考え直してやめる

813 **turn down** ~ 「~を拒絶する」（= **refuse / reject**） ★★
- ▶ turn down「（音量など）を小さくする」（⇔ turn up ➲ 378）も重要。
  Turn down the TV, please. （テレビの音を小さくしてください）

814 **turn out (to be)** ~ 「~であることがわかる」（= **prove (to be)**） ★★

815 **wear out** ~ 「~を疲れ果てさせる」 ★★
- ▶ be worn out「疲れきっている」（= be exhausted）
- ▶ wear out は「~をすり減らす / ~を使い古す」が元の意味。
  I've **worn out** two pairs of shoes this year.
  （私は今年 2 足の靴をすり減らしてしまった）(上智大)

816 **work out** ~ 「（問題など）を解く」（= **solve**） ★★
- ▶ 自動詞用法「（計画などが）うまくいく」も重要。
  I hope everything **works out** for you. （すべてうまくいきますよ）(西南学院大)

817 **work on** ~ 「（仕事・研究など）に従事する［取り組む］」 ★★

解答 809 (over) 810 (without, thinking) 811 (highly) 812 (better, of)
813 (down) 814 (out) 815 (out) 816 (out) 817 (on)

第21章 基本動詞を中心とする熟語

第22章 その他の重要熟語

Theme 133

818 おそらくどんな科学者もその奇妙な現象を説明できないだろう。（成城大）
Probably no scientist can (　　　) for the strange phenomenon.

819 彼の無謀な運転が致命的な事故を引き起こした。
His reckless driving (　　　) to the fatal accident.
(= brought about) （佛教大）

820 彼の言い訳は彼らの疑惑を増すだけだろう。（東京工科大）
His excuse will only add (　　　) their doubts. (= increase)

821 両親は私の仕事に賛成し，十分に支援してくれる。（亜細亜大）
My parents approve (　　　) my work and support me fully.

822 ヨーロッパには今でも幽霊がいると思っている人が大勢いるのですか。
Are there many people in Europe who (b　　) (　　　) ghosts even now? （日本大）

823 日光は日本で最も美しいところと言われることがある。（近畿大）
Nikko is sometimes (r　　) to as the most beautiful place in Japan.

824 あなたの不注意によって起こった事故の責任を私にとってもらいたいと思っているのですか。
Do you expect me to (a　　) (　　　) the accident caused through your negligence? （中央大）

825 先生は私の成績について面談すると言ってきかなかった。（西南学院大）
My teacher has insisted (　　　) (　　　) me about my grades.

826 彼の借金はかなりの額になる。
His debts amount (　　　) a considerable sum. （姫路工業大）

Theme 133 その他の重要熟語 ① ⊃ 818〜826

818 account for ~「(人が) ~の理由を説明する (= explain) / (物事が) ~の原因となる」 ★★

▶ account for ~ の「~(の割合) を占める」という意味も重要。
Automobiles **account for** a large proportion of Japan's exports.
(自動車は日本の輸出品の中で大きな割合を占めている)

819 lead to ~「~につながる / ~を引き起こす (= cause / bring about)」★★
(道などが) ~に (to) 通じている (lead) ➡ ~につながる / ~を引き起こす

820 add to ~「~を増やす[増す]」(= increase) ★★

▶ add A to B「AをBに加える」
My mother forgot to **add** salt **to** the salad.
(私の母はサラダに塩を加えるのを忘れた) 〈駒澤大〉

821 approve of ~「~に賛成する / ~をよいと思う」 ★★

▶「~に賛成しない」は disapprove of ~ である。

822 believe in ~「~の存在[価値 / 良さ]を信じる」 ★★

cf. { I **believe in** you. (私は君を信頼している)
I **believe** you. (私は君の言うことを信じる)

823 refer to ~「~に言及する (= mention) / ~を (…と) 呼ぶ[言う] (as)」★★

▶ refer to ~ には「~を参照する」(= consult) の意味もあるので注意。
The speaker did not **refer to** his notes during his talk.
(講演者は話をする間メモを参照しなかった) 〈大分大〉

824 answer for ~「~の責任を負う」(= be responsible for) ★★
(出来事・行為など) に対して (for) 応える (answer) ➡ ~の責任を負う

825 insist on [upon] ~「~を強く主張する / ~と言い張る」 ★★

▶ insist on [upon] *doing*「~することを強く要求する / ~すると言って聞かない」の形が頻出する。

826 amount to ~「総計~になる」(= total / add up to) ★★

▶ amount to ~ には「結局~になる / ~に等しい」の意味もある。
It will **amount to** nothing. (それでは何にもならない)

解答
818 (account) 819 (led) 820 (to) 821 (of)
822 (believe, in) 823 (referred) 824 (answer, for)
825 (on [upon], seeing) 826 (to)

Theme 134

827 心臓病で苦しんでいる人の数は増加した。　　　　　　　　（中央大）
The number of people suffering (　　　) heart disease has increased.

828 彼らは彼が殺されたという可能性を否定することはできない。
They can't rule (　　　) the possibility that he was killed.　（中央大）

829 無断で話をするのはやめてください。
Please refrain (　　　) speaking without permission.　（早稲田大）

830 この国の人々は平和を切望してきた。
People in this country have longed (　　　) peace.　（畿央大）

831 帰りに私の家に立ち寄ってください。　　　　　（名古屋市立大）
Please drop (　　　) (　　　) my house on your way home.

832 この城は16世紀に建てられたものである。
This castle (　　　) back to the 16th century.　（千葉商科大）

833 会社に行く途中で私は財布を盗まれてしまいました。
I was (　　　) of my wallet on my way to the office.　（愛知工大）

834 彼らは彼から自由を奪った。
They deprived him (　　　) his liberty.　（津田塾大）

835 友人たちが私の成功を祝ってくれました。
My friends congratulated (　　　) (　　　) my success.　（早稲田大）

Power Up! 112　**rob A of B タイプのイディオム**　⇒ 833, 834

- **rob [deprive] A of B**「AからBを奪う」
- **cure A of B**「A（人）のB（病気など）を治す」
  cure him of his illness「彼の病気を治す」
- **clear A of B**「A（場所など）からB（じゃまな物など）を取り除く」
  clear the road of snow「道路から雪を除く」
- **relieve A of B**「AからBを取り除いて楽にする」
  May I relieve you of your bag?（私がバッグを持ちましょうか）

Theme 134 その他の重要熟語 ② ⇒ 827〜835

827 suffer from ~ 「~(病気など)で苦しむ/(病気)にかかる」 ★★
▶ from は『原因』を表す。〜から ➡ 〜で/〜のために

828 rule out ~ ★★
「(規定などによって)〜を除外する(= exclude)/〜を否定する」
▶ rule out the possibility of 〜[that 〜]「〜の[〜という]可能性を否定する」の形での出題が多い。

829 refrain from ~ 「〜を慎む/〜を差し控える」(= keep from) ★★
▶ refrain from *doing*「〜するのを慎む」

830 long for ~ 「〜を切望する/〜にあこがれる」 ★★
〜を求めて(for)長い間(long)思う ➡ 〜を切望する/〜にあこがれる

831 drop in 「(予告なく)ひょっこり立ち寄る[訪問する]」(= drop by) ★★
▶ 立ち寄り先を明示する場合、『人』の時には on、『家』の時には at を用いる。
He often **drops in on** *me* [**at** *my house*].
(彼はよくひょっこり私を[私の家を]訪ねて来る)

832 date back to ~ 「〜まで(時代が)さかのぼる」(= date from) ★★

833 rob A of B 「A(人・銀行など)から B(金・物)を奪う」 ★★
▶ この of は『分離・剥奪・除去』を表す(513, 834 も同様)。
▶ rob の目的語 A は、通例『人』であるのに対し、steal「(こっそり)盗む」の目的語は常に『物』である。(⇒ 100)
cf. { He **robbed** *her* **of** her money.
    { He **stole** *money* **from** her.

834 deprive A of B 「A(人)から B(必要不可欠なもの)を奪う[剥奪する]」 ★★
▶ deprive は「権利・地位・勇気・力」など、抽象的なものを奪う意味で使うことが多い。

835 congratulate A on [upon] B 「A(人)の B(成功・幸運など)を祝う」 ★★
▶ 同じ「祝う」でも celebrate の目的語は『人』ではなく『特別な日・祝い事』。
We **congratulated** [×celebrated] *him* on his promotion.
= We **celebrated** [×congratulated] *his promotion*.
(私たちは彼の昇進を祝った)

解答 827 (from) 828 (out) 829 (from) 830 (for) 831 (in, at)
832 (dates) 833 (robbed) 834 (of) 835 (me, on)

Theme 135

836 私たちはすでに彼らにその決定を知らせてある。
We have already informed them (　　　) the decision. 〈立命館大〉

837 あなたに宿題を手伝ってもらいたいのですが。
I would like you to help me (w　　) my homework. 〈駿河台大〉

838 この製品の名前は，社長の生まれ故郷にちなんで名づけられた。〈関西学院大〉
This product was (　　　) (　　　) the birthplace of the president.

839 私たちは彼が成功したのは勤勉と幸運のおかげだと考えている。
We (a　　) his success to hard work and good luck. 〈青山学院大〉

840 私はその男を知り合いと間違えた。
I mistook that man (　　　) someone I know. 〈城西大〉

841 私が今，このように成功しているのはあなたのおかげです。
I (　　　) it (　　　) you that I am now so successful. 〈近畿大〉

842 死を睡眠にたとえることがある。
People sometimes compare death (　　　) sleep. 〈成蹊大〉

843 人間は猿と多くの身体的特徴を共有している。 〈関西外国語大〉
Human beings (　　　) many physical features with monkeys.

844 このコップをきれいなのと交換していただけませんか。
Would you please exchange this glass (　　　) a clean one? 〈帝京大〉

845 企業は従業員に無理な労働条件を押しつけていないだろうか。
Are companies not (i　　) an impossible work situation on their employees? 〈学習院大〉

Theme 135　その他の重要熟語 ③　　　⇒ 836〜845

836 inform A of B「A（人）に B を知らせる」 ★★
837 help A with B「A（人）の B を手伝う」 ★★
- この with は「〜に関して」の意味で『動作の対象』を表す。
- help A (to) do「A が〜するのを手伝う」
  本問 = I would like you to **help** me **do** my homework.

838 name A after [for] B「B にちなんで A に名前をつける」 ★★
- この after は「〜にならって／〜にちなんで」の意味で，『模倣』を表す。
- 本問は受動態。A is named after B「A は B にちなんで名づけられる」
- name A B after [for] C「C にちなんで A に B と名前をつける」の用法もある。
  ➡ A is named B after C〔受動態〕
  The girl **was named** Nicole **after** her grandmother.
  （その少女はおばあさんの名前を取って，ニコルと名づけられた）（千葉工業大）

839 attribute A to B「A を B のせいにする／A を B のおかげと考える」 ★★
　　　　　　　　　　　　　　　　　　　　　　　　　　（= **ascribe A to B**）
840 mistake A for B「A を B と間違える」（= **take A for B** ⇒ 792）★★
841 owe A to B「A は B のおかげである」 ★★
- owe A to B の元の意味は「A（金など）を B（人）に借りている」。
  I **owe** $100 **to** my sister.（私は姉［妹］に 100 ドル借りがある）

842 compare A to B「A を B にたとえる」 ★★
- 「A と B を比較する」（= compare A with B）の意味もある。

843 share A with B「A を B と分け合う／A を B と共有する」 ★★
- share の目的語 A は『物』，with の目的語 B は『人（など）』。

844 exchange A for B「A を B と交換する」 ★★
- in exchange for 〜「〜と引き換えに」の表現も知っておこう。
  You give money to people **in exchange for** things you want.
  （君は欲しいものと引き換えに人々にお金を渡すのだ）（九州産業大）

845 impose A on B「A を B に押しつける／A を B に課す」 ★★
- impose on 〜「〜につけ込む／〜をだます」の表現も知っておこう。
  He **imposed on** her kindness.（= took advantage of ⇒ 375）
  （彼は彼女の親切につけ込んだ）

解答　836 (of)　837 (with)　838 (named, after)　839 (attribute)　840 (for)
　　　　841 (owe, to)　842 (to)　843 (share)　844 (for)　845 (imposing)

Theme 136

- [ ] **846** 私たちはトランプをして時間をつぶした。
  We (　　　) time playing cards. （創価大）
- [ ] **847** 学校では試験が大きな役割を果たしているようだ。
  Examinations seem to play a large (　　　) in schools. （関西外国語大）
- [ ] **848** およそ300万人の観光客が毎年ピサをちょっと訪れる。 （関西学院大）
  Some three million tourists (　　　) a brief visit to Pisa every year.
- [ ] **849** 子供のころ，私はたくさんの詩を暗記した。
  As a child I learned lots of poems by (　　　). （立命館大）
- [ ] **850** 生徒の大部分は英語の学習にとても熱心である。 （関西外国語大）
  Most of the students are quite (　　　) on studying English.
- [ ] **851** トマトはいろいろな病気にかかりやすいというのを聞いたことがある。（愛知工大）
  I've heard it said that the tomato is (s　　　) to a number of diseases.
- [ ] **852** あなたは自分の行いに対して責任を持つべきだ。
  You should be (r　　　) (　　　) your conduct. （佛教大）
- [ ] **853** イチローはその本を読むのに夢中になっていたので，ドアのベルが鳴ったのが聞こえなかった。
  Ichiro was so (a　　　) in reading the book that he didn't hear the doorbell ring. （駒澤大）
- [ ] **854** 彼女は速やかに回復した。きっと彼女はもうその仕事に耐えられるだろう。 （東京理科大）
  She has recovered quickly. I'm sure she is (　　　) to the job now.
- [ ] **855** 看護師の仕事は医者の仕事に似ている。
  The work of a nurse is (　　　) to the work of a doctor. （駒澤大）

Power Up! 113 「～に似ている」の表現　　　　⇨ 855

- [ ] **look like ～**　　：人・物の外見が似ている（⇨ 738）
- [ ] **take after ～**　　：人の外見・性質が親などの血縁者に似ている（⇨ 786）
- [ ] **be like ～**　　：人・物の外見・性質が似ている
- [ ] **be similar to ～**　　：人・物の外見・性質が部分的に類似している（⇨ 855）
  ▶ similar (to)はlikeやalikeよりも通例類似の度合いは低い。

Theme 136 その他の重要熟語 ④　　846〜855

846 kill time「時間をつぶす」 ★★
▶「〜で時間をつぶす」は kill time (by) *doing*

847 play a part [role] in 〜「〜で役割を果たす［演じる］」 ★
▶ part [role] の前に important「重要な」/ large / major「主な」などの形容詞を伴うことが多い。
Patience **plays a** very *important* **role in** learning a foreign language.
（忍耐は外国語を学ぶ際に非常に重要な役割を果たす）(國學院大)

848 pay a visit to 〜「〜を訪問する」 ★★
(= **pay 〜 a visit / visit / call on [at]**)

849 learn 〜 by heart「〜を暗記する / 〜を覚える」(= **memorize**) ★★
▶「〜を暗記している」と『状態』を表す場合は，know 〜 by heart。
I **know** this book **by heart**. （私はその本を暗記している）

850 be keen on 〜「〜に熱心である / 〜が大好きである」 ★★

851 be subject to 〜「〜を受けやすい / 〜にかかりやすい」 ★★
▶ subject A to B「A に B を受けさせる / A を B にかかりやすくする」の受動態 be subjected to 〜 もほぼ同じ意味。
He **was subjected to** severe trials. （彼は厳しい試練を受けた）

852 be responsible for 〜「〜に対して責任がある」 ★
▶ 類似表現に answer for 〜「〜の責任を負う」(⊃824) がある。

853 be absorbed in 〜「〜に夢中になっている / 〜に没頭している」 ★★
(= **be lost in**)

854 be equal to 〜「（人・能力などが）〜に耐えられる / 〜に対応できる」 ★★
▶ be equal to 〜「〜に等しい / 〜に匹敵する」が元の意味。
He **is equal to** me in strength. （力の強さでは彼は私と同じだ）

855 be similar to 〜「（部分的に）〜に似ている」 ★★

解答　846 (killed)　847 (part [role])　848 (pay)　849 (heart)
　　　　 850 (keen)　 851 (subject)　 852 (responsible, for)
　　　　 853 (absorbed)　854 (equal)　 855 (similar)

Theme 137

☐ **856** 今日の日本では，農業に従事している人はあまり多くない。　（駒澤大）
In Japan today, not many people <u>are</u> (e　) (　　) agriculture.

☐ **857** 彼はそんな間違いをしたことを恥じている。
He is ashamed (　　) (　　) (　　) such a mistake.
　　　　　　（= that he has made）　　　（武庫川女子大）

☐ **858** この本の物語は事実に基づいている。
The story of this book is (b　) (　　) facts.　（東洋大）

☐ **859** メアリーはパーティーに着ていく服については好みがとてもうるさい。
Mary <u>is</u> very (p　) about what she wears for the party.　（明星大）

☐ **860** マーガリンは，視神経の発達に不可欠であるビタミンAが欠けていた。
Margarine used to be (l　) (　　) vitamin A, which is essential for the growth of nerves in the eyes.　（東京薬科大）

☐ **861** 内容をマスターする決意をしなさい。生半可な知識に満足してはいけない。
Make up your mind to master the subject matter and do not <u>be</u> (c　) with half knowledge.　（早稲田大）

☐ **862** その教師は難しい選択に直面していた。
The teacher <u>was</u> (f　) (　　) a difficult choice.　（日本社会事業大）

☐ **863** 私の父は魚釣りが好きです。
My father is (　　) (　　) fishing.　（浜松大）

☐ **864** この歌手は中国の学生にたいへん人気がある。
This singer <u>is</u> very <u>popular</u> (a　) Chinese students.　（東京理科大）

☐ **865** 以前はギャンブルに反対していたのですが，一度当ててからは大賛成です。
I used to <u>be</u> (o　) to gambling but ever since I won a prize, I'm all in favor of it.　（杏林大）

Theme 137 その他の重要熟語 ⑤　　856〜865

856 **be engaged in** ~「~に従事している / ~に没頭している / ~で忙しい」(= **be occupied in** [**with**])　★★

▶ engage in ~「~に従事する［かかわる］」の形も重要。
engage in political activity「政治活動にたずさわる」

857 **be ashamed of** ~「~を恥じている」　★★

▶ be ashamed to do「恥ずかしくて~できない［したくない］」
I'm **ashamed to** say I don't do much reading.
（恥ずかしくて言いにくいんですが，あまり本は読んでいません）

858 **be based on** [**upon**] ~「~に基づいている」　★★

base A on [upon] B「B に A の基礎を置く」➡ A is based on B

859 **be particular about** ~「~について好みがうるさい」　★★

~について (about) 特別の (particular) 関心がある ➡ ~について好みがうるさい

860 **be lacking in** ~「~を欠いている」(= **be wanting in**)　★★

861 **be content(ed) with** ~「（完全にとはいえないが）~に満足している」　★★

▶ contented は content よりくだけた語。
▶「~に（完全に）満足している」は be satisfied with ~。
He **is satisfied with** the results of his experiment.
（彼は実験の結果に満足している）(北里大)

862 **be faced with** ~「~に直面している」(= **be confronted with**)　★★

▶ face「~に直面する［立ち向かう］」(= confront) も入試に頻出。
Universities in this country **face** various problems.
（この国の大学はさまざまな問題に直面している）(津田塾大)

863 **be fond of** ~「~が好きである」(= **like**)　★★

864 **be popular among** [**with**] ~「~に人気がある」　★★

▶ with は「~に対して / ~に」の意味で，『対象』を表す。

865 **be opposed to** ~「~に反対している」(= **be against**)　★★

▶「~に反対する」は，oppose / object to ~ (➡ 84) も押さえておこう。
▶ be opposite to ~ は「~とは正反対である」の意味。
His view **is opposite to** mine.（彼の意見はぼくとは正反対である）

解答
856 (engaged, in)　857 (of, having, made)　858 (based, on)
859 (particular)　860 (lacking, in)　861 (content(ed))　862 (faced, with)
863 (fond, of)　864 (among)　865 (opposed)

Theme 138

□ 866 お歳暮を贈るのは日本に特有の習慣の1つです。 （湘南工科大）
Sending year-end gifts is one of the customs (p) to Japan.

□ 867 試験中はしゃべってはいけないことになっている。
We are not (s) to talk while we are taking an exam. （立命館大）

□ 868 社長になるという彼の望みは実現しそうである。
His ambition to become president is (l) to be realized. （センター）

□ 869 英語ではクラスでヤマダ君の右に出る者はいない。
Yamada is second to ( ) in English in his class.
   (= is the best) （早稲田大）

□ 870 この前の月曜日からずっと雨が降ったり止んだりしている。
It has been raining on and ( ) since last Monday.
   (= intermittently) （摂南大）

□ 871 しばしば彼は腹を立てる。
More often than ( ) he ( ) his temper.
(= most of the time) （立命館大）

□ 872 エリザベスはマークに，あなたとデートする気はないときっぱりと言った。
Elizabeth told Mark, once and ( ) all, that she wouldn't date him. (= in a definite manner) （北里大）

□ 873 そんな短期間で外国語を習得することはほとんど不可能です。
It is ( ) to impossible to master a foreign language in such a short time. (= almost) （神戸商船大）

□ 874 新車は言うまでもなく，洗濯機を買う余裕もない。
We can't afford a washing machine, let ( ) a new car.
   (= much less) （早稲田大）

Theme 138 その他の重要熟語 ⑥ ⮕ 866〜874

866 **be peculiar to** ~「~に特有である」 ★★
867 **be supposed to** *do*「~することになっている / ~すると思われている」★★
　⇔ **be not supposed to** *do*「~してはいけないことになっている」
868 **be likely to** *do*「~しそうである」 ★★
　⇔ **be unlikely to** *do*「~しそうもない」
　　He is likely to come.(彼は来そうだ) = It is likely (that) he will come.
　　He is unlikely to come.(彼は来そうにない) = It is unlikely (that) he will come.
869 **be second to none**「誰[何]にも劣らない」 ★★
　誰[何]に対しても2番目でない ➡ 誰[何]にも劣らない
870 **on and off**「ときどき(= sometimes)/ 断続的に(= intermittently)」★★
　▶ off and on ともいう。
　続いたり(on), 中断したり(off) ➡ ときどき / 断続的に
　▶ on and on「どんどん / 続けて」と区別すること。
　　He walked **on and on** all night.(彼は終夜歩き続けた)(北里大)
871 **more often than not**「しばしば / たいてい」 ★★
　　　　　　　　　　　　　　　(= **often** / **most of the time**)
　▶ often を強めた表現。
　語句 lose *one's* temper「腹を立てる」(⮕ **742**)
872 **once (and) for all**「きっぱりと / これを最後に」 ★★
　　　　　　　　(= **in a final** [**definite**] **manner** / **finally** / **definitely**)
　すべてのこと(all)と交換に(for) この1回だけ(once) ➡ きっぱりと
873 **next to** ~「ほとんど」(= **almost**) ★★
　▶ 通例否定語の前で用いられる。
　▶ next to ~ には「~のすぐそばに / ~の隣の[に] / ~の次の[に]」の意味もある。
　　Put plants **next to** a window so that they will get enough light.
　　(光が十分に当たるように植物は窓際に置きなさい)(東海大)
874 **let alone** ~「~は言うまでもなく」 ★★
　　　　　　　　(= **much** [**still**] **less** ⮕ **180** / **to say nothing of** ⮕ **56**)
　▶ let alone ~ は通例否定文のあとで使う。

解答　866 (peculiar)　867 (supposed)　868 (likely)　869 (none)　870 (off)
　　　871 (not, loses)　　　　872 (for)　　　　873 (next)　874 (alone)

Theme 139

☑ **875** プロジェクトはすでに進行中である。
Our project is already (　　　) way. (= in progress)　　(明海大)

☑ **876** 彼はけがで永久にフットボールができなくなるかもしれない。
The injury may keep him out of football (　　　) good.　　(学習院大)

☑ **877** アドバイスを求められて，私は何と言っていいか途方に暮れた。
Asked for advice, I was at a (　　　) what to say.　　(北海学園大)

☑ **878** あなたが自分で会いに行けば彼女は喜ぶだろう。
She will be glad if you go to see her in (　　　).　　(南山大)

☑ **879** ジェイムズは午前中ずっと忙しく動き回っていた。
James has been on the (　　　) all morning. (= very busy)　　(日本大)

☑ **880** トムはきっと6時までにやって来るだろう。
Tom will come by six o'clock without (　　　). (= for sure)　　(日本大)

☑ **881** 彼らは何よりも平和に暮らしたがっている。
They want, (　　　) all, to live in peace.　　(上智大)

☑ **882** 人間は生命，自由，財産に対する生まれながらの権利を持っていると，彼は詳しく論じた。
He argued in (　　　) that men have a natural right to life, liberty and property.　　(立命館大)

☑ **883** 彼のおかげで，私たちはそれについて前もって知っていた。(大阪電気通信大)
Thanks to him, we knew about it in (a　　　). (= beforehand)

☑ **884** 入学試験が近づいている。
Our entrance examination is near (　　　) (h　　　).　　(千葉工業大)

Power Up! 114　〈under ＋ 名詞〉の表現　　⊃ 875

☐ under way	「進行中で」	☐ under investigation	「調査中で」
☐ under construction	「建設中で」	☐ under repair	「修理中で」
☐ under consideration	「考慮中で」	☐ under discussion	「討議中で」

Theme 139 その他の重要熟語 ⑦ ⇒ 875〜884

875 **under way**「進行中で」（= **in progress**）★★
▶ under は「〜の基準より下で［に］」の意味から「未完成 ➡ 〜中（で）」の意味になる。

876 **for good**「永久に /（これから先）ずっと」★★
（= **forever / permanently**）

877 **at a loss**「途方にくれて / 困って」（= **at** *one's* **wit's［wits'］end**）★★
▶ しばしば〈疑問詞 + to *do*〉や for 〜などを伴う。
They were **at a loss** *for* words.（彼らは言葉に窮した）(関西学院大)

878 **in person**「自分で / 本人が」（= **personally**）★★

879 **on the go**「忙しく働いて / 活動して」（= **very busy or active**）★★
▶ on the go は最近出題されるようになった要注意の口語表現。

880 **without fail**「必ず / きっと」★★
（= **for sure［certain］**⇒ 885 **/ surely / certainly / by all means** ⇒ 483）
▶ by all means「ぜひとも」との言い換えにも注意。
Any mistakes in the computer programs must be avoided **by all means**.
（= without fail）
（どんなコンピュータープログラムの誤りもぜひとも［必ず］避けなければならない）(関西学院大)

881 **above all**（**else / things**）「とりわけ / 中でも / 何よりも」★★
（= **especially**）

882 **in detail**「詳しく / 詳細に」★★

883 **in advance**「前もって / あらかじめ」★★
（= **ahead of time / beforehand**）

884 **at hand**「（時間的に）近づいて / もうすぐで」★★
▶ しばしば close または near とともに用いる。
▶ at hand には「（位置的に）手元に / 近くに」の意味もある。
keep a dictionary (close) **at hand**「辞書を（すぐ）手元に置いておく」

解答　875 (under)　876 (for)　877 (loss)　878 (person)　879 (go)
　　　880 (fail)　881 (above)　882 (detail)　883 (advance)　884 (at, hand)

Theme 140

☐ **885** それをしたのは彼であることを，みんな確かに知っている。
Everybody knows (　　　) sure that it was he who did it. （甲南大）

☐ **886** しかしながら，多くの人が主に道徳的観点からテレビに対して否定的な態度を表明してきた。
Many, however, have expressed a negative attitude toward television, mostly from a moral point of (　　　). （九州大）

☐ **887** まるで間もなく雪が降りそうな空模様です。
It looks as if it will snow (　　　) (　　　). （上智大）

☐ **888** アルコールを飲んだ後で車を運転するなんてとんでもない。 （上智大）
Driving after drinking alcohol is (　　　) (　　　) the question.

☐ **889** その日は特にすることがなかったので，映画に行った。
As I had nothing (　　　) particular (　　　) (　　　) that day, I went to the movies. （早稲田大）

☐ **890** たとえ警察が捜索中とはいえ，犯人はまだ逮捕されていない。 （摂南大）
Even though the police are searching, the criminal is still at (l　　　).

☐ **891** 彼は今仕事中ですが，7時に戻ります。
He is (　　　) work now, but will return at seven. （中央大）

☐ **892** 問題なのは彼女の能力ではなく，性格である。 （青山学院大）
It's not her ability but her character that is (　　　) issue.

Power Up! 115　〈at + 名詞〉の表現　　　　⊃ 891, 892

☐ at work	「仕事中で」	☐ at issue	「論争中で」
☐ at (the) table	「食事中で」	☐ at war	「戦争中で」
☐ at play	「遊んでいて」	☐ at rest	「休息中で」
☐ at school	「(学校で) 勉強中で」	☐ at prayer	「お祈りをして」

Theme 140 その他の重要熟語 ⑧ ⊃ 885〜892

885 for sure [certain]「確かに（は）/ きっと」 ★★
▶ 通例 know / say などの動詞のあとに置いて「確かに（は）」の意味だが，形容詞的に使われる場合もある。
Is it **for sure [certain]** that the volcano is inactive?
 = Is it sure [certain] that the volcano is inactive?
（その火山が活動していないというのは確かですか）(東海大)

886 from 〜 point of view「〜の見地［観点］から（すると）」 ★★
（= from 〜 viewpoint [standpoint / perspective]）

887 before long「間もなく / すぐに」（= soon） ★★

888 out of the question「問題にならない / 不可能な（= impossible）」★★
▶ 日本語でも「問題外だ」と言うので覚えやすい。

889 in particular「特に（= particularly / especially）/ とりわけ」★★
⇔ **in general**（= generally）(⊃ 460)

890 at large「（犯人・動物などが）逃走中で / 捕まらないで」 ★★
▶ at large には（名詞のあとに置いて）「全体としての（= as a whole）/ 一般の（= in general）」の意味がある。
The people **at large** are against war.
（一般大衆は戦争に反対している）(防衛大)

891 at work「仕事中で / 働いて」 ★★
▶ この at は「〜して / 〜の最中で」の意味で，活動に従事中であることを表す（次の 892 の at も同様）。

892 at issue「論争中で［の］/ 問題の」 ★★
▶ issue は入試重要多義語の1つ。「発行 / 〜号 / 問題(点)」などの意味があるが，特に「問題（点）」が重要。
How to protect the natural environment is a global **issue**.
（どのように自然環境を保護するかは世界的な問題です）(立命館大)

解答
885 (for)　　886 (view)　　887 (before, long)
888 (out, of)　889 (in, to, do)　890 (large)
891 (at)　　　892 (at)

Theme 141

893 もしあなたがダイエット中なら，朝食を抜くのは役立たないということを覚えておきなさい。
Remember, if you are (　　　) a diet, skipping breakfast will not help you. （東海大）

894 私は非常に急いでいたので，ドアの鍵をかけるのを忘れてしまった。
I was (　　　) such a hurry that I forgot to lock the door. （昭和女子大）

895 ある程度あなたの言い分は正しい。
You are right (　　　) a certain (e　　). （青山学院大）

896 ひとたび雄と雌の蝶が互いに気づくと，熱心な求愛行動が始まる。
Once a male and a female butterfly have noticed one another, courtship begins in (e　　). （慶應義塾大）

897 心配しなくてもいいよ。国で最もすばらしい医療の助言を自由に手に入れられるから。
You shouldn't worry, because you have the best medical advice in the country (　　　) your disposal. （学習院大）

898 「新しい都市計画をどう思いますか」
「私の考えでは，まったく不適当だと思います」
"(　　　) do you think of the new city plan?"
"(　　　) my opinion, it's quite unsuitable." （立命館大）

899 テレビの天気予報によると，明後日は雨だそうです。
(　　　) to the weather forecast on TV, it will rain the day (　　　) tomorrow. （日本大）

900 クリスはその遊園地でメリーゴーランドの係をしている。 （共立女子大）
Chris is in (c　　) of the merry-go-round in the amusement park.

901 彼女は多くの障害に直面しても，しっかりしていた。 （関西大）
She was steadfast in the (　　　) of many obstacles. (= in spite of)

Power Up! 116 『状態・従事』の on　　　➲ 893

- □ **on** strike「ストライキ中で」　□ **on** the rise [increase]「上昇[増加]中で」
- □ **on** sale「発売中で」　cf. for sale「売り物の」　□ **on** (the) air「放送中で」
- □ **on** the [one's] way「途中で」(➲ 636)　□ **on** a diet「ダイエット中で」
- □ **on** the go「忙しく働いて／活動して」(➲ 879)
- □ **on** duty「勤務中で／当番で」(➲ 538) ⇔ **off** duty「非番で」(➲ 539)

Theme 141 その他の重要熟語 ⑨ ⮕ 893〜901

893 on a diet 「ダイエット中で」 ★★
- ▶ be [go] on a diet 「ダイエットをしている [する]」
- ▶ この on は「〜して／〜中で」の意味で『状態・従事』を表す。

894 in a hurry 「急いで」(= **in haste / hastily**) ★★

895 to some [a certain] extent 「ある程度は／ある程度まで」 ★★
　　　　　　　　　　　　　　　　(= **to some [a certain] degree**)
- ▶ to a great [large] extent 「大いに」も一緒に覚えよう。
  Judging from what she says, he is satisfied **to a great extent**.
  （彼女の言うことからすると，彼は大いに満足しているようだ）(中部大)

896 in earnest 「まじめに／本気で」(= **seriously**) ★★

897 at A's disposal 「A（人）の自由になる（ように）」 ★★
- ▶ disposal は「処分の自由／処分権」の意味。
  cf. dispose of 〜「〜を処分する［処理する］」

898 in my opinion 「私の考え［意見］では」(= **in my view**) ★★
- 語句 What do you think of 〜?「〜をどう思いますか」

899 according to 〜「(情報源) によれば」 ★★
- ▶「明後日（あさって）➡ 明日の次の日」→ the day after tomorrow
  cf.「一昨日（おととい）➡ 昨日の前の日」→ the day before yesterday
- ▶ according to 〜 には「〜に従って／〜に応じて」の意味もある。
  Words and sentences can change meaning **according to** their contexts.
  （単語や文は文脈によって意味が変わることがある）(上智大)

900 in charge of 〜「〜を担当［世話／管理］して」 ★★
- ▶ take charge of 〜「〜を担当［世話／管理］する」
  Mr. Murayama **took charge of** the office while the manager was away.
  （経営者が留守の間，ムラヤマ氏が会社を引き受けた）(神奈川大)

901 in the face of 〜「〜に直面して／〜をものともせず／ ★★
　　　　　　　　　　〜にもかかわらず(= **in spite of** ⮕ 284)」

解答
- 893 (on)　　894 (in)　　895 (to, extent)
- 896 (earnest)　　897 (at)　　898 (What / In)
- 899 (According, after)　　900 (charge)　　901 (face)

Theme 142

☑ **902** 人は時流に左右される傾向がある。 (立正大)
Men are liable to be <u>at the</u> (　　　) of the current of the times.

☑ **903** オーストラリアをその観光名所の点からしか考えないのは間違いだ。
It's a mistake to think of Australia only (　　　) <u>terms of</u> its tourist attractions. (= in relation to) (亜細亜大)

☑ **904** 鉄道は橋やトンネルという手段によって，自然の障壁を容易に克服した。
Railways readily overcame natural barriers <u>by (m　　　) of</u> bridges and tunnels. (武蔵大)

☑ **905** 彼は有名な物理学者であるのに加えて偉大な小説家であった。
(　　　) addition (　　　) being a famous physicist, he is a great novelist.　(= Besides) (鶴見大)

☑ **906** 彼の両親は別として，彼のことを良く知っている者はいない。
<u>(A　　　) (　　　)</u> his parents, no one knows him well. (上智大)

☑ **907** あなたはその計画に賛成ですね。
You are <u>in (f　　　)</u> of the plan, aren't you? (早稲田大)

☑ **908** 私の友達はハワイ経由でカリフォルニアに飛行機で戻る予定です。(センター)
My friend is going to fly back to California <u>by (　　　) of</u> Hawaii.

☑ **909** どのコースが将来あなたの役に立つかはあなたが決めることです。
It is (　　　) <u>to you</u> to decide which courses will be valuable in your future. (= your responsibility) (成蹊大)

☑ **910** 状況が変わったことを考慮して，会議を延期したほうがいい。
<u>In the (　　　) of</u> the changed circumstances, the meeting had better be postponed. (関東学院大)

Theme 142 その他の重要熟語 ⑩　　⊃ 902〜910

902 **at the mercy of** ~ 「~のなすがままに［で］/ ~に左右されて」 ★★

903 **in terms of** ~ 「~の（観）点から / ~に関して」 ★★
- ▶ in relation to ~ 「~に関連して」

904 **by means of** ~ 「~によって / ~を用いて」 ★★
- ▶ means 「手段 / 方法」
- ▶ by だけの場合よりも「手段」の意味を明確に表す。

905 **in addition to** ~ 「~に加えて / ~のほかに」（= **besides**） ★★
- ▶ in addition は「さらに / その上」という意味の副詞句。

   Thomas Jefferson was a great statesman. **In addition**, he was a talented architect and inventor.
   (トーマス・ジェファーソンは偉大な政治家であった。その上，才能ある建築家であり発明家でもあった)（城西大）

906 **apart from** ~
　　　　「~は別として（= **aside from**）/ ~を除いて（= **except for**）」 ★★
- ▶ apart from ~ には「~に加えて / ~のほかに」（= in addition to）の意もある。

   Apart from the violin, he plays the piano and flute.
   (彼はバイオリンのほかに，ピアノとフルートも演奏する)

907 **in favor of** ~ 「~に賛成して / ~を支持して」（= **for**） ★★

908 **by way of** ~ 「~経由で」（= **via**） ★★
- ▶ by way of ~ には「~として / ~のつもり［目的］で」の意味もある。

   Let me say a few words **by way of** apology.
   (ちょっと言い訳させてください)（島根大）

909 **up to** ~ 「~の責任［義務］で / ~次第で」 ★★
- ▶ up to ~ にはほかに「~まで / ~に至るまで」「(通例悪事など)をたくらんで」などの意味もある。

   I have heard nothing about him **up to** now.
   (今までのところ，彼のことは何も聞いておりません)（横浜市立大）
   What was he **up to** then?（そのとき彼は何をたくらんでいたのか）（青山学院大）

910 **in (the) light of** ~ 「~に照らして / ~を考慮して / ~から見て」 ★★

解答 902 (mercy)　903 (in)　904 (means)　905 (In, to)　906 (Apart, from)
907 (favor)　908 (way)　909 (up)　910 (light)

読解演習について ―英語の実力，カンを養うには―

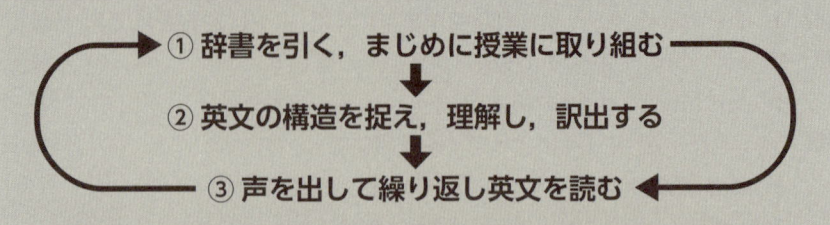

① 辞書を引く，まじめに授業に取り組む
↓
② 英文の構造を捉え，理解し，訳出する
↓
③ 声を出して繰り返し英文を読む

この地道な繰り返しが，実力を貯え，勘を養うことになる！

　大切なのは，問題集や演習書，参考書をどのように使うかである。
　本書 Part 1, 2 に収めてある 910 項目の文法・語法事項・重要構文，重要熟語は，いわゆる一問一答式の問題にだけでなく，総合読解，英文和訳などの問題にも重点を置いて，広く入試の英文に頻出するものが選ばれている。そして，これらを最短の時間で効率的にマスターできるよう，選択補充式・並べ替え式・記述補充式，一部は部分英作式のスタイルを採用した。

　しかし，ある程度のまとまりを持った英（語長）文では，様々な修飾語句や挿入語句が盛り込まれて，文の構造が複雑になっている場合が多い。そのため，せっかく文法・語法知識に習熟し，構文や熟語を身につけていても応用がきかず，文意を正しくとれないこともある。
　そこで，Part 3 には解釈問題を 90 題，設けることにした。

　問題の選択にあたっては，一文中または一塊の文中にできるだけ多くの重要構文や熟語が含まれている英文を厳選した。少なくとも 2 つ以上の既習事項が含まれることになるから，勇気を持って取り組んでもらえれば，Part 1, 2 の習熟によって，いかに実戦的な知識を身につけてきたかが実感できるはずだ。
　各英文には語い（語彙：単語，熟語）の注釈，構文・熟語の注釈及び参照先が，あらかじめ示されている。まずは，上記①・②のステップにじっくり取り組んでほしい。②については解釈・訳出上の(盲点)を適宜付したので，ここで理解を確かなものとし，③のステップも必ず踏むように。この繰り返しが，本書での学習を効果的なものとする。

　90 題は決して少なくはないが，本書を手にとってくれた諸君はこれから，本格的に英文解釈にとりかかるはず。その実際を知り，心を構えるにあたっては，ほどよいウォームアップになることだろう。

Part 3

読解演習編

Part 1, 2 の学習を英文解釈に応用し，活用を実感するのが本編の目標です。全90題の中に，Part 1, 2 で扱った事項が269個含まれています。
なお，読解演習のあとに APPENDIX（付録）として，

1　IMPORTANT PROVERBS 80
　（重要なことわざ80）
2　IMPORTANT EXPRESSIONS 80 + 1
　（重要な（会話・口語）表現80 + 1）

があります。
英文を読んで，意味を考えてみましょう。

第23章 短期征服 読解演習90

911 Children should be taught how to get along with others. (法政大)

- ☐ **how to do**「どのように~すべきか/~の仕方」(→ 51)
- ☐ **get along with ~**「~と仲よくやっていく」(→ 419)
- ☐ **others** 代「他人」

(盲点) 〈助動詞＋受動態〉は，能動態に直して訳すほうが，自然な日本語になることが多い。

(訳例) 子供たちには他人とのつきあいかたを教えるべきだ。

912 It's no use trying to keep it secret; it's sure to come out in the end. (青山学院大)

- ☐ **It is no use [good] doing**「~しても無駄である」(→ 90)
- ☐ **keep it secret**「秘密にしておく」
  ▶ keep O C「O を C（状態）に保つ」
- ☐ **be sure to do**「必ず~する/きっと~する」(→ 615)
- ☐ **come out**「明らかになる」(→ 661)
- ☐ **in the end**「結局/最後には」(→ 645)

(訳例) 秘密にしておいても無駄だ。きっと結局はばれる。

913 I was unwilling to agree to the proposal, but it seemed that I had no choice. (武蔵大)

- ☐ **be unwilling to do**「~する気がない/~したくない」(→ 516)
- ☐ **agree to ~**「（計画・提案など）に賛成する［同意する］」(→ 567)
- ☐ **proposal** 名「提案」(= suggestion) < propose 動「~を提案する」
- ☐ **It seems that 節**「~のように思われる」(→ 12)
- ☐ **have no choice**「選択の余地がない/選ぶ権利がない」

(盲点) choice は「選択の自由［権利/余地］」の意。
　　　 have no choice but to do「~するよりしかたがない」(→ 344)

(訳例) その提案に同意したくはなかったが，選択の余地はないように思われた。

914 In those days, it was far from easy to come by a good job. (獨協大)

- ☐ **in those days**「そのころは/当時」 cf. these days「最近（では）」
- ☐ **far from ~**「決して~でない」(→ 213)

☐ **come by ~**「~を手に入れる」(= get / obtain) (➔ **667**)
訳例 当時，よい職を得るのは決して容易ではなかった。

915 I spoke to him on the phone the other day and he made me promise to keep it to myself. (東海大)

☐ **speak to ~**「~と話をする / ~に話しかける」
☐ **on [over] the phone**「電話で」 *cf.* by phone「電話で」
☐ **the other day**「先日」(*on the other day)
☐ **make A *do***「(無理やりに) A に~させる」(➔ **62**)
☐ **to *oneself***「(自分の) 心の中に[で]」(➔ **Power Up! 13**)
  ▶ **keep ~ to *oneself***「(情報など) を心に秘める[人に知らせない]」
訳例 先日彼と電話で話したら，そのことを内緒にしておくようにと約束させられた。

916 If he hadn't come on time, the plane would have taken off without him. (明治大)

☐ **If + S + had *done* ~ , S' + would + have *done* ...** (➔ **222**)
  「もし(あのとき)~だったら，…だった[した]だろう(に)」
☐ **on time**「時間どおりに / 定刻に」(= punctually) (➔ **628**)
☐ **take off**「(飛行機などが) 離陸する」(➔ **495**)
訳例 もし彼が時間どおりに来なかったら，飛行機は彼を乗せずに離陸していただろう。

917 He differs from us in that he believes in the supernatural.

☐ **differ from ~**「~と異なる」(= be different from) (➔ **601**)
☐ **in that ~**「~という点で / ~だから (= because)」(➔ **269**)
☐ **believe in ~**「~の存在[価値 / 良さ]を信じる」(➔ **822**)
☐ **the supernatural**「超自然的なもの / 神秘的なもの」
盲点 形容詞が名詞に昇格することがある。
  〈the + 形容詞〉= 名詞(文語的表現)
    ①「~な人々」〔複数普通名詞〕 the rich「裕福な人」
    ②「~のもの[こと]」〔抽象名詞〕 the ordinary「ふつうのこと」
訳例 彼は超自然的なものがあると信じている点で私たちとは違う。

918 It is said that most traffic accidents are due to carelessness on the part of the drivers.　　　　　　　　　　　　　（近畿大）

- ☑ **It is said that 節**「〜だと言われている / 〜だそうだ」（⤷ 8）
- ☑ **a traffic accident**「交通事故」　*cf.* a traffic jam「交通渋滞」
- ☑ **be due to 〜**「〜のせい［ため］である」（⤷ 273）
- ☑ **on the part of 〜 = on 〜's part**「〜の側の［で / から］」

（訳例）交通事故のほとんどは運転手側の不注意のせいだと言われている。

919 Please make the most of this chance to get to know each other.

- ☑ **make the most of 〜**「〜を最大限に利用する」
    - ▶ make the best of 〜 との違いに注意。（⤷ 373, 374）
- ☑ **get to *do***「〜するようになる」（= come to *do*）（⤷ 66）
- ☑ **each other**「お互い（に）」（= one another）

（盲点）each other は副詞句ではなく代名詞なので，常に他動詞・前置詞の目的語として用いる。本問では know の目的語になっている。

（訳例）お互いを知り合うのにこのチャンスをできるだけ活かしなさい。

920 In spite of the heavy traffic, I managed to get to the airport in time.

- ☑ **in spite of 〜**「〜にもかかわらず」（= despite）（⤷ 284）
- ☑ **heavy [light] traffic**「多い［少ない］交通量」（⤷ 盲点）
- ☑ **manage to *do***「どうにか〜する」（= succeed in *doing*）（⤷ 67）
- ☑ **get to 〜**「〜に到着する」（= reach）（⤷ 416）
- ☑ **in time**「間に合って / 遅れずに」（⤷ 627）

（盲点）「交通量の多い ⇔ 少ない」は，heavy [a lot of] ⇔ light を用いる。（*many [few] traffics）

（訳例）交通量が多かったにもかかわらず私はどうにか空港に遅れずに到着した。

921 You had better leave the matter as it is for the present. They are all hoping for a peaceful solution. 〔東北学院大〕

- ☐ **had better** *do*「〜するほうがよい／〜しなさい」（⊃ 45）
- ☐ **matter** 名「事柄／問題／困ったこと」
- ☐ **as it is**「そのまま／あるがままに」は『様態』の as を使った慣用表現。it は指すものによってほかの人称代名詞にもなる。
  　　See things as they are.（物事をありのままに見なさい）
- ☐ **for the present**「当分の間／さしあたりは」（⊃ 465）
- ☐ **hope for 〜**「〜を望む」（= want）（⊃ 盲点）
- ☐ **a peaceful solution**「平和的解決」

盲点　hope は（代）名詞が続くときには for を必要とする。
　　　　I hope (that) he will succeed in business.
　　　　= I hope for his success in business.
　　　　（私は彼が仕事で成功することを望んでいる）

訳例　当分の間その件はそっとしておいたほうがいい。彼らはみんな平和的解決を望んでいるのだから。

922 I had difficulty in getting over the habit of finding fault with others. 〔慶應義塾大〕

- ☐ **have difficulty [trouble] (in)** *doing*「〜するのに苦労する」（⊃ 86）
- ☐ **get over 〜**「〜を乗り越える／〜を克服する」（⊃ 693）
- ☐ **find fault with 〜**「〜のあら探しをする」（⊃ 691）
- ☐ **others** 代「他人」

訳例　他人のあら探しをする癖をなおすのに苦労しました。

923 It doesn't necessarily mean you will be rich for good. You will be badly off unless you make efforts. 〔産業能率大〕

- ☐ **not necessarily**「必ずしも〜というわけではない」（⊃ Power Up! 66）
- ☐ **for good**「永久に／（これから先）ずっと」（= forever）（⊃ 876）
- ☐ **be badly off**「暮らし向きが悪い／貧乏である」（⊃ 519）
  　⇔ **be well off**「暮らし向きがよい／裕福である」（⊃ 518）
- ☐ **unless 〜**「〜でない限り／もし〜でなければ（= if ... not）」（⊃ 234）
- ☐ **make an effort [efforts]**「努力する」（⊃ 753）

訳例　そのことは，あなたが必ずしもこれから先ずっと裕福であることを意味するものではない。努力しないと暮らし向きが悪くなるよ。

924 He was caught cheating on the exam twice. He should be ashamed of himself for having done that. (法政大)

- ☐ **catch A *doing*** 「Aが〜しているところを見つける」(→ 98)
  ▶本問はAを主語にした受動態の文。
- ☐ **cheat on [in / at]** 〜「(試験で) カンニングをする」(→ 盲点)
- ☐ **be ashamed of** 〜「〜を恥じている」(→ 857)
  ▶be ashamed of *oneself*「恥を知る」
- ☐ **for having *done*** 「〜したことに対して」 ▶完了形の動名詞 (→ 73)
- (盲点) 「カンニング」は cheating (×cunning)。cunning 形は「ずるい」の意。
- (訳例) 彼は試験でカンニングしているところを２度見つかった。そんなことをしたことに対して恥を知るべきだ。

925 No sooner had he recovered from illness than he set about his business. (日本大)

- ☐ **No sooner 〜 than …** 「〜するとすぐに…」― 倒置形 (→ 264)
- ☐ **recover from** 〜「(病気・怪我・苦しみ) から回復する」
- ☐ **set about** 〜「〜にとりかかる / 〜を始める」(→ 780)
- (訳例) 彼は病気が治るやいなや，仕事に取りかかった。

926 Though this kind of work calls for great perseverance, I have made up my mind to get through with it. (東海大)

- ☐ **call for** 〜「〜を要求する / 〜を必要とする」(→ 674)
- ☐ **perseverance** 名「根気強さ / 忍耐 (力)」
  < persevere 動「根気強く努力する」(= keep on trying)
- ☐ **make up *one's* mind** 「決心する」(= decide / determine) (→ 751)
- ☐ **get through with** 〜「(仕事など) を終える」(→ 694)
- (訳例) この種の仕事には大変な根気強さが必要なのだが，私はそれをやり遂げる決心をした。

927 Quite a few students failed to hand in their assignments. (獨協大)

- ☐ **quite a few** 「かなり多くの」(= many / not a few) (→ 盲点)
- ☐ **fail to *do*** 「〜しない / 〜できない」(= do not *do* / cannot *do*) (→ 70)
- ☐ **hand in** 〜「〜を提出する」(= turn in) (→ 401)
- ☐ **assignment** 名「宿題 / 課題 / 任務 / 仕事」

＜ assign 動「〜を割り当てる」

(盲点) a few に quite がつくと,「かなり多くの」の意。「少し」ではなく「かなり多い」ことに注意。
　　quite a few people = a considerable number of people
　　「かなり（多く）の人」

(訳例) かなり多くの学生が課題を提出しなかった。

928 Hardly had I turned off the light when I fell asleep. （獨協大）

☐ **Hardly 〜 when ...**「〜するとすぐに…」— 倒置形（➲ 263）
☐ **turn off 〜**「（電灯・テレビなど）を消す」（➲ 558）
☐ **fall asleep**「寝入る」（➲ 684）

(訳例) 電灯を消すとすぐに私は眠りに落ちた。

929 We are often aware in the morning of having had a dream, but cannot remember what it was about. （大阪大）

☐ **be aware of 〜**「〜に気づいている」（➲ 510）
☐ **have a dream**「夢を見る」（*see a dream）（➲ **Power Up! 98**）
☐ **What is S (all) about?**「S はいったい何（について）ですか」
　▶本問では remember の目的語になった間接疑問なので what it was about の語順になっている。

(訳例) 朝，夢を見ていたという意識はあるのだが，その夢がどんなものだったか思い出せないということがしばしばある。

930 Some voted for it; others voted against it; the rest abstained from voting. （四天王寺国際仏教大）

☐ **some 〜 others ...**「〜のものもいれば，…のものもいる」（➲ 24）
☐ **vote for 〜**「〜に賛成の投票をする」（= vote in favor of）
　⇔ **vote against 〜**「〜に反対の投票をする」
☐ **the rest**「残り / その他」　▶rest は「休息」の意だけではないので注意。
☐ **abstain from 〜**「（よく考えて）〜を差し控える」
　▶refrain from 〜 は「（主に衝動的な行為など）を慎む［差し控える］」
　　　　　　　　　　　　　　　　　　　　　　　　　　　　（➲ 829）

(訳例) それに賛成票を入れた人もいれば，反対票を投じた人もいた。残りの人たちは棄権した。

931 I burst out laughing in spite of myself when I saw them dancing on the stage.

- ☑ **burst out** *doing*「急に〜し出す」（= burst into）（⊃ 354）
- ☑ **in spite of** *oneself*「思わず」（⊃ 284）
- ☑ **see A** *doing*「Aが〜しているのを見る」（⊃ 95）

訳例　彼らが舞台で踊っているのを見て思わず吹き出してしまった。

932 It seems that in ancient times the inhabitants of the Andes kept in touch with the outside world by means of this waterway.

- ☑ **It seems that** 節「〜のように思われる / 〜らしい」（⊃ 12）
- ☑ **ancient** 形「古代の / 大昔（から）の」
- ☑ **times** 名「時代」　*cf.* in ancient times「大昔 / 古代に」
- ☑ **inhabitant** 名「住民 / 居住者」＜ inhabit 動「〜にすむ / 〜に生息する」
- ☑ **keep in touch with** 〜「〜と連絡をとり合う」（⊃ 588）
- ☑ **by means of** 〜「〜によって / 〜を用いて」（⊃ 904）

訳例　大昔，アンデス山脈の住民は，この水路によって外部の世界と接触を保っていたようだ。

933 It is easy to speak ill of a man behind his back, but difficult to praise him to his face.　　　　　　　　　　　　　　（関西外国語大）

- ☑ **It is ... to** *do*「〜することは…だ」（⊃ 1）
- ☑ **speak ill of** 〜「〜のことを悪く言う」（⊃ 497）
- ☑ **behind A's back**「Aの陰で / Aのいないところで」（⊃ 520）
- ☑ **praise** 動「（高く評価して）〜を誉める」
- ☑ **to A's face**「Aに面と向かって / 公然と」（⊃ 521）

訳例　陰で人の悪口を言うのは簡単だが，面と向かって人を誉めるのは難しい。

934 A bad habit, once formed, is by no means easy to get rid of.　　　　　　　　　　　　　　　　　　　　　（聖学院大）

- ☑ **once**「いったん［ひとたび］〜すると」 ― 『時 + 条件』
- ☑ **once formed**「いったん身につくと」　▶副詞節中の〈S + be〉の省略。本間は once it is formed の it is が省略された形。（⊃ 334）
- ☑ **by no means**「決して〜でない」（⊃ 211）
- ☑ **get rid of** 〜「〜を取り除く」（⊃ 699）

(盲点) to get rid of は直前の形容詞 easy の意味を限定する副詞用法の不定詞。A is easy [hard / impossible など] + to do「A は…するのがたやすい[難しい / 不可能である]」の形で用いる。この構文では，不定詞の目的語は明示されず主語 A が不定詞の意味上の目的語になる。

(訳例) 悪癖は，いったん身につくと，取り除くのは決して容易ではない。

935 Please feel free to make use of this service at any time without any obligation or charge.

- □ **feel free to** *do*「遠慮なく〜する」(→ 687)
- □ **make use of 〜**「〜を利用する」(= use / utilize)(→ 372)
- □ **at any time**「いつでも / どんなときでも」　▶at を省略して，any time / anytime とすることもある。《米》では anytime がふつう。
- □ **obligation** 名「(法律・道徳上の) 義務」(= duty)
- □ **charge** 名「(サービスに対する) 料金 / 使用料 / 手数料」

(訳例) いかなる義務もなく無料で，いつでもこのサービスを遠慮なくご利用ください。

936 If anything, he feels like living in the country for the sake of his health. （福井工業大）

- □ **if anything**「どちらかと言えば」(→ **Power Up! 103**)
- □ **feel like** *doing*「〜したい気がする」(→ 92)
- □ **for the sake of 〜**「〜のために」(→ 648)

(訳例) どちらかと言えば，彼は健康のために田舎で暮らしたいと思っている。

937 The car must have cost you not less than 7,000 dollars.

- □ **must have** *done*「〜した[だった]にちがいない」(→ 37)
- □ **cost A B**「A に B (費用) がかかる」
- □ **not less than 〜**「少なくとも〜」(→ **Power Up! 59**)

(訳例) その車は少なくとも 7 千ドルはしたでしょう。

938 The longer you put off your work, the less inclined you will be to do it. （工学院大）

- □ **the -er [more] 〜, the less ...**「〜すればするほど，…でなくなる」(→ 176)
- □ **put off 〜**「〜を延期する」(= postpone)(→ 766)
- □ **be [feel] inclined to** *do*「〜したい気持ちがある」(→ 92)
  ▶be inclined to *do*「〜しがちである」(→ 432) も押さえておくこと。

(訳例) 仕事は先延ばしにすればするほど，やりたくなくなるものだ。

939 Sachiko suggested to her husband that they make it a rule to take turns doing the dishes after dinner. （駿河台大）

☐ **suggest（to A）that + S（+ should）+ 原形**
　　　　　　　　　　　　　　　　　　　「(Aに)…することを提案する」
　▶that 節中の make が原形（仮定法現在）であることに注意。（⊃ 盲点）

☐ **make it a rule to** *do*「いつも～することにしている」（⊃ 16）
☐ **take turns（at [in]）** *doing*「交替で～する」（⊃ 801）
☐ **do the dishes**「皿洗いをする」（⊃ 682）

(盲点) suggest は二重目的語をとる動詞ではないので，×〈suggest＋A＋that 節〉の形はない。
　　　 He suggested (to me) that she (should) go alone.
　　　 (彼は(私に)彼女を1人で行かせてはどうかと言った)

(訳例) サチコは夫に，夕食後の皿洗いは交替ですることにしようと提案した。

---

940 Even expensive clothes won't last forever; they are bound to wear out sooner or later. （京都外国語大）

☐ **expensive** 形「（品物が）高価な」⇔ cheap
☐ **last** 動「（物などが）もつ／（ある期間）続く（＝ continue）」
☐ **be bound to** *do*「きっと～する／～するはずだ」（⊃ 616）
☐ **wear out**「すり減る／すり切れる」　▶wear out の他動詞用法「～をすり減らす／～を疲れ果てさせる」も重要。（⊃ 815）
☐ **sooner or later**「遅かれ早かれ」（⊃ Power Up! 57）

(訳例) 高価な洋服だって永久にはもたない。遅かれ早かれすり切れてしまう。

---

941 We asked him to take into consideration the fact that the fire had lasted several hours. （杏林大）

☐ **ask A to** *do*「Aに～するように頼む」（⊃ 57）
☐ **take ～ into consideration**「～を考慮に入れる」（⊃ 346）
　▶目的語である「～」の部分が長いので，take into consideration ～ の語順になっていることに注意。
☐ **the fact that 節**「～という事実」
　▶that 節は直前の名詞 the fact の具体的な内容を同格的に説明している。〈A＋that 節〉で「～というA」のように訳す。the news that ～「～という知らせ」，the belief that ～「～という信念」

(訳例) 私たちは彼にその火事が数時間も続いているという事実を考慮するよ

うに頼んだ。

942 Though he is fairly well off, he is frugal; he takes after his father in that respect. (早稲田大)

- ☐ **fairly** 副「かなり／まあまあ」
  ▶ fairly ＜ quite ＜ rather ＜ pretty ＜ very の順で意味が強くなる。
- ☐ **be well off**「暮らし向きがよい／裕福である」(⇒ 518)
- ☐ **frugal** 形 [frúːgəl]「質素な／倹約する」(= economical / thrifty)
- ☐ **take after ~**「～に似ている」(= resemble)(⇒ 786)
- ☐ **in that [this] respect**「その［この］点で」
- (盲点) 名詞 respect は「尊敬」という意味のほか，本問のように「点」という意味でも用いられる。in ~ respect「～の点で」の形で使われることが多い。
  His idea is different in many [some / all] respects from those of others.
  (彼の考えは多くの［いくつかの／すべての］点でほかの人と違っている)
- (訳例) 彼はかなり裕福だが倹約家だ。その点では父親に似ている。

943 As far as I know, he is equal to taking your place.

- ☐ **as far as ~**「～する限りでは」(⇒ 653)
- ☐ **be equal to ~**「(任務など)に耐えられる／～する力量がある」(⇒ 854)
- ☐ **take A's place**「A に取って代わる／A の代わりをする」(⇒ 795)
- (訳例) 私の知る限りでは，彼はあなたの代わりをするだけの力がある。

944 Saki, why don't you take some time off? You have been working too hard lately. (センター)

- ☐ **Why don't you *do*?**「～してはどうか／～したらどうか」(= Why not *do*?)
- ☐ **take ~ off**「(～の期間)休暇をとる」(⇒ 798)
- ☐ **lately** 副「最近」(= recently) *cf.* late「遅く」
- (訳例) サキ，少し休みをとったらどうだい。最近，根を詰めて働きすぎだ。

945 Now that we can afford to, let's put aside some money for a rainy day.

- ☐ **Now (that) ~**「今や～なので／～である以上」(⇒ 268)
- ☐ **can [cannot] afford (to *do*)**「(～する)余裕がある［ない］」(⇒ 68)
- ☐ **put aside**「～をたくわえる／～をとっておく」(= save)(⇒ 412)
- ☐ **for [against] a rainy day**「万一に備えて／困ったときのために」
- (訳例) 今は余裕があるから，万一に備えて少しお金をたくわえておこう。

946 I'm afraid I'm too old to keep up with recent technological innovations.

- ☐ **I'm afraid ~**「(望ましくないことを予想して)~と思う / ~のようだ」
- ☐ **too ... to do**「とても…なので~できない」(⊃ 299)
- ☐ **keep up with ~**「~に遅れずについていく」(⊃ 600)
- ☐ **technological innovations**「技術革新」

(訳例) この歳になると最近の技術革新にはついていけそうもない。

947 Instead of sending somebody on your behalf, you had better go and speak in person.

- ☐ **instead of** *doing*「~しないで」(⊃ 487)
- ☐ **on A's behalf**「A に代わって」(⊃ 649)
- ☐ **had better** *do*「~するほうがよい」(⊃ 45)
- ☐ **in person**「自分で / 本人が」(⊃ 878)

(訳例) 誰かを代理にやらずに，あなたが自分で行って話すほうがよい。

948 "Bob, I want you to look this over before I turn it in."
"I wish I could, but I'm tied up right now."

- ☐ **want A to** *do*「A に~してもらいたい」(⊃ **Power Up! 20**)
- ☐ **look over ~**「(書類など) にざっと目をとおす」(⊃ 565)
- ☐ **turn in ~**「~を提出する」(= submit) (⊃ 402)
- ☐ **I wish I could.**「できればいいですが」(⊃ 248)
- ☐ **be tied up**「(忙しくて) 手が離せない」
- ☐ **right now**「今のところ / 今ちょうど」

(訳例) 「ボブ，これを提出する前にざっと目をとおして欲しいの」
「できればいいんだが，今，手が離せないんだ」

949 As long as he could have his own way, he didn't care what would become of others.

- ☐ **as long as ~**「~しさえすれば / ~なら」—『条件』(⊃ 651)
- ☐ **have** *one's* **own way**「自分の思いどおりにする」(⊃ 716)
- ☐ **care wh 節**「~か気にする [心配する]」
- ☐ **What becomes of ~?**「~はどうなるのか」(= What happens to ~?)

(訳例) 自分が思いどおりにすることができさえすれば，彼は人がどうなろうと構わなかった。

950 John used to write me every other week, but I hardly ever hear from him any more. 〔慶應義塾大〕

- ☑ **used to** *do*「（今はしていないが）以前はよく～したものだった」（⊃ 35）
- ☑ **every other ～**「1つおきの～」
  ▶ every other week「1週間おきに」 every other line「1行おきに」
- ☑ **hardly ever**「めったに～ない」（= seldom）（⊃ 199）
- ☑ **hear from ～**「～から便りがある」（⊃ 561）
- ☑ **any more / anymore**
  〔否定文で〕「もう［これ以上］（～ない）/ 二度と（～ない）」

〈訳例〉ジョンは以前には1週間おきに手紙をくれたものだったが，今ではもうめったに彼から便りはない。

951 "How come you're so late?"
"Because I got lost on the way." 〔南山大〕

- ☑ **How come + S + V?**「（驚きを示して）なぜ / どうして」（⊃ 盲点）
- ☑ **get lost**「道に迷う / 途方に暮れる」
- ☑ **on the way**「途中で」（⊃ 636）

〈盲点〉 How come + S + V? は Why ～? と異なり，後ろが平叙文の語順である点がポイント。
　　　How come you decided to marry her?
　　　= Why did you decide to marry her?
　　　（どうしてあなたは彼女と結婚することに決めたのですか）

〈訳例〉「どうしてこんなに遅れたのですか」
「途中で道に迷ってしまったからです」

952 It took great pains to submit a manuscript free from error.

- ☑ **It takes（A）+ 時間［労力］+ to** *do*
  「（Aが）～するのに（時間［労力］）がかかる」（⊃ 3）
- ☑ **pains** 名「骨折り / 苦労」（⊃ 800）
- ☑ **submit** 動「～を提出する（= hand in / turn in）（⊃ 402）/（～ *oneself* to で）～に服従する」
- ☑ **manuscript** 名「原稿」
  ▶ manu（= hand）+ script（書かれた）
- ☑ **free from［of］**「（望ましくないものが）ない」（⊃ 215）

〈訳例〉まちがいのない原稿を提出するにはずいぶん骨が折れた。

953 Harry tried to join the army but was turned down because of a weak heart.

- ☐ **try to** *do* 「〜しようと努力する」(→ Power Up! 26)
- ☐ **turn down 〜**「〜を拒絶する」(= refuse / reject)(→ 813)
- ☐ **because of 〜**「〜のために」(→ 270)

訳例　ハリーは軍隊に入ろうとしたが，心臓が弱いので拒否された。

954 Young as she was, she was very good at making up stories offhand.

- ☐ 形容詞 + **as** + S + V「Sは〜だけれども」(→ 280)
- ☐ **be good at 〜**「〜が得意である」⇔ **be poor at [in] 〜**「〜が苦手である」
- ☐ **make up 〜**「〜を作り上げる」(→ 743)
- ☐ **offhand** 副形「即座に〔の〕」

訳例　彼女は若かったが，即興で物語を作り上げるのがとても上手だった。

955 I'm not opposed to what you're saying. On the contrary, I completely agree with you.

- ☐ **be opposed to 〜**「〜に反対している」(→ 865)
- ☐ **on the contrary**「それどころか」(→ 630)
- ☐ **completely** 副「完全に / まったく」(= wholly / fully / entirely)
- ☐ **agree with 〜**「(人・考え) に賛成する / 〜と意見が一致する」(→ 566)

訳例　あなたの言っていることに反対しているわけではない。それどころか，あなたの意見にまったく同感だ。

956 In the face of such disaster it is a wonder that people are willing to take such risks.

- ☐ **in the face of 〜**「〜に直面して / 〜にもかかわらず」(→ 901)
- ☐ **disaster** 名「災害 / 大惨事」(= catastrophe / calamity)」
- ☐ **wonder** 名「驚くべき〔不思議な〕人〔物 / 事〕」
  - ▶ It's a wonder (that) 〜「〜とは驚き〔不思議〕だ」
- ☐ **be willing to** *do*「〜する気がある / 〜するのをいとわない」(→ 516)
- ☐ **take [run] a risk**「危険を冒す」(→ 772)

訳例　このような災害を受けたにもかかわらず，人々がこうした危険を冒すのをいとわないのは驚きだ。

957 As soon as he graduated from high school, he took over his family business.

- ☐ **as soon as ~**「～するとすぐに」(⊃ 260)
- ☐ **graduate from ~**「～を卒業する」
    - ▶graduate は自動詞なので，from が必要。
- ☐ **take over ~**「(事業・職務など) を引き継ぐ」(⊃ 789)
- ☐ ***one's* family business**「家業」
- 訳例　彼は高校を卒業するとすぐに家業を継いだ。

958 Whenever I return to England for a holiday, I spend most of my time wandering from place to place in search of literary memories.

- ☐ **whenever**「～するときはいつでも / ～するたびに」(⊃ 152)
- ☐ **spend A *doing***「A (時間) を～して過ごす [～するのに費やす]」(⊃ 87)
- ☐ **wander** [wά(:)ndər] 動「歩き回る / さまよう」
    - ▶wonder [wʌ́ndər]「不思議に思う」
- ☐ **from place to place**「あちこち / いろいろな場所へ」
- ☐ **in search of ~**「～を探して / ～を求めて」(⊃ 408)
- ☐ **literary** 形「文学 (上) の」＜ literature 名「文学」
- ☐ **memory** 名「記念の [思い出す] もの [人 / 事件]」
- 訳例　休暇でイギリスに帰るたびに，私は文学にゆかりのある記念物を探し求めてあちらこちらと歩き回ることに時間の大半を費やす。

959 Make sure that you make a reservation two months in advance. (千葉商科大)

- ☐ **make sure that** 節「必ず～するように手配する」(⊃ 759)
- ☐ **make a reservation**「予約を取る [する]」
    - ▶**have a reservation**「予約をしてある」
        Do you have a reservation?（ご予約はされていますか）
- ☐ **in advance**「前もって / あらかじめ」(= beforehand) (⊃ 883)
- 訳例　2ヶ月前にはまちがいなく予約をするように。

960 He was brave enough to take on the work, which added to his reputation.

☐ **brave** 形「勇敢な」(= courageous / bold) > bravery 名「勇敢さ」
☐ **be brave enough to** *do* = be so brave as to *do*「勇敢にも～する」
　　　　　　　　　　　　　　　　　　　　　　　　　　(⊃ 300, 302)
☐ **take on ～**「(仕事・責任など)を引き受ける」(⊃ 790)
☐ 前の文全体を先行詞とする **which** (⊃ 148)
☐ **add to ～**「～を増やす[増す]」(= increase) (⊃ 820)
☐ **reputation** 名「評判 / 名声 / 信望」
(訳例) 彼は勇敢にもその仕事を引き受けたが，それで彼の評判が一層上がった。

961 It is good of you to come all the way to the station and see me off. Please remember me to your family. (別府大)

☐ **It is good of A to** *do*「～するとはAは親切だ」(⊃ 2)
☐ **all the way**「途中ずっと /(遠いところを) はるばる」
☐ **see ～ off**「～を見送る」(⊃ 776)
☐ **Remember me to A**「Aによろしくお伝えください」(⊃ 442)
(訳例) わざわざ駅までお見送りくださってありがとう。ご家族のみなさんにどうぞよろしく。

962 No one could remain alive if he or she were not a coward to some extent. (武蔵工業大)

☐ **S + could + 原形…, if + S + 仮定法過去形～**「もし～するなら，…することができるだろう」― 仮定法過去：if節の後置 (⊃ 221)
☐ **remain alive**「生き続けている / 生き延びる」
　▶ **remain + C**「Cのままである」。alive「生きて」は叙述用法(= Cとして用いられる)のみの形容詞。
☐ **coward** 名「臆病者」(= chicken) > cowardly 形「臆病な」
☐ **to some extent**「ある程度まで」(⊃ 895)
(訳例) ある程度臆病者でなければ，誰一人生き延びることはできないだろう。

963 He learned to distinguish faulty devices from good ones.

☐ **learn to** *do*「～することを学ぶ / ～する[できる]ようになる」(⊃ 66)
☐ **distinguish A from B**「AとBを区別する」(⊃ 361)

- ☐ **good ones**「よいもの（＝装置）」= good devices
  ▶ 名詞の繰り返しを避ける one の複数形 ones は，必ず修飾語つきで用いる。

訳例 彼は欠陥のある装置とよい装置の区別ができるようになった。

964 You may as well put your idea into practice at once.

- ☐ **may as well ~**「~するほうがよいだろう」(➔ 44)
- ☐ **put ~ into practice**「~を実行する」(➔ 769)
- ☐ **at once**「すぐに / ただちに」(➔ 455)

訳例 あなたはその考えをすぐ実行に移したほうがいい。

965 When it comes to losing weight, nothing is more effective than controlling what you eat. 〈立教大〉

- ☐ **when it comes to** *doing*「~することになると」(➔ 83)
- ☐ **lose weight**「体重が減る / やせる」
  ⇔ **gain [put on] weight**「体重が増える」(➔ 494)
- ☐ **Nothing is** + 比較級 + **than A**「A より…なものはない」(➔ 195)
- ☐ **effective** 形「効果的な / 効果がある」＜ effect 名「効果 / 結果」

訳例 減量することになれば，食べ物を制限すること以上に効果的なことはない。

966 You will find it very difficult to have your own thoughts understood as they are. 〈近畿大〉

- ☐ **find it ... to** *do*「~するのは…だとわかる」(➔ 14)
- ☐ **have A** *done*「A を~してもらう」—『使役』(➔ 99)
- ☐ **as they are**「ありのままに / あるがままに」(➔ 921)

訳例 自分自身の考えていることをありのままに理解してもらうことは，非常に難しいということがわかるでしょう。

967 The students requested that the strict school regulations be done away with right away.

- ☐ **request that** + **S** (+ **should**) + 原形「S が~することを要請する」
  ▶《米》では通例 should を省略する。(➔ **Power Up! 3**)
- ☐ **strict** 形「厳格な / 厳密な」
- ☐ **regulation** 名「規制」 ▶ strict school regulations「厳しい校則」
- ☐ **do away with ~**「(規則など) を廃止する」(= abolish) (➔ 680)
- ☐ **right away**「すぐに / ただちに」(➔ 454)

訳例 厳しい校則がただちに廃止されるよう生徒たちは求めた。

968 But for his idleness, he would be a rich man. As it is, he remains as poor as ever.

- ☐ **But for ~**「もし~がなければ」(= If it were not for ~)(⤷ 232)
- ☐ **idleness** 名「怠惰 / 無為」
- ☐ **as it is**「(だが) 実際は (そうではないので)」(⤷ 盲点)
- ☐ **remain poor**「貧乏のままである」(⤷ 962)
- ☐ **as + 原級 + as ever**「相変わらず~」(⤷ Power Up! 53)

(盲点) as it is が文中・文尾ではなく，文頭または but のあとにきたら，「(だが)実際は(そうではないので)」と訳すとよい。この場合，as it is は仮定的な表現に続くことが多い。(⤷ 921)
　　I would pay you if I could. But as it is I cannot.
　　(できたらお支払いするが，実のところはお支払いできないのだ)

(訳例) 怠けさえしなければ，彼は金持ちになるのだが，実際はそうではないから，彼は相変わらず貧乏だ。

969 "Whenever I go shopping I always end up buying things on impulse." "So do I."

- ☐ **go** *doing*「~しに行く」▶ go shopping「買物に行く」(⤷ 盲点)
- ☐ **end up** (*doing*)「(不本意ながら) ついには~(すること) になる」
- ☐ **on impulse**「衝動的に」▶ impulse 名「衝動」(= sudden desire)
- ☐ **So do I.**「私もそうです」(⤷ 330)

(盲点)「…に~しに行く」という場合は前置詞に注意。前置詞は to ではなく，in / at / on を doing にあわせて使う。
　　go shopping at the supermarket (スーパーに買物に行く)
　　go fishing in the river (川に釣りに行く)
　　go skating on the pond (池にスケートに行く)

(訳例)「私は買物に行くといつも結局は衝動買いしてしまうのです」
　　「私もそうです」

970 We are, as a rule, too apt to take this world and all that it holds for granted.

- ☐ **as a rule**「概して」(⤷ 461)
- ☐ **be apt to** *do*「~しがちである」(⤷ 431)
- ☐ **take ~ for granted**「~を当然のことと思う」(⤷ 17)

(訳例) 私たちは概して，この世の中と世の中にあるすべてを当たり前のことのように思いがちである。

971 "I wish I hadn't looked at those damned photographs," he said. "I put them away on purpose."

- ☐ **wish + S + 仮定法過去完了**「~ならよかったのに(と思う)」(➲ 249)
- ☐ **damned** 形「ひどい」< damn 動「~をののしる / ~を地獄に落とす」
- ☐ **photograph** 名「写真」(= photo / picture)
- ☐ **put away ~**「~を片づける」(➲ 414)
- ☐ **on purpose**「故意に / わざと」(➲ 535)
- 訳例 「あのひどい写真を見なければよかったと思う。わざとそれを片づけました」と彼は言った。

972 Although her father was at first reluctant to let her go abroad by herself, he finally gave in.

- ☐ **at first**「初めのうちは」(➲ 640)
- ☐ **be reluctant to** *do*「~したくない」(➲ 517)
- ☐ **let A** *do*「(望みどおり[勝手に]) Aに~させる」(➲ 65)
- ☐ **by** *oneself*「ひとりで」(= alone) (➲ 33)
- ☐ **give in**「屈する / 折れる」(➲ 404)
- 訳例 彼女の父は,初めは彼女をひとりで外国に行かせたくはなかったが,ついに折れて許可した。

973 The thought "Nothing I do matters" prevents pessimists from trying to improve the situation. So, confronted by a setback, they just give up. (法政大)

- ☐ **matter** 動「重要である」(= be important / count)
- ☐ **prevent A from** *doing*
  「Aが~することを妨げる ➡ …のためにAは~できない」— 無生物主語 (➲ 313)
- ☐ **pessimist** 名「悲観主義者」⇔ optimist「楽観主義者」
- ☐ **improve** 動「~を改善[改良]する」> improvement 名「改善 / 改良」
- ☐ **situation** 名「状況 / 立場 / 事態」(= circumstances / conditions)
- ☐ **confronted by ~**「~に直面すると」— 受動態の分詞構文 (➲ 112)
- ☐ **setback** 名「挫折 / つまずき / 障害」
- ☐ **give up**「あきらめる」(➲ 700)
- 訳例 「私がすることは何一つ重要ではない」という考えのために,悲観主義者は状況を改善しようとすることができない。だから挫折に直面するとただあきらめてしまう。

974
The moment she was out of sight, Solomon tried on the boots. They fit him excellently.

- ☐ **the moment ~**「~するとすぐに」（⇒ 261）
- ☐ **out of sight**「見えないところに」（⇒ **Power Up! 107**）
- ☐ **try on ~**「~を試しに着て［はいて / かぶって］みる」
- ☐ **A fit B**「A（衣服など）が B（人）に大きさ［型］が合う」
- ☐ **excellently** 副「すばらしく / 見事に」

訳例 彼女の姿が見えなくなるとすぐに、ソロモンはその長靴をはいてみた。見事にぴったりであった。

975
When the lights went out, he had barely finished putting his room in order.

- ☐ **go out**「（火・明かりが）消える」（⇒ 560）
- ☐ **barely** 副「かろうじて / やっと」
- ☐ **finish** *doing*「~し終える / ~してしまう」（⇒ 76）
- ☐ **in order**「きちんとして / 整頓されて」（⇒ 527）
  - ▶ put [set] a room in order「部屋を片づける」

訳例 明かりが消えたとき、彼はやっと部屋を片づけ終わったところだった。

976
This book does not set out to teach the reader history; rather, it tries to remind him of it from time to time.

- ☐ **set out to** *do*「~し始める / ~しようと試みる」（⇒ 379）
- ☐ **(or) rather** 副「（というよりは）むしろ / より正確には」
  - ▶ 前言を補足・修正するときに用いる。or rather の形も多い。
- ☐ **remind A of B**「A に B を思い出させる」（⇒ 316）
- ☐ **from time to time**「ときどき」（⇒ 449）

訳例 この本は読者に歴史を教えようとするものではない。むしろ読者にときどき歴史を思い出させようとするものである。

977
Peter wants to brush up his knowledge of statistics so that he can apply for a new job.

- ☐ **brush up (on) ~**「~に磨きをかける」
- ☐ **statistics** 名「統計 / 統計学」
- ☐ **so that + S + can** *do*「S が~することができるように」（⇒ 287）
- ☐ **apply for ~**「~を求める / ~を申し込む」（⇒ 570）

> **訳例** ピーターは新しい仕事に応募できるように，統計学の知識に磨きをかけたいと思っている。

978 It is no good doing things by halves. We must decide on the whole plan and carry it out.

- ☐ **It is no good** *doing*「〜しても無駄である」(⊃ 90)
- ☐ **by halves**〔しばしば否定文で〕「中途半端に」
- ☐ **decide on 〜**「〜に決める」(= settle on)
  - ▶ decide to *do*「〜することに決める」
- ☐ **carry out 〜**「〜を実行する」(⊃ 554)

> **訳例** 物事を中途半端にやってはだめだ。全体の計画を決め，それを実行しなければならない。

979 By way of introduction to my subject, I'd like to tell you how I first came to be interested in it.

- ☐ **by way of 〜**「〜として / 〜のつもりで」(⊃ 908)
- ☐ **introduction** 名「(話などの) 導入部分」
- ☐ **subject** 名「主題 / テーマ / 問題 / 話題」
- ☐ **would like to** *do*「〜したいのですが」(⊃ 47)
- ☐ **come to** *do*「(自然と)〜するようになる」(⊃ 66)
- ☐ **be interested in 〜**「〜に興味がある」

> **訳例** 私のテーマへの導入として，私がどのようにしてそれに最初に興味を持つようになったかを述べたい。

980 He was so much occupied with the study of physics that he could not so much as drop a line to his parents.

- ☐ **so ... (that) 〜**「とても…なので〜」(⊃ 296)
- ☐ **be occupied with 〜**「〜に従事している / 〜に没頭している」(⊃ 856)
- ☐ **physics** 名「物理学」< physical 形「身体の / 物質の / 物理学の」
- ☐ **not so much as** *do*「〜さえしない」(⊃ 167)
- ☐ **drop A a line = drop a line to A**
  「A に手紙を書く」(= write a letter to A)

> **訳例** 彼は物理の研究に没頭していたので，両親へ手紙1本書くことすらできなかった。

981 Civilization has furnished mankind with a great many noble ideas and wonderful facilities, to say nothing of a thousand daily comforts.

- ☐ **civilization** 名「文明」< civilize 動「～を文明化する」
- ☐ **furnish A with B**「A に B（必需品）を供給する」
  - ▶「供給する」の意の動詞にはほかに，provide「（あらかじめ準備して）供給する」，supply「（足りないものを）供給する」がある。
    (⊃ 423, 424)
- ☐ **a great [good] many**「非常に多くの」
- ☐ **noble** 形「気高い / 崇高な」
- ☐ **facility** 名「施設 / 設備（= equipment）」
- ☐ **to say nothing of ～**「～は言うまでもなく」(⊃ 56)
- ☐ **a thousand**「非常に多数の」
- ☐ **comfort** 名〔通例 ～s〕
  「（家電製品などの）日常生活を楽［快適］にしてくれる物 / 便利な品」
- 訳例 文明は，たくさんの日常生活を快適にする物は言うまでもなく，非常にたくさんの崇高な思想やすばらしい施設を人類に与えてくれている。

982 They looked to school to provide me with the discipline which they themselves had failed to teach me.

- ☐ **look to A to do**「A が～するのを期待する」(参考 ⊃ 366)
- ☐ **provide A with B**「A に B を供給する［与える］」(⊃ 423)
- ☐ **discipline** 名「訓練 / 規律」
- ☐ **fail to do**「～しない / ～できない」(⊃ 70)
- 訳例 彼らは自分たち自身では私に教えられなかった規律を学校が私に与えることを期待した。

983 My doctor advised me to go on a diet immediately, so I tried cutting down on fattening foods, such as potatoes and butter, but without any visible signs of success.

- ☐ **advise A to do**「A に～するように忠告する」(⊃ 58)
- ☐ **go on a diet**「ダイエットをする」(⊃ 893)
- ☐ **try** *doing*「試しに［実際に］～してみる」(⊃ **Power Up! 26**)
- ☐ **cut down on ～**「～を減らす」(⊃ 676)

- ☐ **fatten** 動「〜を太らせる」
- ☐ **A (,) such as B = such A as B**「BのようなA / AたとえばB」
- ☐ **visible** 形「目に見える」(⇔ invisible)

訳例 医者は私にすぐダイエットをするように忠告した。そこで私はジャガイモやバターのような太る食品を減らしてみたが、目に見える成果の兆しは少しもなかった。

---

984 She walked so lightly that it seemed as if she was not walking, but floating with her feet barely touching the earth.

(白百合女子大)

- ☐ **so ... (that) 〜**「とても…なので〜」(➡ 296)
- ☐ **it seems as if 節**「まるで〜のように思える」(➡ Power Up! 83)
  ▶as if 節内の動詞は直説法になることが多い。
- ☐ **not A but B**「AではなくB」(➡ 204)
- ☐ **with + A + 分詞**「Aを〜(の状態に)して」(➡ Power Up! 37, 117)

訳例 その女性はあまりに軽快に歩いたので、まるで彼女は歩いているのではなくて、足がほとんど大地に触れずに(宙に)浮いているように思われたのだ。

---

985 Since the work he wished to do did not sell, he was obliged to teach drawing so as to make a living.

- ☐ **since** 接「〜なので / 〜である以上」(➡ 266)
- ☐ **work** 名「(芸術的)作品、著作」 ▶do the work「作品を作る[描く]」
- ☐ **sell** 動「(商品が)売れる / (商品の)売れ行きが〜である」(➡ 盲点)
- ☐ **be obliged to** *do*「しかたなく〜する / 〜せざるをえない」(➡ 437)
- ☐ **so as to** *do*「〜するために / 〜するように」(➡ 291)
- ☐ **make a living**「生計を立てる」(➡ 750)

盲点 形は能動態でも、受動的な意味を表す動詞がいくつかある。
　　　☐ sell「売れる」 ☐ read「〜と書いてある[読める]」 ☐ cut「切れる」
　　　The sign reads "DO NOT ENTER."（その表示は「進入禁止」と書いてある）
　　　The wire doesn't cut easily.（そのワイヤーは簡単には切れない）

訳例 彼が描きたいと思っている作品は売れなかったので、彼は生計を立てるために絵を教えなければならなかった。

986 Just now I am on anything but good terms with my father, who keeps me short of cash.

- ☐ **be on ... terms with ~**「～と…の仲である」
  - ▶この場合の term の複数形 terms は「間柄 / 関係」の意。「…」には good 以外にも，bad や friendly「親しい」, speaking「言葉を交わす」, visiting「行き来する」などが用いられる。
- ☐ **anything but ~**「決して～でない」(→ 214)
- ☐ **..., who = because he** ― 非制限用法の関係代名詞 (→ **Power Up! 46**)
- ☐ **keep O C**「O を C（状態）に保つ」
- ☐ **(be) short of ~**「～が不足している」(→ 594)

(訳例) ちょうど今，僕は父親との関係が決してよくないのだ。というのは父親は僕を金欠にしておくからなのだ。

987 At any rate, no matter who our ancestors were, it's up to us to carry on all the proud traditions and customs of the country.

- ☐ **at any rate**「ともかく / いずれにしても」(= anyway / anyhow) (→ 453)
- ☐ **no matter who ~**「たとえ誰が～しても[であっても]」(→ **Power Up! 47**)
- ☐ **ancestor**[名]「祖先」⇔ descendant「子孫」
- ☐ **up to ~**「～の責任で / ～次第で」(→ 909)
- ☐ **carry on ~**「（商売など）を続ける / （伝統など）を継承する」(→ 555)
- ☐ **tradition**[名]「（受け継がれた）伝統」> traditional [形]「伝統的な」
- ☐ **custom**[名]「慣習 / 習慣」

(訳例) ともかく，私たちの先祖が誰であったとしても，この国の誇るに足る伝統と慣習を継承することが私たちの義務である。

988 In any case, however much one knows, it does not in itself resolve the problem of what is to be done.

- ☐ **in any case**「ともかく / いずれにしても」(→ 452)
- ☐ **however**「どんなに～しようとも」(→ 155)
- ☐ **in itself**「それ自体では / 本来」(→ **Power Up! 13**)
- ☐ **resolve**[動]「（問題など）を解決する / ～を決心する」
- ☐ **what is to be done**「何をなすべきか」― be to do (→ **Power Up! 18**)
- (盲点) **the A of B**「B という A / B の A」― 同格関係を表す of
  - ▶ the problem of what is to be done は「何をなすべきかという問題」の意で，of が同格語句を導いている。

the Pacific island of Guam「グアムという太平洋の島 / 太平洋の島グアム」
the habit of getting up early「早起きの習慣」

訳例 とにかく，どんなに知識があろうとも，それ自体では何をなすべきかという問題の解決にはならない。

989
His natural intelligence and his experience enabled him to cope with the problem.

- ☐ **natural** 形「生まれつきの / 自然の / 当然の」
- ☐ **intelligence** 名「知能 / 頭のよさ」< intelligent 形「知能の高い」
- ☐ **experience** 名「経験」> experienced 形「経験豊かな」
- ☐ **enable A to** *do*「A に～することを可能にさせる ➡（主語のおかげで）A は～できる」— 無生物主語（➲ 312）
- ☐ **cope with ～**「～をうまく処理する」（➲ 551）

訳例 彼は生まれながらの頭のよさと経験を生かして，その問題をうまく処理することができた。

990
It was with difficulty that I managed to persuade him not to undertake so dangerous an enterprise.

- ☐ **It is ... that ～**「～なのは…である」— 強調構文（➲ 320）
- ☐ **with difficulty**「かろうじて / やっと」（= barely）（➲ **Power Up! 99**）
- ☐ **manage to** *do*「どうにか［なんとか］～する」（➲ 67）
- ☐ **persuade A not to** *do*「A を説得して～させない」（➲ **Power Up! 20**）
- ☐ **undertake** 動「～を引き受ける / ～に着手する」
  > undertaking 名「（個人的な）事業」
- ☐ **enterprise** 名「（重大なまたは冒険的な）企て / 事業」
- ☐ **so dangerous an enterprise** の語順に注意。（➲ **Power Up! 63**）

訳例 なんとか私は彼を説得してそんな危ない企てを引き受けるのを思いとどまらせることができた。

991
Father was the last man to take this into consideration, however, he looked upon children as raw material that a father should mold.

- ☐ **the last A to** *do*「決して～しない A」（➲ 212）
- ☐ **take ～ into consideration**「～を考慮に入れる」（➲ 346）
- ☐ **look on [upon] A as B**「A を B とみなす」（➲ 370）
- ☐ **raw material**「原料」 ☐ **mold** 動「～を型に入れて作る / ～に形を与える」

訳例 しかし，父は決してこんなことを考慮に入れるような人ではなかった。彼は子供というものを，父親が形を与える原料だとみなしていた。

> **992** Whether or not he was likely to accept it, you ought to have given him some advice so that he would not blame you if things went wrong.

- ☐ **whether or not**「〜であろうとなかろうと」(⊃ **Power Up! 92**)
- ☐ **be likely to** *do*「〜しそうである」(⊃ **868**)
- ☐ **ought to have** *done*「〜すべきだったのに」(⊃ **41**)
- ☐ **so that 〜 will not** *do*「〜しないように」(⊃ **Power Up! 93**)
- ☐ **blame** 動「〜をとがめる / 〜を責める」
  ▶ blame A for B「A を B で責める」(⊃ **421**)
- ☐ **things** 名「事態 / 事情 / 状況」
- ☐ **go wrong**「失敗する / うまくいかない」(⊃ **670**)

(訳例) 彼がそれを受け入れそうかどうかは別にして，事態が思わしくなくなった場合，彼が君を責めることのないように君は彼に何か忠告しておくべきだった。

> **993** We cannot be too strict in applying to books the rules we follow in regard to society and refusing our acquaintance to those books unworthy of it.

- ☐ **cannot 〜 too** + 形 [副]「いくら〜してもしすぎることはない」(⊃ **209**)
- ☐ **strict** 形「厳しい / 厳重な」
- ☐ **apply A to B**「A を B にあてはめる」(⊃ **571**)
  ▶ A の the rules は，形容詞節（which）we follow ... society がついて長くなっているので，to books のあとに置かれている。
- ☐ **in regard to 〜**「〜に関して」(⊃ **492**)
- ☐ **society** 名「交際」(= companionship)
- ☐ and は applying ... と refusing ... をつないでいるので，refusing ... も be strict in に続くことに注意。(⊃ **339**, **Power Up! 104**)
- ☐ **acquaintance** 名「（人との）面識 / つきあい / 知人」
- ☐ **be unworthy of 〜**「〜に値しない」⇔ **be worthy of 〜**「〜に値する」

(盲点) those books (which are) unworthy of it (= our acquaintance)「近づきになる価値のない書物」。those は関係代名詞と相関的に（先行詞の目印として）使われている。指示の意味は弱いので，「あれらの / それらの」と訳さないほうがよい。

(訳例) 交際に関して我々が守る規則を，書物にもあてはめ，近づきになる価値のない書物を近づけないことにどんなに厳重であっても厳重すぎることはない。

994
We must bear in mind that it is defects in personal qualities rather than lack of knowledge which are responsible for failures in life.
（大阪府立大）

- ☑ **bear A in mind**「A を心に留めておく」（⇒ 591）
  ▶ bear の目的語の that 節が長いので，mind のあとに置かれている。
- ☑ **it is ... which ~**「～なのは…である」― 強調構文（⇒ 320）
- ☑ **defect** 名「欠点 / 欠陥」
- ☑ **personal quality** = **personality**「性格 / 人格」
- ☑ **A rather than B**「B よりはむしろ A」（⇒ 175）
- ☑ **lack** 名「欠如」 ▶ lack of knowledge（知識の欠如）
- ☑ **be responsible for ~**「～の原因である / ～に対して責任がある」
  （⇒ 852）

訳例 人生における失敗の原因は，知識の欠如というよりも性格的な欠陥であるということを心に留めておかなければならない。

995
No matter what we do, the oceans will continue to rise this century and beyond; and the more carbon dioxide we produce, the higher the oceans are likely to go.
（滋賀県立大）

- ☑ **no matter what ~**「何を～しようとも」（⇒ 154）
- ☑ **ocean** 名「海 / 海面」（= sea）
- ☑ **beyond** 副「（ある時間・日付などより）あとも / 以降も［に］」
  ▶ this century and beyond（今世紀以降も）
- ☑ **the ＋ 比較級～, the ＋ 比較級…**「～すればするほど，ますます…」
  （⇒ 176）
- ☑ **carbon dioxide**「二酸化炭素（CO_2）」
- ☑ **be likely to** *do*「～しそうである / ～する可能性が高い」（⇒ 868）

訳例 たとえ私たちが何をしようとも，海面は今世紀以降も上昇し続けるだろうし，私たちが生み出す二酸化炭素が多くなればなるほどますます海面が上昇する可能性が高い。

996 They think differently, and come up with creative ideas we've never thought of. They have a gift, even though the world sees it as a disability.

- ☐ **come up with ~**「(答え・考えなど) を思いつく」(→ 598)
- ☐ **creative** 形「創造的な」< create 動「~を創造する」
- ☐ **think of ~**「~を思いつく [考えつく]」(→ 810)
- ☐ **gift** 名「(神や自然の恩恵による) 才能 / 天賦の才」
- ☐ **even though ~**「~ではあるが」(→ 278)
- ☐ **the world**「世の中 / 世間 / 世間の人々」
- ☐ **see A as B**「A を B とみなす」(→ 369〜371)
- ☐ **disability** 名
  　　　「(傷害・病気などによる, 身体・精神の) 障害 (= handicap)」

訳例 彼らは違った考えかたをし, 私たちが考えもしなかったような創造的な考えを思いつく。彼らには才能がある。もっとも世間の人はそれを障害と見なすけれど。

997 Should that species be eliminated, whatever the role of that species has been, it is no longer precisely filled, although various competitors can and do take over parts of the role.

(お茶の水女子大)

- ☐ **Should that species be eliminated**「もしその種が消滅してしまうと」(= If that species should be eliminated) (→ 229)
- ☐ **eliminate** 動「~を取り除く / ~を削除する」
- ☐ **whatever**「何であろうとも」— 副詞節を導く whatever (→ 154)
- ☐ **no longer ~**「もはや~ない」(→ **Power Up! 57**)
- ☐ **fill** 動「(役割・仕事など) をうまく果たす / (空席) を埋める」
- ☐ **competitor** 名「競争相手 / 競争する人」
- ☐ **do take over ~**「実際に~を引き継ぐ」(→ 789)
  ▶ do 助 は動詞を強調 (→ 325)

訳例 万一その種が消滅してしまうと, その種の役割が何であったにせよ, さまざまな競争相手がその役割の一部を引き継ぐことはできるし, 実際に引き継ぐことにはなるが, もはや正確にその役割が果たされることはない。

998 Such impressions, it is true, are of no particular value to us when we grow up; yet, it is none the less good to have had such childish impressions.

☐ **it is true ～; yet ...**「なるほど～だが…」(➲ 282)
☐ **of no value**「価値がない」—〈of ＋ 抽象名詞〉
(➲ 309, **Power Up! 99**)
☐ **grow up**「育つ / 成長する / 大人になる」(➲ 552)
☐ **none the less**「それにもかかわらず / なお / やはり」
☐ **childish** 形「(けなして) 子供っぽい / 幼稚な」
▶ childlike「(誉めて) 子供らしい / 純真な」

訳例 なるほどそのような印象は大人になったときに特に価値を持つというわけではないが，それにもかかわらずそのような子供っぽい印象を受けたことはいいことだ。

999 When we are not too anxious about happiness and unhappiness, but devote ourselves to the strict and unsparing performance of duty, then happiness comes by itself.

☐ **be anxious about ～**「～を心配している」(➲ 619)
☐ **not A but B**「A ではなく B」(➲ 204)
☐ **devote** *oneself* **to ～**「(仕事など) に専念する [熱中する]」
☐ **unsparing** 形「惜しまない」
☐ **performance** 名「(義務などの) 遂行 / 履行 / 演技」
☐ **by itself**「ひとりでに」

盲点 the strict and unsparing performance of duty「厳しく骨身を惜しまずに義務を遂行すること」: 名詞を中心とした表現が多いのが英語の特徴の1つである。特に動詞や形容詞を起源とする抽象名詞を用いている場合は要注意。名詞に形容詞がついている場合は〈形容詞＋名詞〉を〈動詞＋副詞〉に転換して訳すと自然な日本語になることが多い。

The doctor's extremely quick arrival and uncommonly careful examination of the patient brought about her very speedy recovery.
(医者がとても速やかに到着し，病人をたいへん入念に診察したので，彼女は非常に早く回復した)

訳例 幸せ，不幸せをあまり案じることなく，厳しく骨身を惜しまずに義務を遂行することに専念したら，幸福はひとりでにやってくる。

1000 People seem to be more and more content to have ugly things all around them. This makes it all the more necessary that you should aim at knowing and loving beauty wherever it is yet to be found.

(早稲田大)

- **be more and more content to *do***「ますます~することに満足する」
  ― 比較級 + and + 比較級「ますます~」(⊃ 179)
- **ugly** 形「醜い」
- **This make it**：前文の内容を受ける this が主語の無生物主語構文 (⊃ **Power Up! 100**)。it は that 節を受ける形式目的語。(⊃ **Power Up! 7**)
- **all the more necessary**「そのためにいっそう必要な」(⊃ 177)
- **aim at ~**「~を目指す/~を狙う」
- **be yet to be *done***「まだ~されていない」(⊃ **Power Up! 73**)

訳例 人々は自分の周囲のいたるところに醜悪なものを集めて，ますます満足しているように思われる。それだからこそ，美が見いだされていないところならどこでも，美を知り，美を愛することをめざすことが，いっそう必要になるのである。

スランプ超脱出法

心随万境転・転処実能幽・随流認得性・無喜亦無憂

（心は万境（ばんきょう）に随って転ずる。転ずるところ実に能（よ）く幽なり。
流れに随って性（しょう）を認得すれば無喜また無憂なり）

『受験戦争』と言われた過当競争時代は過ぎ去り，今や少子化を反映して，受験生数と入学定員数が均衡した『全入時代』を迎えている。進路を選ばなければ全員が進学できるというのだ。しかし，人には自らが決断し，自らが望む人生の進路を歩む意思がある。本書を学習の糧とする皆さんは，きっとそれぞれの志望があり，それぞれの進路を目指して学習に邁進していることだろう。

さて，学習を進めるうちに，さまざまな不安やあせりを感じて，思うように勉強がはかどらない状況が出てくるだろう。自分の記憶力に自信が持てない人，勉強するときに雑念が起こって集中できないと悩んでいる人，自分が通っている学校の授業や，使っている参考書やいまの勉強方法などに不安を持っている人，勉強しなければならないことは十分にわかっているのに，気ばかり焦って落ち着いて勉強できない人。中には「こんなことを覚えて何になるのか」と，勉強そのものに疑問を感じて，勉強が手につかない人もいるだろう。こういった，いわゆるスランプ状態に陥ったら，どうしたらよいだろうか。

上に掲げたのは，こういった高校生・受験生に贈りたい，禅語である。

先生や友人に相談することによって，解決の糸口を見いだせることもあるが，多くの場合，一時的に慰められ，励まされるだけで，根本的な解決にならないことが多い。あくまで自力でそのような状態から抜け出すしかない。

それにはまず，不安・あせり・劣等感などといった自分にマイナスと思われる感情を否定するのではなく，ありのままに受け入れることである。それらの感情はいかに不快で苦痛であっても，起こるべくして起こっているのであって，理性で抑えこむことはできないという事実を知るべきである。偉くなりたい，みんなに認められたいという気持ちが強ければ強いほど，つまり向上心があればあるほど，不安や焦り，劣等感を強く感じるものである。

君たちも知っているように，英語の"anxiety"には「心配・不安」だけでなく，「切望」の意味もある。何かを強く望むからこそ，うまくいかなかったらどうしよう，と不安な気持ちになるのだ。「心配」と「切望」は人間の心理の裏表を表しているに過ぎない。当然あるものを否定し，避けようとするからそれに囚われて，前に進めなくなるのだ。

不安や焦りを感じながら，気乗りのしないまま，とにかく机に向かって，今やるべきことをやればよい。最初は苦痛であっても，集中できなくても構わない。勉強の時間割や予定表を作る必要もない。宿題でも，明日の予習でも何でもよい。いまやるべきことに手を出せばよい。そのうちに，自然と心が流れて，必ず各人の最善の能率が発揮できるようになるのだ。

IMPORTANT PROVERBS 80
― 重要なことわざ 80 ―

Appendix 1

- ☐ 1   A bird in the hand is worth two in the bush.
- ☐ 2   A burnt child dreads the fire.
- ☐ 3   A drowning man will catch at a straw.
- ☐ 4   A friend in need is a friend indeed.
- ☐ 5   A golden key opens every door.
- ☐ 6   A man may be known by the company he keeps. (⮕ 609)
- ☐ 7   A rolling stone gathers no moss.
- ☐ 8   A stitch in time saves nine.
- ☐ 9   All is not gold that glitters. (⮕ 200)
- ☐ 10 All work and no play makes Jack a dull boy. (⮕ **Power Up! 100**)
- ☐ 11 Bad news has wings.
- ☐ 12 Birds of a feather flock together.
- ☐ 13 Bitters do good to the stomach. (⮕ 508)
- ☐ 14 By others' faults wise men correct their own.
- ☐ 15 Clothes make the man.
- ☐ 16 Custom is a second nature.
- ☐ 17 Cut your coat according to your cloth. (⮕ 899)
- ☐ 18 Do to others as you would have others do to you. (⮕ 63)
- ☐ 19 Don't count your chickens before they are hatched.
- ☐ 20 Early birds pick out the worms.
- ☐ 21 Enough is as good as a feast. (⮕ 466)
- ☐ 22 Even Homer sometimes nods.
- ☐ 23 Every dog has his day.
- ☐ 24 Everything comes to those who wait. (⮕ 21)
- ☐ 25 First come, first served.

1 明日の百より今日の五十（手の中の1羽の鳥は，やぶの中の2羽の値打ちがある）
2 あつものにこりてなますを吹く（やけどをした子供は火を恐れる）
3 おぼれる者はわらをもつかむ
4 まさかの時の友こそ真の友
5 地獄の沙汰も金次第（黄金の鍵はすべての門戸を開く）
6 人は交わる友によってその人物がわかる
7 転石こけを生ぜず（商売がえは損）
8 今日の一針，明日の十針（よい時期の一縫いは九縫いを省く）
9 輝くもの必ずしも黄金にあらず
10 よく学びよく遊べ
11 悪事千里を走る（悪い噂は翼をもつ）
12 類は友を呼ぶ（同じ羽の鳥は一か所に群がる）
13 良薬は口ににがし
14 人の振り見てわが振り直せ
15 馬子にも衣裳
16 習慣は第二の天性
17 身のほどを知れ
18 おのれの欲するところを人に施せ（きみが人にしてもらいたいと思うとおりに人になせ）
 ▶ would は『願望』を表す。
19 捕らぬたぬきの皮算用（かえらぬ先にひなを数えるな）
20 早起きは三文の得
21 満腹はごちそうも同然（十分食べればそれで満足すべきだ）
22 弘法も筆の誤り（ホーマーもときには居眠りをする）
23 だれにも一度は得意な時代がある（どんな犬にでも盛時はある）
24 待てば海路の日和あり（何でも待つ人には来る）
25 早い者勝ち（いちばん先に来た者が，いちばん先に待遇される）

読解演習編

- ☑ 26 Good company makes the road shorter.
- ☑ 27 Heaven helps those who help themselves. (⊃ 21)
- ☑ 28 Home is home, be it ever so humble.
- ☑ 29 If you run after two hares, you will catch neither.
- ☑ 30 In each country, its custom.
- ☑ 31 It is a wise child that knows its own father. (⊃ 320)
- ☑ 32 It is better to do well than to say well.
- ☑ 33 It is no use crying over spilt milk. (⊃ 90)
- ☑ 34 It never rains but it pours. (⊃ 208)
- ☑ 35 It was a nine days' wonder.
- ☑ 36 Learning without thought is labour lost.
- ☑ 37 Life is but an empty dream.
- ☑ 38 Like as two peas. (Likely as two eggs.)
- ☑ 39 Look before you leap.
- ☑ 40 Make hay while the sun shines. (⊃ 251)
- ☑ 41 Make the best of a bad bargain. (⊃ 374)
- ☑ 42 Many drops make a shower.
- ☑ 43 Men are not always what they seem to be. (⊃ 202, 130)
- ☑ 44 Necessity is the mother of invention.
- ☑ 45 Never put off till tomorrow what you can do today. (⊃ 766)
- ☑ 46 Never too much of anything. (Too much is as bad as too little.)
- ☑ 47 No gains without pains.
- ☑ 48 No news is good news.
- ☑ 49 One man's meat is another man's poison.
- ☑ 50 Out of sight, out of mind. (⊃ **Power Up! 107**)

26 旅は道連れ（よい道連れは旅の道程を短くする）
27 天は自ら助くる（自分で困難を切り抜ける）者を助く
28 わが家にまさるところはない（たとえどんなに貧弱でもわが家はわが家）
29 二兎を追う者は一兎をも得ず
30 所変われば品変わる（所によって習慣は異なる）
31 親の心子知らず（自分の父を知っている子は賢い子である）
32 不言実行（口上手より仕事上手がよい）
33 覆水盆に返らず（こぼれたミルクのことで泣いてもむだである）
34 泣き面に蜂（降れば必ずどしゃ降り）
35 人の噂も七十五日
36 学んで思わざれば暗し（思考なき学問は徒労である）
37 人生夢のごとし
38 瓜二つ
39 転ばぬ先のつえ（飛ぶ前に見よ）
40 好機をのがすな（日の照っているうちに草を干せ）
41 わざわい転じて福となせ（損な買い物でも利用しなさい）
42 塵も積もれば山となる
43 人は見かけによらぬもの
44 窮すれば通ず（必要は発明の母）
45 思いたったが吉日（今日できることは決して明日まで延ばすな）
46 過ぎたるは及ばざるがごとし
47 苦は楽の種（骨折りなければ利得なし）
48 便りのないのはよい便り
49 甲の薬は乙の毒（ある人の食物はほかの人には毒である）
50 去る者は日々にうとし

読解演習編

IMPORTANT PROVERBS 80

- ☐ 51　Practice makes perfect.
- ☐ 52　Rome was not built in a day.
- ☐ 53　Seeing is believing. (⊃ 109)
- ☐ 54　Several men, several minds.
- ☐ 55　Slow and steady [sure] wins the race.
- ☐ 56　Still waters run deep.
- ☐ 57　Strike while the iron is hot. (⊃ 251)
- ☐ 58　Sweet is pleasure after pain.
- ☐ 59　Talk of the Devil, and he will appear. (⊃ 242)
- ☐ 60　That which is evil is soon learned.
- ☐ 61　The eye is the mirror of the soul.
- ☐ 62　The higher up, the greater fall. (⊃ 176)
- ☐ 63　There is no accounting for tastes. (⊃ 89, 818)
- ☐ 64　There is no royal road to learning.
- ☐ 65　There is no rule but has some exceptions. (⊃ 138)
- ☐ 66　There is no smoke without fire.
- ☐ 67　Time and tide wait for no man. (⊃ 547)
- ☐ 68　Time flies like an arrow.
- ☐ 69　Too many cooks spoil the broth.
- ☐ 70　Truth needs not many words.
- ☐ 71　We cannot control the tongues of others.
- ☐ 72　We never meet without parting. (⊃ 208)
- ☐ 73　What cannot be cured must be endured. (⊃ 128)

- ☐ 74　What is done cannot be undone.
- ☐ 75　When the cat's away, the mice will play.
- ☐ 76　When you are in [at] Rome, do as the Romans do.
- ☐ 77　Where there is a will, there is a way.
- ☐ 78　Whom the gods love die young.
- ☐ 79　You [Some] cannot see the wood for the trees.
- ☐ 80　You can [may] take a horse to the water, but you cannot make him drink.

51 習うより慣れろ
52 ローマは一日にして成らず
53 百聞は一見にしかず（見ることは信ずることである）
54 十人十色
55 急がば回れ（ゆっくりと着実なのが競争に勝つ）
56 能ある鷹はつめをかくす（静かな川は深い）
57 好機を逃がすな（鉄は熱いうちに打て）
58 苦あれば楽あり
59 うわさをすれば影（悪魔のことをしゃべれば，悪魔が現れるだろう）
60 悪いことはすぐ覚える（悪には染まりやすい）
61 目は心の鏡（目は口ほどにものを言い［言う］）
62 上へ高くなればなるほど，それだけ墜落の程度は大きくなる
63 たで食う虫も好き好き（趣味は説明できない）
64 学問に王道なし
65 例外のない規則はない
66 火のない所に煙は立たぬ
67 歳月は人を待たず　▶ tide = time
68 光陰矢のごとし
69 船頭多くして舟山に登る（料理人が多すぎるとスープができそこなう）
70 真理は多言を要せず
71 人の口に戸は立てられぬ
72 会うは別れのはじめ
73 避けようのないものはがまんするほかない（治療されない病気はがまんされなければならない）
74 いったんしたことは元どおりにならない
75 鬼のいぬ間に洗濯（ネコがいないときにネズミは遊ぶ）
76 郷に入りては郷に従え（ローマにあってはローマ人のするようにせよ）
77 精神一到何事か成らざらん（意志のあるところには道がある）
78 才子多病 / 佳人薄命（神の愛する者は若くして死ぬ）　▶ Whom = Those whom
79 木を見て森を見ず
80 馬を水際へ連れて行くことはできるが，水を飲ますことはできない

読解演習編

IMPORTANT PROVERBS 80

Appendix 2

IMPORTANT EXPRESSIONS 80+1
— 重要(会話・口語)表現 80+1 —

1 感謝・謝罪

- ☐ 1　I'm much obliged to you.
- ☐ 2　Thank you for inviting me.
- ☐ 3　I appreciate your coming all the way.
- ☐ 4　It's very nice of you to help me with my homework.
- ☐ 5　I'm sorry to have kept you waiting.
- ☐ 6　I owe you an apology.
- ☐ 7　Suppose we change the subject.
- ☐ 8　How about staying with us for a few days?
- ☐ 9　Why don't you come to my house one of these days?
- ☐ 10　What do you say to taking a walk in the park?
- ☐ 11　I suggest we discuss politics.

2 旅行

- ☐ 12　I am planning to make an overnight trip to Nagoya.
- ☐ 13　Excuse me, is this seat taken?
- ☐ 14　Do you have anything to declare?
- ☐ 15　I have a reservation for tonight.
- ☐ 16　I'd like to have a single room with a bath for two nights.
- ☐ 17　My son always gets sick when he rides a bus.

3 郵便

- ☐ 18　I am looking forward to hearing from you.
- ☐ 19　I will write to you as soon as I can.
- ☐ 20　Will you mail this letter by airmail?
- ☐ 21　Can you make it special delivery?
- ☐ 22　I sent a note to her last week.
- ☐ 23　I'll drop you a line soon.
- ☐ 24　Put this stamp on the postcard and drop it in the mailbox.
- ☐ 25　Please do not bend.

1 どうもありがとう。《堅》(→ **437**)
2 お招きいただいてありがとう。
3 はるばる来ていただいてありがとうございます。
4 宿題を手伝ってくれてありがとうございます。(→ **2**)
5 お待たせしてすみません。　▶ keep ～ waiting「～を待たせておく」(→ **104**)
6 あなたにあやまらなくてはなりません。
7 議題を変えてみたらどうだろう。《口》　▶ Suppose ～ (→ **236**)
8 私たちのところに数日とまったらいかがですか。(→ **85**)
9 近いうちに私のところへ来ませんか。
10 公園を散歩するのはいかがですか。(→ **85**)
11 政治について討論しよう。(→ **Power Up! 16**)

12 私は名古屋に１泊旅行をする計画をしています。
13 失礼ですが，この席はあいていますか。
14 申告するものはありますか。〔税関での質問〕
15 今夜の予約をしているのですが。〔ホテルでの会話〕
16 風呂付きのシングルの部屋を２泊借りたいのです。〔ホテルでの会話〕(→ **47**)
17 私の息子はいつもバスに乗ると酔います。　▶「船酔い」は seasick

18 あなたのお便りを楽しみにしています。
　　▶ look forward to *doing*（→ **81**），hear from「～から便りがある」(→ **561**)
19 できるだけ早く，あなたにお手紙を書きます。
　　▶ write to「～に手紙を書く」(→ **561**)，as soon as (→ **260**)
20 この手紙を航空便で出してくれませんか。　▶ by airmail「航空便で」
21 速達にしてくれませんか。　▶ special delivery「速達」
22 私は先週彼女に短い手紙を送った。　▶ note「短い手紙」
23 すぐにきみに手紙を書きます。　▶ drop ～ a line「～ に手紙を書く」
24 はがきにこの切手を貼って郵便箱に投函しなさい。
25 二つ折り厳禁。

読解演習編

4 電話

- [ ] 26　Hello. This is Joe Carlton. May I speak to Michael?
- [ ] 27　I'm afraid you have the wrong number.
- [ ] 28　You're wanted on the phone. It's from Tom.
- [ ] 29　Mr. Sato is on another line. Will you hold the line a minute?

- [ ] 30　Would you like to leave a message?
　　　— Please just tell her that I called.
- [ ] 31　The line is busy.
- [ ] 32　Please get Miss Suzuki on the phone.
- [ ] 33　Thank you for calling.
- [ ] 34　She hung up without saying good-bye.
- [ ] 35　Shall I have him call you back?

- [ ] 36　This is a collect call from Mr. Nakamura in Osaka. Will you accept the charge?

5 買い物

- [ ] 37　My mother went shopping at a department store.
- [ ] 38　I usually do my shopping at this supermarket.

- [ ] 39　May I help you?
　　　— No, thank you. I'm just looking.
- [ ] 40　I'd like some shoes.
- [ ] 41　Don't you have anything smaller than this?
- [ ] 42　I like this. I'll take it.
- [ ] 43　May I try it on?
- [ ] 44　How much is this handkerchief?
- [ ] 45　What is the price of this radio?

- [ ] 46　Can't you discount it a little?
- [ ] 47　I'm sorry, but they're out of stock.
- [ ] 48　Could you give me change out of a hundred-dollar bill?

26 もしもし。ジョー・カールトンです。マイケル君をお願いしたいのですが。
27 番号違いのようですが。
28 あなたに電話ですよ。トムからですよ。
29 サトウさんはほかの電話に出ているところです。切らずに少しお待ちくださいますか。　▶ hold the line「電話を切らずにそのまま待つ」(➲ 544)
30 何か伝言はありますか。
　— 私が電話したことだけ彼女に伝えてください。
31 お話し中です。(➲ 543)
32 鈴木さんを電話に呼び出してください。
33 電話してくれてありがとう。
34 彼女はさよならも言わずに電話を切った。　▶ hang up「電話を切る」(➲ 542)
35 こちらからかけさせましょうか。
　▶ have A *do*（➲ 63), call back（➲ 673)
36 大阪の中村さんから料金受信人払いの電話が入っています。お受けになりますか。

37 私の母はデパートに買い物に行った。　▶ go shopping「買い物に行く」(➲ 969)
38 私はたいていこのスーパーで買い物をします。
　▶ do *one's* [the] shopping「買い物をする」(➲ 682)
39 いらっしゃいませ。何にいたしましょうか。
　— けっこうです。ちょっと見ているだけです。
40 靴がほしいのですが。
41 これよりも小さいのはないのですか。
42 これが気に入りました。これをもらいます。
43 着てみてもいいですか。　▶ try on「(衣服などを) 試着する」(➲ 495)
44 このハンカチはいくらですか。
45 このラジオの値段はいくらですか。
　▶ What is the price of 〜? は How much is 〜? と同意。
46 少し安くなりませんか。　▶ discount「割引きする」
47 すみませんが，在庫切れなのです。
48 100 ドル札でおつりをいただけませんか。　▶ change「小銭/つり銭」(➲ 726)

IMPORTANT EXPRESSIONS 80＋1

6 食事

- ☐ 49　Let's go to eat. — Yes, let's.
- ☐ 50　Don't make a noise when you eat soup.
- ☐ 51　How would you like your eggs? — Scrambled, please.
- ☐ 52　How do you like this whisky? — Not half bad.

- ☐ 53　Please pass me the pepper.
- ☐ 54　Help yourself to anything you like.
- ☐ 55　Would you like your coffee with or after the meal?
- ☐ 56　I'd like to have meat for supper this evening.

7 道案内

- ☐ 57　Please tell me the way to Tokyo Station.
- ☐ 58　Excuse me, but could you tell me how to get to Central Park?

- ☐ 59　How can I get to the nearest post office?
- ☐ 60　How far is it to the library from here?
- ☐ 61　How long will it take me to get there by bus?
- ☐ 62　Walk three more blocks and you'll find the museum on your left.

- ☐ 63　Go straight and you'll find it. You can't miss it.

- ☐ 64　I'm a stranger here.
- ☐ 65　Take a no.5 bus at this bus stop.
- ☐ 66　I'm going in the same direction. Come with me. I'll take you there.

49 食事に行きましょう。― いいですよ。
50 スープを飲むとき、音をたててはいけない。　▶ drink ではないことに注意。
51 卵はどう調理しましょうか。― いり卵でお願いします。
52 このウィスキーはどう？ ― なかなかいけるね。　▶ not half = not at all
(⮕ Power Up! 66)
53 こしょうをとってください。
54 何でもご自由に召しあがってください。(⮕ 31)
55 コーヒーは食事中がよろしいですか、食後がよろしいですか。
56 今晩は夕食に肉が食べたい。　▶ would like to *do*「～したいのですが」(⮕ 47)

57 東京駅へ行く道を教えてください。　▶ tell me the way「私に道を教える」(⮕ 807)
58 すみませんが、セントラルパークにはどうやって行ったらいいか教えていただけませんか。(⮕ 51, 416)
59 いちばん近い郵便局にはどうやって行ったらいいですか。
60 ここから図書館までどれくらいありますか。〔距離を尋ねる表現〕
61 バスでそこに行くのにどれくらいかかるでしょうか。〔時間を尋ねる表現 ⮕ 3, 4〕
62 もう3ブロック行けば左側に博物館があります。
　▶〈命令文 + and ...〉「～せよ、そうすれば…」(⮕ 242)
63 まっすぐ行けばわかります。見逃すことはありませんよ。
　▶〈命令文 + and ...〉「～せよ、そうすれば…」(⮕ 242)
64 私はこのあたりは不案内なのです。
65 この停留所から5番のバスに乗りなさい。
66 同じほうへ行くから、いっしょにいらっしゃい。そこに連れて行きますよ。

8 天候

- [ ] 67　How's the weather?
- [ ] 68　We had a heavy rain last night.
- [ ] 69　We've been having good weather.
- [ ] 70　I was caught in a shower and got wet to the skin.

- [ ] 71　The outlook for tomorrow is for fair skies with occasional rain.
- [ ] 72　Tomorrow's high will be 32°C, and the low 25°C.
　　　X °C=X degrees Celsius [sélsiəs] と読む。

9 あいさつ

- [ ] 73　How are you? — Fine, thank you. And you?
- [ ] 74　How do you do? I'm pleased to meet you.
- [ ] 75　How are you getting along? — Nothing in particular.

- [ ] 76　I haven't seen you for a long time.
- [ ] 77　It's very nice of you to come.
- [ ] 78　I'll see you again.
- [ ] 79　I'm afraid I'd better say good-bye.

- [ ] 80　Say hello to your sister for me. — Certainly I will.

- [ ] 81　Take care.

67 天気はどうですか。
68 昨晩激しく雨が降りました。
69 ずっと天気がいいです。
70 私はにわか雨にあってずぶぬれになりました。
▶ get wet to the skin「ずぶぬれになる」
71 明日の天気は，晴れときどき雨でしょう。〔天気予報の表現〕
72 明日の最高気温は 32 度，最低気温は 25 度でしょう。〔天気予報の表現〕

73 ごきげんいかがですか。— 元気です，ありがとう。あなたはどうですか。
74 はじめまして。お会いできてうれしいです。〔初対面のあいさつ〕
75 いかがおすごしですか。— 別に（変わりはないです）。
▶ get along「やっていく，暮らす」（⇒ 420）
　 in particular「特に」（⇒ 889）
76 ずいぶんお久しぶりです。
77 来てくださってありがとう。（⇒ 2）
78 またお目にかかりましょう。　▶ I'll は省略してもよい。
79 おいとましなければなりません。
▶ 'd better = had better （⇒ 45）
80 姉［妹］さんによろしくね。— わかったよ。
▶ say hello to 〜「〜によろしく」《口》（⇒ 441）
81 お元気で。

INDEX

■ 総合 INDEX………322　　■ 文法項目 INDEX………334

※ 数字は問題の見出し番号を示します。太字で，主な解説が掲載されている問題番号です。
※ PU に続く番号は Power Up! コラムの番号を示し，掲載ページは（　）の中に示されています。

総合 INDEX

A

a great [good] many	981
a thousand	981
abandon	700
abolish	680 / 967
abound in	514
about	490
above all (else / things)	881
abstain from	930
accept	790
accidentally	534
accomplish	230 / 554
according to	899
account for	818
accuse A of B	197 / 421
accused of, A is - B	421
achieve	554
acquaintance	993
actually	646
adapt to	14
add A to B	820
add to	820 / 960
add up	PU105(172)
add up to	826
admit	PU25(46)
advise	PU3(20) / PU20(41)
advise A to do	58 / 983
affect	805
afford A	68
afford to do	68 / 945
after all	177 / 644
against	197
ago, S ＋過去形＋『時間』＋ -	PU87(122)
agree to	567 / 913
agree with	566 / 955
ahead of time	633 / 883
aim at	1000
all at once	458
all but	467
all by *oneself*	33
all of a sudden	459
all the way	239 / 961
all things considered	114
All＋S＋have to do is (to) *do*	438
allow	PU20(41) / PU100(146)
allow A to *do*	59 / 65 / PU22(43)
allow for	349
almost	466 / 873 / PU57(88)
almost never	199
almost no＋名詞	199
alone	33 / 638 / 972
alternately	625
although	276
amount to	826
ancestor	987
ancient	932
ancient times, in	932
and that	PU9(26)
annoy	698
answer for	824 / 852
anticipate	81
any more / anymore	950
any place (where), (at / in / to) -	PU48(76)
any time (when), (at) -	152 / PU48(76)
anyhow	452 / 987
anyone who	150 / PU47(76)
anything but	214 / 986
anything that	151 / PU47(76)
anytime	935
anyway	452 / 987
apart from	906
appear	377 / PU6(22)
application form	417
apply A to B	571 / 993
apply for	237 / 570 / 977
apply to	570 / 571 / 612
apply to ～ (for ...)	570
approve of	9 / 821
approximately	PU57(88)
Are you being served?	548
arrive	377
arrive at [in]	415
as a matter of course	647
as a matter of fact	646
as a whole	462 / 890
as a (general) rule	461 / 970
as bad as	PU58(90)
as early as	170
as far as	653 / 943
as far as A know	190
as few [little] as	PU58(90)
as for	489
as good as	466
as if	PU83(116)
as if＋S＋仮定法過去	245
as if＋S＋仮定法過去完了	246
as is often the case (with ～)	136 / 137 / PU43(70)
as is usual (with ～)	137 / PU43(70)
as it is	921 / 968
as late as	170
as long as	651 / 652 / 949
as many as	169 / 186 / PU58(90)
as many [much] ～ as	PU43(70)
as much as	169 / 186 / PU58(90)
as regards	491
as small as	PU58(90)
as soon as	94 / 260 / 261 / 957 / PU88(124)
as to	490 / 491
as well as, A-B	168 / PU68(100)
as yet	482
as (might be [have been]) expected	PU43(70)
as 関	135 / 136 / 137 / PU43(70)
as 接	PU89(126)
as＋原級＋as any (＋単数名詞)	PU53(82)
as＋原級＋as ever	968 / PU53(82)
as＋原級＋as ever＋動詞	PU53(82)
as＋原級＋as *one* can	166
as＋原級＋as possible	166
as＝for	761
ascribe A to B	839
aside from	906
ask	PU20(41)
ask A a favor	584
ask a favor of A	584
ask A for B	569
ask A to *do*	57 / 941
ask after	568
ask for	569
assign	927
assignment	927
assume	790
at a loss (＋疑問詞＋to *do* [for])	877
at all costs	484
at any cost [price]	484
at any rate	453 / 987
at any time	935
at A's disposal	897
at ease	32 / 522
at first	640 / 972
at hand, (close [near] -)	884
at home	32 / 522
at issue	892 / PU115(270)
at large	890
at last	643
at length	643
at once	455 / 964
at *one's* wit's [wits'] end	877
at play	PU115(270)
at prayer	PU115(270)
at rest	PU115(270)
at school	PU115(270)
at the cost [price] of	485
at the expense of	486
at the mercy of	902
at the sacrifice of	485
at the same time	271 / 455
at the sight of	307
at times	451
at war	PU115(270)
at work	891 / PU115(270)

at (the) least ··········· **191** / **PU**59(91)	be good at *doing* ·········· 162 / **954**	be senior to ················· **PU**60(92)
at (the) most ·········· **191** / **PU**59(91)	be held ·······························794	be short of ················ **594** / **986**
at (the) table ··············· **PU**115(270)	be ignorant of ·······················**511**	be short of money ·········519
at + 名詞 ························ **PU**115(270)	be ill spoken of ···················497	be sick of ·······························606
attribute A to B ·····················**839**	be impatient to *do* ···········**430**	be similar to ······ **855** / **PU**113(262)
avail *oneself* of ·····················**376**	be important ·························973	be sorry for ···························177
available ·································229	be in the habit of *doing* ·······**PU**8(24)	be subject to ·························**851**
avoid ························ **PU**25(46)	be inclined to *do* ············ **432** / **938**	be subjected to ······················**851**
awake to find ········· **303** / **PU**97(140)	be independent of ················**513**	be superior to ·········· **187** / **PU**60(92)
	be indifferent to ·················**602**	be supposed to *do* ···············**867**
B	be inferior to ·········· **187** / **PU**60(92)	be sure of ··························**614**
	be interested in ············621 / **979**	be sure to *do* ········ **615** / **616** / **912**
back up ·································574	be junior to ······················· **PU**60(92)	be sure (that)節 ······················**614**
barely ······················ **975** / **990**	be just going to *do* ···········350	be tied up ···························**948**
base A on B ··························**858**	be keen on ·····························**850**	be tired from ·······················**605**
be about to *do* ··············· 61 / **350**	be known as ·························**611**	be tired of ···························**606**
be absorbed in ······················**853**	be known by ·························**609**	be tired out ············· **PU**105(172)
be abundant in ······················**514**	be known for ························**610**	be to *do* ······· **53** / **54** / **988** / **PU**18(38)
be accustomed to *doing* ·············82	be known to ·························**608**	be true of ······················· 571 / **612**
be admitted to the hospital ············7	be lacking in ·························**860**	be true to ···························**613**
be against ······························**865**	be liable to *do* ···················**433**	be unaware of ······················**511**
be anxious about ······· **619** / **620** / **999**	be like ························· **PU**113(262)	be under age ·······················**668**
be anxious for ········ **428** / **618** / **619**	be likely to *do*	be understandable ················**748**
be anxious to *do* ············**428** / **618**	········· 174 / 176 / **868** / **992** / **995**	be unlikely to *do* ···············**868**
be apt to *do* ···············69 / **431** / **970**	be lost ···································132	be unworthy of ····················**993**
be as good as *one's* word ·········498	be lost in ······························**853**	be used to *doing* ···················82
be ashamed of ············ **857** / **924**	be made from ························**624**	be used to + 名詞[動名詞] ········35
be ashamed to *do* ··················**857**	be made into ·························**622**	be valid ·································719
be aware of ················ **510** / **929**	be made of ····························**623**	be wanting in ·······················**860**
be badly off ················ **519** / **923**	be made up of ·······················**393**	be wealthy ····························518
be based on ···························**858**	be married to ·················126 / **696**	be well off ············ **518** / **923** / **942**
be better off ···························519	be not as good as ···············187	be willing to *do* ·········**516** / **956**
be better than ·························187	be not supposed to *do* ·······**867**	be worn out ············ 815 / **PU**105(172)
be bound for ························**617**	be noticeable ·························785	be worried about ········· **619** / **620**
be bound to *do* ············· **616** / **940**	be obliged to *do* ··········**437** / **985**	be worse off ··························519
be busy (in) *doing* ·················**88**	be occupied in [with] ······· **856** / **980**	be worthy of (*doing*) **993** / **PU**28(52)
be certain of ··························**614**	be of age ·······························668	be yet to be *done* ···· 1000 / **PU**73(104)
be compelled to *do* ···············**436**	be on ... terms with ··············**986**	be yet to *do* ·············218 / **PU**73(104)
be composed of ·····················**394**	be on another line ···············544	bear ·······································768
be concerned about ···········**620**	be on the point of *doing* ········**351**	bear A in mind ············ **591** / **994**
be concerned with ···············**621**	be on the verge of *doing* ········**352**	because ··········· **265** / **269** / **917** /
be confronted with ···············**862**	be opposed to ·············· **865** / **955**	**PU**89(126) / **PU**90(128)
be connected with ·················26	be opposite to ·······················**865**	because of ············ **270** / **271** / **272** /
be conscious of ·····················**510**	be particular about ···············**859**	**273** / **953** / **PU**90(128)
be content(ed) with ···············**861**	be peculiar to ·······················**866**	become accustomed to *doing* ·······82
be deficient in ·······················**515**	be perfect ······························733	become conscious ··················669
be dependent on ···············**512**	be poor ·································519	become used to *doing* ···············82
be different from [than] ~ **601** / 917	be poor at ······························**954**	before long ··························**887**
be distinguishable ···············785	be poor in ····················· **515** / **954**	beforehand ················ 883 / **959**
be due to ·················· 273 / **918**	be popular among [with] ·········**864**	begin ········ **655** / **780** / **781** / **PU**111(248)
be eager for ····························429	be preferable to ············· **PU**60(92)	begin to like ··························791
be eager to *do* ·····················**429**	be prominent ··························785	behind A's back ············ **520** / **933**
be engaged in ·······················**856**	be prone to *do* ···················**434**	behind the times ·················**634**
be equal to ··················· **854** / **943**	be proud of ····························**355**	behind time ·························**633**
be exhausted ··························815	be published ··························661	being *done* ··························112
be faced with ·······················**862**	be ready to *do* ·····················517	believe in ····················· **822** / **917**
be faithful to ··························**613**	be reasonable ·······················748	beside *oneself* ···············**PU**13(31)
be familiar to ························**604**	be reluctant to *do* ········ **517** / **972**	beside the mark ····················525
be familiar with ····················**603**	be responsible for ······ 824 / **852** / **994**	beside the point ···················**525**
be far from perfect ···············733	be rich ·································518	besides ············· 131 / **905** / **PU**42(68)
be fed up with ·······················**607**	be rich in ······························**514**	besides *doing* ··············· **PU**27(50)
be fond of ·····························**863**	be satisfied with ···················861	between ourselves ········ **PU**13(31)
be forced to *do* ···················**435**	be second to none ···············**869**	beyond ·································**995**
be free to *do* ·························687		

INDEX 323

beyond A's control	PU72(104)	
beyond A's reach	541	
beyond belief	PU72(104)	
beyond description	216	
beyond doubt	PU72(104)	
beyond repair	PU72(104)	
beyond + 名詞	PU72(104)	
blame	992	
blame A for B	421 / 992	
boast of	358	
bold	960	
both A and B	PU68(100)	
both of which	146	
brave	960	
bravery	960	
break down	654	
break in	677	
break in on	677	
break into	353 / 657	
break one's word [promise]	499	
break out	655	
break out doing	353	
break up	589 / 656	
bring	PU100(146)	
bring ... home to	662	
bring ～ to light	664	
bring A to B	315	
bring about	585 / 658 / 819	
bring oneself to do, (cannot)	666	
bring out	660	
bring up	553	
brush up (on)	977	
burst into	94 / 353 / 931	
burst out doing	354 / 931	
but	27	
but for	232 / 233 / 968 / PU79(110)	
but 関	138	
by	PU106(184)	
by accident	534	
by all means	483 / 880	
by and large	463	
by chance	534	
by degrees	474 / PU106(184)	
by halves	978	
by itself	999	
by means of	904 / 932	
by no means	211 / 934 / PU70(102)	
by now	224	
by oneself	33 / 638 / 972 / PU13(31)	
by phone	915	
by the time	253 / PU85(120)	
by the way	637	
by turns	625	
by virtue of	286	
by way of	908 / 979	

C

calamity	956	
call at	671 / 848	
call back	673	
call for	674 / 779 / 926	
call off	675	
call on	671 / 848	

call on A to do	671	
call up	672	
cancel	675	
cannot ... without doing	208 / 810	
cannot ～ too + 形容詞[副詞]	209 / 298 / 993	
cannot but do	342 / 344 / 345	
cannot do	70 / 927	
cannot do without [dispense with], A-B	395	
cannot help but do	343	
cannot help doing	341 / 344 / 345	
cannot [can't] have done	39 / PU14(32)	
carbon dioxide	995	
care for	387	
care wh節	949	
careless	PU2(18)	
carry	PU100(146)	
carry on	555 / 987	
carry on doing	427	
carry on with	427 / 555	
carry out	230 / 281 / 554 / 769 / 978	
catastrophe	956	
catch A by the arm	679 / PU109(226)	
catch A doing	98 / 924	
catch hold of	506	
catch on	678	
catch on (to ～)	678	
catch sight of	500	
catch up with	599	
cause	585 / 658 / 819 / PU20(41) / PU100(146)	
cause A B	27	
celebrate	835	
certainly	880	
chance	PU6(22)	
charge	935	
charge A with B	422	
charged with, A is - B	422	
cheap	940	
cheat	788	
cheat on [in / at]	924	
check	565	
chicken	962	
child like	998	
childish	998	
choose	546	
circumstances	973	
civilization	981	
civilize	981	
clear A of B	PU112(258)	
clever	PU2(18)	
collapse	405	
come	377	
come about	659	
come across	400	
come alive	670	
come by	667 / 914	
come home to	663	
come into A's mind	11	
come near doing	PU27(50)	

come of age	668	
come out	661 / 912	
come right	670	
come short of	597	
come to	669	
come to an end	589 / 656	
come to do	66 / 919 / 979	
come to light	665	
come to like	791	
come to oneself [one's senses]	669	
come true	670	
come up with	598 / 810 / 996	
come + 形容詞	670	
comfortable	522	
comforts	981	
command	PU3(20)	
companionship	993	
compare A to B	842	
compare A with B	842	
compel A to do	62 / 436 / PU22(43)	
compensate (for)	744	
competitor	997	
complain of [about]	691	
completely	955	
comprehend	367 / 788	
concerning	491	
conditions	973	
confront	862	
congratulate A on B	835	
connect A with B	771	
consider	346 / 809 / PU25(46)	
consider A (to be) B	369	
consider doing	77	
considering	116 / PU36(62)	
consist in	392	
consist of	392	
consult	823	
consult a doctor	41	
contact	587	
continue	555 / 721 / 940	
continue doing	425	
continue to do	425	
continuously	478	
contrary to	632	
contribute to	745	
control	717	
cope with	551 / 989	
cost A B	937	
cost, 『品物』+ - (+ 人) + 『費用』	5	
could not [couldn't] have done	39	
count	973	
count on A (for B)	365	
courageous	960	
coward	962	
cowardly	962	
create	996	
creative	996	
criticize	497 / 691	
cruel	PU2(18)	
cure A of B	PU112(258)	
custom	987	
cut	985	
cut down	676	

cut down on ················· 676 / **983**
cut in ··································· **677**
cut in on ·························· **677**

D

'd like to *do* ····················· 47
damn ································ **971**
damned ···························· **971**
dance *one's* way ········· **PU**110(240)
date back to ··················· **832**
date from ························ **832**
day after tomorrow, the - ···········899
day before yesterday, the ········899
day by day ··················· **PU**106(184)
deal in ····························· **550**
deal with ·························· **549**
deal with ～ successfully ············551
deceive ···························· 788
decide ··················· 751 / **926**
decide on ······················· **978**
decide to *do* ·················· **978**
decorate ··························294
decrease ························**676**
defeat ····························· **695**
defect ···························· **994**
defend ···························573
definitely ·························**872**
deliberately ·····················535
delight ·············319 / **PU**100(146)
demand ··········569 / 674 / **PU**3(20)
deny ························· **PU**25(46)
depend on A (for B) ··············**363**
deprive A of B ······ **834** / **PU**112(258)
descendant ·····················987
desirable ······················· **PU**3(20)
despise ···························503
despite ············· **283** / 284 / 920
determine ················ 751 / **926**
develop ·························· 772
devote *oneself* to ··············· **999**
die ································· 760
die out ························· **PU**105(172)
differ from ·················· 601 / **917**
directly ·················261 / **PU**88(124)
disability ························ **996**
disapprove of ·················821
disaster ··························**956**
discipline ······················· **982**
disclose ·························664
discuss ·························802
dispense with ·················**396**
display ···························783
dispose of ······················897
distinguish A from B ········· **361** / 963
distinguish between A and B ······362
do A a favor ···················· **583**
do a favor to A ·················583
do A good ······················ **508**
do A harm ······················ **509**
do A more harm than good ·······509
do away with ··········· **680** / 967
do good to A ··················508
do harm to A ·················509

do not *do* ··················· 70 / **927**
do nothing but *do* ··········· **681**
do *one's* face ·················682
do the dishes ··········· 682 / **939**
do the laundry ················780
do the sights ················ **683**
do the work ····················985
do the [*one's*] shopping ········· **682**
do with ··························· 746
do without ······················ **395**
Do you have anything in mind? ····592
Do you mind *doing*? ··············75
Do you mind my *doing*? ··········75
do, 特定の名詞と結びつく ··········682
do [does / did] + 動詞の原形
 ····························· **325** / 997
does not have, A-B ········ **PU**71(104)
don't fail to *do* ············ **PU**24(44)
don't make any sense ············748
drop A a line ················· **980**
drop a line to A ············· **980**
drop by ···················· 152 / **831**
drop in ··························· **831**
drop in at ·························152
drop in on [at] ················· **831**
dry up ························ **PU**105(172)
due to ···············**273** / **PU**90(128)
duty ································ **935**

E

each other ····················· **919**
each time
 ···········**254** / **PU**85(120) / **PU**86(120)
earn *one's* [a] living ·················750
easily ······························310
eat up ······················ **PU**105(172)
economical ····················942
effect ···························965
effective ························ **965**
either A or B ········ 206 / **PU**68(100)
either [any] one that ·········· **PU**47(76)
elbow *one's* way ········· **PU**110(240)
eliminate ······················· **997**
emit ·································701
employ ···························790
enable ············ **PU**20(41) / **PU**100(146)
enable A to *do* ··············· **312** / 989
encourage ·················· **PU**20(41)
end ·································676
end up (*doing*) ················· **969**
endure ·····························768
engage in ·························856
enjoy ························ **PU**25(46)
enjoy *doing* ························· **74**
enjoy *oneself* ········711 / **PU**12(30)
enough not to *do* ··············· **301**
enough to *do* ·············· **300** / 960
enterprise ····················· **990**
entirely ·····························955
equipment ·······················768
escape ······················· **PU**25(46)
especially ·················· 881 / 889
essential ······················ **PU**3(20)

establish ························782
evade ························ **PU**25(46)
even if ···················**277** / **PU**91(130)
even though ····**278** / 996 / **PU**91(130)
eventually ·······················645
every other ·····················950
every time
 ···········**254** / **PU**85(120) / **PU**86(120)
examine ·············· 564 / 565 / 705
excellently ····················· **974**
except for ·······················906
except that ·····················269
exchange A for B ··············· **844**
excite ··············319 / **PU**100(146)
exclude ··························828
exhaust ··························596
expect ····················81 / **PU**20(41)
expensive ······················ **940**
experience ·············· 706 / **989**
experienced ··················· **989**
explain ···························818
explain A to B ·················143
explain to B A ·················143
explode ··························703
extinguish ·······················559

F

face ································862
facility ··························· **981**
fail to *do* ············· 70 / **927** / 982
fail (in) ·························· **577**
fairly ·····························**942**
fall asleep ·········· 288 / **684** / 928
fall behind ···················· **685**
fall on ···························· **686**
fall short of ···················· **597**
family business, *one's* ········· **957**
far from ·················213 / 214 / 914
far + 比較級 + than ············ **172**
fatten ····························· **983**
feed on ··························580
feed up A with B ··············607
feel A *do* [*doing* / *done*]
 ····························· **PU**21(42) / **PU**29(54)
feel at home [at ease] ············32
feel for ···························· **688**
feel free to *do* ··········· **687** / 935
feel inclined to *do* ········ 92 / 938
feel like *doing* ················ 92 / **936**
feel *one's* way ········689 / **PU**110(240)
few ·····························**PU**65(96)
few + 可算名詞 ···················**196**
figure out ······················ **368**
fill ····································· **997**
fill in ································ **418**
fill out [up] ························ **417**
finally ······················· 643 / **872**
find ·································598
find ～ by chance ···············400
find fault with ············ **691** / 922
find it ... to *do* ··············· **14** / 966
find *one's* way ········· **PU**110(240)
find *oneself* ······················303

INDEX **325**

find out ················ 690	get A done	grasp A by the arm ········ PU109(226)
finish ··············· PU25(46)	······ 99 / 100 / **101** / **102** / PU32(56)	greenhouse effect, the ············ 233
finish doing ········· **76** / 975	get A to do ············ **64** / PU22(43)	grow up ··············· **552** / 998
fire ··················· 559	get accustomed to doing ···· **82**	grow up to be ········ PU97(140)
first of all ··············· 641	get along with ······· **419** / 911	
fit, A-B ················ **974**	get along [on] ············ 419	**(H)**
follow ············· PU6(22)	get angry ··················· 742	
foolish ············ PU2(18)	get at ················ **692**	had better do
for a while ················ 464	get down to ············ **697**	············ **45** / 921 / 947 / / PU16(36)
for all ················· **285**	get hold of ··············· **506**	had better not do ············ **46**
for fear of doing ···· **295** / PU95(136)	get in touch with ········· **587**	Had I ~ ⇔ If I had ········· **228**
for fear (that) + S + should [might /	get lost ················· **951**	Had it not been for ········ PU79(110)
will / would] do ··· **289** / PU95(136)	get married to ············ 57 / **696**	half as much + 不可算名詞 + as ··· **164**
for good ············ **876** / 923	get on A's nerves ············ **698**	half as + 原級 + as ······ 163 / PU51(80)
for nothing ·········· **28** / 476	get on (well) with ·········· **420**	hand in ··· **401** / 404 / 927 / 952
for oneself ········ PU13(31)	get one's (own) way ·········· **716**	handicap ················ **996**
for sure [certain], (know [say] -)	get one's [a] living ·········· **750**	handle ················· 549
················ 880 / **885**	get over ··············· **693** / 922	hang on ················· 543
for the first time ·········· **641**	get rid of ········· 211 / 680 / **699** / 934	hang up ················· **542**
for the first time in ········· **642**	get the better of ············ **695**	happen ·········· 659 / 794 / PU6(22)
for the good [benefit] of ······ 648	get through (with) ········ **694** / 926	happen to do ·············· 13
for the moment ············ **464**	get to ················ **416** / 920	happen to meet ············ 399
for the present ·········· **465** / 921	get to do ············ 66 / 919	hardly ··· **198** / 523 / PU65(96)
for the purpose of	get used to doing ·········· 82	hardly ~ when [before]
············· 274 / **293** / PU94(136)	gift ··················· **996**	············ **262** / **263** / 928 / PU88(124)
for the sake of ········ **648** / 936	give ~ a call [ring] ········· PU98(142)	hardly any + 名詞 ·········· **199**
for the time being ··········· **464**	give A a ride ········ **702** / PU98(142)	hardly ever ······· 35 / 199 / 950
for [against] a rainy day ······· **945**	give a cry ············ PU98(142)	has been + 形容詞 + for + 『時間』,
for [接] ··················· 266	give birth to ············· **586**	S + - ··············· PU87(122)
for [前] ············ 116 / 761 / 907	give in ·········· 401 / 404 / 972	hastily ················· **894**
for = as ··················· 761	give in to ··············· **404**	have ··················· 711
force A to do ····· **62** / 435 / PU22(43)	Give my (best) wishes [regards] to A	have A do ············ 63 / PU22(43)
force one's way (into / through)	··················· **440**	have A done ······ **45** / **99** / **100** / **101** /
················· PU110(240)	give off ················· **701**	102 / 966 / PU32(56)
forever ············ 876 / 923	give rise to ··············· **585**	have a dream ········ **929** / PU98(142)
forget doing ······· **79** / PU26(48)	give up ··········· **700** / 973 / PU25(46)	have a drink ········· PU98(142)
forget to do ········ **79** / PU26(48)	give up A for [as] B ·········· **700**	have a good command of ······ **710**
found ················· 782	give up doing ············· **700**	have a good time ········· **711**
frankly speaking ···· 167 / PU36(62)	give way ················· **405**	have a hard time ········· **711**
free from [of] ········ **215** / 952	give way to ··············· **405**	have a heart attack ········· 289
free of charge ············· 28	go about ················ **704**	have A in common ········· **593**
free, (for) - ·············· 28	go doing ················· **969**	have A in mind ············ **592**
frighten ·········· 319 / PU100(146)	go for ··················· 779	have a look at ··· 47 / **305** / PU98(142)
from ~ point of view ······· **886**	go in for ············· 390 / **708**	have a narrow escape ········ **713**
from ~ viewpoint	go mad [bad / wrong] ······ 670 / 992	have a reservation ·········· **959**
[standpoint / perspective] ······ 886	go off ················· **703**	have a rest ············ PU98(142)
from place to place ·········· **958**	go on ············· 312 / 749	have a walk ············ PU98(142)
from time to time ········ **449** / 976	go on a cruise ··············· 312	have an effect [influence] on ······ **714**
frown ················· 754	go on doing ··············· **425**	have difficulty [trouble] (in) doing
frugal ················· **942**	go on with ··············· 425	················ **86** / 922
fulfill ················· 554	go out ··········· 352 / **560** / 975	have everything one's own way ···· 716
fully ··················· **955**	go out of the [one's] way to do	have good reason to do ······· 43
furnish A with B ············ **981**	················ **709** / 796	have had enough of ········· **715**
	go over ················· **705**	have no choice [alternative] but
(G)	go through ··············· **706**	to do ············ **344** / 913
	go toward ················· 745	have no idea ············· **712**
gain ··················· 80	go with ················· **707**	have nothing for it but to do ······ **345**
gain one's [a] living ·········· 750	go without ··············· 395	have nothing to do with ······· **26**
gain weight ········· 494 / 965	go + 形容詞 ··············· 670	have one's (own) way ······ **716** / 949
generally ·········· 460 / 889	good ··············· PU2(18)	have only to do, S + - ········· **439**
generally speaking	gradually ················· 474	have passed since + S + 過去形,
············ **115** / PU36(62)	graduate from ············· **957**	『時間』+ - ········· **256** / PU87(122)
get ············· 667 / 914	grasp ················· 506	have to do with ············ 26
		have yet to be done ·· 218 / PU73(104)

have yet to *do* ········ **218** / **PU**73(104)	if it had not been for	in order that ····················287
Have you been waited on? ·······548	············· **231** / 232 / **PU**79(110)	in order (not) to *do* ····· 291 / 292 / 293
having been *done* ···············112	if it were not for	in other words ············ **471** / **PU**9(26)
having *done* ············· 73 / 111 / 924	············· **230** / 232 / 968 / **PU**79(110)	in particular ····················· **889**
head for ···························745	if not ····························· **335**	in person ················· **878** / 947
hear A *do*	if only ····························651	in place of ························ **488**
············· 61 / **PU**21(42)/ **PU**29(54)	If only + S + 仮定法！··················· **250**	in private ························ **537**
hear A *doing* ············ **96** / **PU**29(54)	if possible ··············· **PU**103(152)	in progress ·······················875
hear A *done* ············· **97** / **PU**29(54)	If + S + had *done* 〜, S' + 助動詞の	in public ·························· **536**
hear from ················ **561** / 950	過去形 + have *done* ··· **PU**75(106)	in regard to ············ **492** / 993
hear of ·························· **562**	If + S + should *do*···· **225** / **PU**77(108)	in relation to ·····················903
heavy [a lot of] traffic ··············· **920**	If + S + were to *do* ··· **226** / **PU**77(108)	in respect of ············· **189** / **493**
help A with B ···················· **837**	If + S + 過去形 〜, S' + 助動詞の	in search of, (be)········· **408** / **958**
help A (to) *do* ··················· **837**	過去形 + 原形 ······· **PU**74(106)	in shape ·························· **531**
help *oneself* to ···················· **31**	ignore ····························389	in short ·························· **468**
Here we are. ······················726	ill at ease ························ **523**	in sight ··············· **PU**107(194)
Here you are [it is]. ················726	I'm afraid ························ **946**	in spite of
hesitate ··························717	I'm afraid not. ····················· **337**	······· 177 / 271 / **284** / 285 / 901 / 920
hinder ················ **PU**100(146)	imagine ···················· **PU**25(46)	in spite of *oneself* ········· 284 / **931**
hinder A from *doing* ···············313	immediately ············· 261 / 454	in succession ····················· **479**
hire ······························790	impolite ····················· **PU**2(18)	in terms of ············· 343 / **903**
his refusal of the offer ············· **308**	important ··················· **PU**3(20)	in that ······················· **269** / 917
hit on ····························11	impose A on B ···················· **845**	in that [this] respect ············· **942**
hit A on the head ········ **PU**109(226)	impose on ·············· 375 / 845	in the beginning ···················640
hold ····························· **506**	impossible ························ **888**	in the end ··············· 645 / 912
hold A by the arm ······· **PU**109(226)	improve ·························· **973**	in the face of ············· **901** / 956
hold back ························· **717**	improvement ······················ **973**	in the first place ········· **PU**19(40)
hold good ························· **719**	impulse ··························· **969**	in the long run ····················· **645**
hold on ·························· **543**	in a final [definite] manner ········ **872**	in the way (of A) ················· **635**
hold *one's* breath ················· **582**	in a hurry ························· **894**	in those days ····················· **914**
hold *one's* temper ···············742	in a row ··························· **480**	in time ··················· **627** / 920
hold *one's* tongue ················· **581**	in a sense ························· **472**	in turn ···························· **626**
hold out ·························· **718**	in a way ··························· **473**	in vain ···················· 28 / **476**
hold the line ····················· **544**	in a word ··························468	in (the) light of ···················· **910**
hold true ························· **719**	in addition ······· 131 / **905** / **PU**42(68)	incidentally ·······················637
hold up ··························· **720**	in addition to ············ **905** / 906	increase ··················· 820 / 960
home ······························662	in advance ··············· **883** / 959	indispensable to, B is-A ············ **395**
hope for ·························· **921**	in any case ·············· **452** / 988	inform A of B ····················· **836**
how ·························· **PU**44(72)	in A's honor ························650	inhabit ···························932
How about *doing*? ·············· 63 / 85	in A's way ························· **635**	inhabitant ························932
How come + S + V ················· **951**	in behalf of ························ **649**	inherit ····························578
How long does it take to *do*? ········ **4**	in brief ····························· **469**	inquire after ······················ **568**
How much ...? ······················6	in case + S + V ······ **290** / **PU**95(136)	insist on ························· **825**
How much does it cost to *do*? ········ **6**	in charge of ······················· **900**	insist on *doing* ··················· **825**
how to *do* ········· 51 / 911 / **PU**17(39)	in common ························593	instantly ·························261
however ··········· **155** / 988 / **PU**48(76)	in detail ·························· **882**	instead of (*doing*)
	in *doing* ···························94	············ 274 / 286 / **487** / 947
I	in earnest ························· **896**	intelligence ······················ **989**
I have had enough. ················715	in exchange for ···················844	intelligent ························ **989**
I have never done + so + 原級 +	in fact ·····························962	intentionally ······················ **535**
(a +) 名詞 + as A ·················192	in fashion ············ 529 / **PU**107(194)	intermittently ·····················870
I have never *done* + such + (a +)	in favor of ························ **907**	interrupt ···························677
原級 + 名詞 + as A ···············192	in general ··········· **460** / 889 / 890	introduction ······················ **979**
I hope not. ······················· **338**	in hand ···························· **533**	investigate ························564
I hope so. ························· **336**	in haste ····························894	invisible ··························· **983**
I wish A would *do* ········ **PU**84(118)	in honor of ·························650	invite ··················· **PU**20(41)
idleness ·························· **968**	in itself [themselves]	irrelevant ························· **525**
if ································237	··················· 988 / **PU**13(31)	irritate A ···························698
if ... not ··········· 234 / 923 / **PU**80(112)	in my opinion ····················· **898**	is far from, A-B ·········· **PU**71(104)
if any ························· **PU**103(152)	in my view ························762	is free from, A-B ········· **PU**71(104)
if anything ············ 936 / **PU**103(152)	in no time ················· **457** / 741	issue ······························892
if ever ················ **PU**103(152)	in no way ············ 211 / **PU**70(102)	It costs (+ A) + 『費用』 + to *do* ······ **5**
	in order ·················· **527** / 975	It doesn't matter (to A) whether 節 **9**

It goes without saying that **93**
It happens that節 **13**
It is ... of A to *do* .... **2** / 961
It is ... that節 **7**
It is ... that節(強調構文)
.... 204 / **320** / 990 / 994
It is ... (for A) to *do* .... **1** / 933
It is a pity (that) .... 40 / 249
It is impossible to *do* **89**
It is no use [good] *doing*
.... **90** / 912 / 978
It is not A but B that [who] **321**
It is not until [till] 〜 that **259**
It is said that節 .... **8** / 162 / 918
It is true 〜, but [; yet] ...... **282** / 998
It is worth *doing* .... **PU**28(52)
It is worth while *doing* [to *do*] A
.... 91 / **PU**28(52)
It is (high [about]) time＋S＋
仮定法過去 **247**
It is [has been] ... since
.... **255** / **PU**87(122)
It is＋『時間』＋before **258**
It makes no difference (to A)
whether節 **10**
It occurs to A that節 ...... **11** / 808
It seems that節 .... **12** / 913 / 932
It takes (＋A)＋『時間・労力』＋
to *do* .... **3** / 952
It will not [won't] be long before
.... **258**
It's a wonder (that) **956**
It's no business of yours. **447**
It's none of your business. **447**

Ⓙ / Ⓚ

join (in) **390**
judging from .... **PU**36(62)
keep .... **PU**100(146)
keep 〜 to *oneself* ...... 581 / **724** / 915
keep A *doing* .... **PU**33(58)
keep A *done* .... **PU**33(58)
keep A from *doing* 313
keep A in mind **591**
keep A waiting **104**
keep abreast of [with] 600
keep an [one's] eye on **723**
keep *doing* **426**
keep early [good] hours **725**
keep from 829
keep in touch with .... **588** / 932
keep late [bad] hours **725**
keep O C .... 912 / **986**
keep off **727**
keep on trying 926
keep on with .... 426 / 721
keep *one's* temper 742
keep *one's* word [promise] **498**
keep pace with 600
keep silent 581
Keep the change. **726**
keep to **722**
keep up **721**

keep up with .... **600** / 946
keep (on) *doing* **426**
kill time 846
kill time (by) *doing* 846
kind .... **PU**2(18)
kiss A on the cheek .... **PU**109(226)
know 〜 by heart 849
know A from B **360**
know better (than to *do*) **181**

Ⓛ

lack of knowledge 994
land 495
last .... 718 / **940**
late 944
lately **944**
latest 529
lay .... **PU**30(54)
lay aside 412
lay by 413
lay off **728**
layout **729**
layoff 728
layout 729
lead .... 317 / **PU**100(146)
lead A to B 314
lead to .... 107 / **819**
learn 〜 by heart 849
learn to *do* .... 66 / **963**
leave 〜 alone **731**
leave 〜 behind **732**
leave A *doing* .... **105** / **PU**33(58)
leave A *done* .... **106** / **PU**33(58)
leave A for B **381**
leave A＋場所を表す副詞句 37
leave for .... 380 / 381
leave much to be desired 733
leave nothing to be desired
.... **733** / **PU**11(28)
leave＋O＋C 129
leave out **730**
leave something [much] to be
desired .... **PU**11(28)
less B than A .... **175** / **PU**56(86)
less＋原級＋than .... 162 / **174**
lest＋S (should) *do*
.... **288** / **PU**95(136)
let 〜 alone **731**
let 〜 down 644
let A *do* .... 59 / **65** / 972 / **PU**22(43)
let A know 65
let alone .... 180 / **874**
let go of **507**
lie .... **PU**30(54)
lie in 392
lies not so much in A as in B 130
light a fire **559**
light traffic **920**
like 863
like A better than B ...... 188 / **PU**60(92)
listen to A *do* .... **PU**21(42)
literary 958
literature 958

little .... **PU**65(96)
little by little .... **475** / **PU**106(184)
little, 文頭の 〜 328
little＋不可算名詞 **197**
live from hand to mouth **735**
live on **579**
live to be .... **PU**97(140)
live up to **734**
live within *one's* income **755**
long for **830**
look on A as B .... **370** / 991
look A in the face [eye(s)]
.... **739** / **PU**109(226)
look after **385**
look at .... 47 / 305
look at A *do* .... **PU**21(42)
look at A's face **739**
look back on **737**
look down on **503**
look for .... **406** / 688
look forward to *doing* **81**
look into **564**
look like .... **738** / 786 / **PU**113(262)
look out for **736**
look over .... **565** / 948
look to A to *do* **982**
look to A (for B) **366**
look up **563**
look up to **502**
lose **80**
lose face **740**
lose no time (in) *doing* **741**
lose *one's* temper .... **742** / 871
lose *one's* way 132
lose *oneself* 132
lose sight of **501**
lose weight **965**

Ⓜ

maintain **721**
maintain contact with **588**
major in **397**
make .... **PU**100(146)
make a choice .... **PU**98(142)
make A *do*
.... **62** / 311 / 915 / **PU**22(43)
make A *done* .... **PU**32(56)
make a face [faces] **754**
make a fool of **383**
make a point of *doing* 16
make a reservation **959**
make a rule [point] of *doing*
.... **PU**8(24)
make a special effort to *do* **709**
make a speech .... **PU**98(142)
make allowance(s) for **348**
make an effort to *do* .... 753 / 923
make an effort [efforts] **753**
make believe **747**
make do with **746**
make for .... **745** / 749
make friends with **757**

make full [good / peaceful] use of ············372	much + 比較級 + than ············ **171**	not ～ any longer ············ **PU**57(88)
make fun of ············ **382**	must have *done* ·· **37** / 937 / **PU**14(32)	not ～ any more than ············ **183**
make it ············ **756**	my attendance ············ **306**	not ～ at all ············210 / **PU**66(98)
make it a rule [point] to *do*		not ～ because ············202 / **207**
············ **16** / 939 / **PU**8(24)	**N**	not ～ either ············201 / **PU**66(98)
make it possible for A to *do* ·· **15** / 312	name A after [for] B ············ **838**	not ... until [till] ············ **252**
make light [little] of ············ **505**	name A B after [for] C ············ **838**	not A but B
make much of ············ **504** / 811	named after, A is - B ············ **838**	············ **204** / 984 / 999 / **PU**68(100)
make no sense ············ **748**	named B after C, A is ············ **838**	not a few ············ **927**
make nothing of ············ **505**	namely ············ **PU**9(26)	not all ············ **200**
make *one's* way	natural ············ **989**	not altogether [completely / quite /
············ **689** / **749** / **PU**110(240)	necessary ············ **PU**3(20)	wholly] ············ **203**
make *one's* [a] living ············ **750** / 985	need *doing* ············ **80** / **PU**26(48)	not always ············ **202** / **PU**66(98)
make *oneself* at home ············ **32**	need to be *done* ············ **80** / **PU**26(48)	not as [so] + 原級 + as ············ **162** / 174
make *oneself* heard ············ **103**	need to *do* ············ **80** / 99 / **PU**26(48)	not B at all, A is ············ **PU**71(104)
make *oneself* understood ············ **103**	needless to say ············ **PU**19(40)	not both ············ **201** / **PU**66(98)
make out ············ **367**	needn't [need not] have *done*	not either A or B ············ **206**
make progress ············ **752**	············ **PU**15(34)	not entirely ············ **203** / **PU**66(98)
make room for ············ **758**	neither ············201 / **PU**66(98)	not every ············ **200** / **PU**66(98)
make sense ············ **748**	neither A nor B ············ **206** / **PU**68(100)	not exactly ············ **203**
make sense of ············ **748**	neither + 助動詞[be動詞] + S ············ **331**	not less than ············191 / **937** / **PU**59(91)
make sure of + 名詞 ············ **759**	nervous ············ **523**	not merely [simply] A but (also) B
make sure + that 節 ············ **759** / 959	never ············ **PU**66(98)	············ **205**
make the best of ············ **374** / 919	never ... without *doing*	not more than ············191 / **PU**59(91)
make the most of ············ **373** / 919	············ **208** / **PU**86(120)	not necessarily ············ **923** / **PU**66(98)
make up ············ **743** / 954	never fail to *do* ············ **71** / **PU**24(44)	not only A but B as well ············ **205**
make up for ············ **744**	never to *do* ············ **PU**97(140)	not only A but (also) B
make up *one's* mind ············ **751** / 926	nevertheless ············ **271**	············ **168** / **205** / **PU**68(100)
make use of ············ **372** / 375 / 770 / 935	next time ············ **PU**85(120)	not quite ············ **PU**66(98)
make (both) ends meet ············ **755**	next to ············ **873**	not so much A as B
manage to *do* ············ **67** / 155 / 920 / 990	nice ············ **PU**2(18)	············130 / **167** / 175 / **PU**56(86)
manuscript ············ **952**	no better than ············ **PU**58(90)	not so much as *do* ············ **167** / 980
many ············ **927**	no bigger than ············ **PU**58(90)	not to mention ············ **56** / **PU**19(40)
many more + 複数名詞 + than ············ **173**	no fewer than ············ **PU**58(90)	not to say ············ **56**
marry ············57 / **696**	no less ～ than ············ **184**	not to speak of ············ **56** / **PU**19(40)
match ············ **707**	no less than ············ **186** / **PU**58(90)	not (～) all ············ **PU**66(98)
matter ············ **204** / **921** / **973**	no longer ············ **997** / **PU**57(88)	not (～) in the least ············ **210**
may have *done* ············ **38** / 126 / **PU**14(32)	no matter how ············ **155** / **PU**48(76)	not, 代用の ············ **337**
may well *do* ············ **43**	no matter what ············154 / 995 / **PU**47(76)	nothing ············ **PU**11(28)
may [might] as well *do*	no matter when ············ **PU**48(76)	nothing but ············ **27** / 214
············ **44** / 964 / **PU**16(36)	no matter where ············ **153** / **PU**48(76)	Nothing is as [so] + 原級 + as A
mean ············ **572**	no matter which ············ **PU**47(76)	············ **8** / 195
means ············676 / **904**	no matter who ············ **987** / **PU**47(76)	Nothing is + 比較級 + than A
meet ············734 / **776**	no more ～ than ············ **182** / 183	············ **195** / 965
memorize ············ **849**	no more than ············ **185** / **PU**58(90)	notice A *do* ············ **PU**21(42)
memory ············ **958**	no sooner ～ than	now and then [again], (every) ············ **450**
mention ············ **823**	············ **264** / 925 / **PU**88(124)	now (that) ············ **268** / 945
mess ············ **3**	No (other) + 名詞 + is as [so] + 原級	
might have *done* ············ **38** / **PU**14(32)	+ as A ············ **194**	**O**
mind ············ **PU**25(46)	No (other) + 名詞 + is + 比較級 +	object to *doing* ············ **84** / 865
mind *doing* ············ **75**	than A ············ **194**	obligation ············ **935**
Mind your own business. ············ **446**	no [not] later than ············ **402**	oblige A to *do* ············ **437**
miss ············ **PU**25(46)	no + 比較級 + than ············ **PU**58(90)	obliged to ············ **437**
mistake A for B ············ **792** / **840**	no + 名詞 ············ **PU**66(98)	observe A *do* ············ **PU**21(42)
modern ············ **529**	noble ············ **981**	obtain ············667 / **914**
mold ············ **991**	none ············201 / **PU**66(98)	occasionally ············ **448**
more A than B ············ **175** / **PU**56(86)	none the less ············ **998**	occur ············655 / 659 / **794**
more often than not ············ **871**	none the less for ············ **178**	occur to ············ **11**
more or less ············ **PU**57(88)	none the + 比較級 + 『理由文句』 ············ **178**	ocean = sea ············ **995**
most of A ············ **PU**69(100)	nor + 助動詞[be動詞] + S (+ V) ············ **332**	of help ············ **PU**99(144)
most of the time ············ **871**	not ············ **523**	of importance ············ **PU**99(144)
much less ············ **180** / **874**	not ... long before [when] ············ **257**	of interest ············ **309** / **PU**99(144)
	not ～ any ············201 / **PU**66(98)	of *one's* own ············ **639**

of one's own accord ········· 639	only ········· 27 / 185 / 214 / **PU**58(90)	permanently ········· 876
of one's own doing ········· **PU**27(50)	only have to do, S + ········· **439**	permit ········· **PU**20(41)
of use ········· **PU**99(144)	only to do ········· **304** / **PU**97(140)	permit A to do ········· 59
of value ········· **PU**99(144)	only to fail ········· 476	perseverance ········· **926**
of which ········· **122** / 146 / **PU**38(64)	onlyを含む句 / 節 + 疑問文の語順	persevere ········· **926**
of whom ········· **126** / 146	········· **329**	personal quality ········· **994**
of + 抽象名詞 ········· 309 / 998 / **PU**99(144)	oppose ········· 84 / **865**	personality ········· **994**
off and on ········· 870	optimist ········· **973**	personally ········· 878
off duty ········· **539** / **PU**116(272)	order ········· **PU**3(20)	persuade ········· **990** / **PU**20(41)
off the mark ········· 525	others ········· **911** / **922**	persuade A into B ········· **804**
off the point ········· **525**	otherwise ········· 232	persuade A out of B ········· **804**
offhand ········· **954**	otherwise, if節の代用	pessimist ········· **973**
often ········· 871	········· **239**, **PU**81(114)	photograph / photo ········· **971**
old-fashioned ········· 528	ought not to have done	physical ········· **980**
omit ········· 730	········· **42** / **PU**15(34)	physics ········· **980**
on ~'s ········· 491	ought to do ········· **PU**16(36)	pick out ········· **546**
on ~'s part ········· **918**	ought to have done	pick up ········· **545**
on a diet, go [be] -	········· **41** / 992 / **PU**15(34)	picture ········· **971**
········· 256 / **893** / 251 / **PU**116(272)	out ········· **PU**105(172)	play a joke [trick] on ········· 382
on account of ········· **271** / **PU**90(128)	out of A's control ········· **PU**72(104)	play a part [role] in ········· **847**
on and off ········· **870**	out of A's reach ········· **541**	polite ········· **PU**2(18)
on and on ········· 870	out of A's way ········· **635**	postpone ········· 766 / **PU**25(46)
on A's behalf ········· 649 / 947	out of control ········· 532	postpone doing ········· 766
on behalf of ········· **649**	out of date ········· **528**	practically ········· 466
on doing ········· **94** / **PU**88(124)	out of fashion ········· **PU**107(194)	praise ········· **496** / **933**
on duty ········· **538** / **PU**116(272)	out of hand ········· **532**	praise A for B ········· **421**
on earth ········· **326**	out of order ········· 30 / **526**	prefer A to B ········· **188** / **PU**60(92)
on end ········· **478**	out of shape ········· **530**	prefer to ~ rather than (to) ········· 188
on impulse ········· **969**	out of sight ········· 974 / **PU**107(194)	pretend ········· **747**
on my way downtown ········· 636	out of the question	prevent ········· **PU**100(146)
on no account ········· 211 / **PU**70(102)	········· **888** / **PU**107(194)	prevent A from doing ········· **313** / **973**
on one's own ········· **638**	out of the way (of A) ········· **635**	pride oneself on ········· **357**
on purpose ········· **535** / 971	out of (the) reach of A ········· **541**	privately ········· 537
on sale ········· **PU**116(272)	out of + 名詞 ········· **PU**107(194)	proceed ········· 749
on strike ········· **PU**116(272)	outstanding ········· **785**	proposal ········· **913**
on the contrary ········· **630** / **955**	over ········· **809**	propose ········· 913 / **PU**3(20)
on the go ········· **879** / **PU**116(272)	over gain, (all) ········· 248	prove ········· **PU**100(146)
on the grounds of ········· **275**	overcome ········· **693**	prove (to be) ········· 814
on the part of ········· **918**	overtake ········· 599	provide A with B ········· **423** / **981** / **982**
on the rise [increase] ········· **PU**116(272)	owe A to B ········· 274 / **841**	provide B for A ········· **423**
on the spot ········· **456**	owing to ········· **272** / **PU**90(128)	provided (that) ········· **235**
on the whole ········· **462**		providing (that) ········· **235**
on the [one's] way	**P**	ptetty ········· 942
········· **636** / 951 / **PU**116(272)	pains ········· 800 / **952**	publicly ········· 536
on time ········· **628** / 629 / 916	part from ········· **576**	publish ········· 660
on (the) air ········· **PU**116(272)	part with ········· **575**	pull A by the sleeve ········· **PU**109(226)
on (the) condition (that), if の代用	participate in ········· **391**	pull a face [faces] ········· 754
········· **237**	particularly ········· **889**	pull down ········· **765**
on [over] the phone ········· **915**	pass as ········· 761	pull one's leg ········· **384**
once in a while ········· **448**	pass away ········· **760**	pull out ········· **763**
once (and) for all ········· **872**	pass by ········· **762**	pull up ········· **764**
once [接] ········· 211 / **934**	pass for ········· 761	punctually ········· 628 / 916
one ~ the other ········· **23**	passer-by ········· 762	put ~ into [in] practice
one ~ the others ········· 23	pat A on the shoulder ········· **PU**109(226)	········· **554** / **769** / **964**
one and a half times as + 原級 + as	pay ~ a visit ········· **848**	put ~ to good use ········· **770**
········· **PU**51(80)	pay a visit to ········· **848**	put ~ to use ········· **770**
one another ········· 919	pay attention to ········· **389**	put A through to B ········· **544** / **771**
one by one ········· **PU**106(184)	pay no attention to ········· **389**	put an end to ········· **590**
one thing, (and) B is another, A is-	peaceful solution, a - ········· **921**	put aside ········· **412** / **414** / **945**
········· **25**	people ········· 21	put away ········· **414** / 971
one(s) ········· **963**	people who ~, (the) ········· 21	put by ········· **413**
one-third [two-thirds] as + 原級 +	perform ········· 230 / **554**	put down ········· **409**
as ········· **PU**51(80)	performance ········· **999**	put off ········· **494** / **675** / **766** / **938**

330

put off *doing* ··766	result from, 『結果』+-+『原因』···557	seriously ··896
put on ···**494** / 559	result in ·····································**556** / 585	serve ··548
put on weight ···494	result in, 『原因』+-+『結果』······557	set ···**PU**111(248)
put out ··**559** / 560	retrogression ···362	set about ········**780** / **925** / **PU**111(248)
put up at ··767	reveal ···················317 / 510 / **PU**100(146)	set about *doing* ································780
put up with ···768	ridicule ··382	set aside ···412
	right away ···························277 / **454** / 967	set by ··413
Q / R	right now ··**948**	set forth ····································**PU**111(248)
	ring up ···672	set in ···**781** / **PU**111(248)
quit ··700	rob A of B ····················**833** / **PU**112(258)	set off ···**380** / **PU**111(248)
quite ···942	room ··758	set out ···**379** / **PU**111(248)
quite a few ·······························273 / **927**	roughly ···································**PU**57(88)	set out to *do* ····················379 / 780 / 976
raise ···553	roughly speaking ···················**PU**36(62)	set out [off] for ·································379
rarely ··**PU**65(96)	rude ··**PU**2(18)	set up ··**782** / **PU**111(248)
rather ·································942 / **PU**103(152)	rule out ··**828**	setback ··**973**
rather than, B-A	rule out the possibility of [that]···828	settle on ···978
················167 / 175 / 994 / **PU**56(86)	run ··105	share A with B ································**843**
rather, (or)- ··**976**	run a risk ···772	sharp ··629
raw material ··**991**	run down ···773	should *do* ···································**PU**16(36)
reach ··415 / 920	run for ··**774**	should have *done*
read ···985	run into [across] ·································**399**	···················40 / 41 / **PU**15(34)
rear ···553	run out ··596	Should he ∼⇔ If he should ∼
recently ···944	run out of ··**596**	···229 / 997
recover consciousness ·······················669	run over ···773	should not have *done* ··42 / **PU**15(34)
recover from ······························693 / **925**	run short ···595	shoulder *one's* way ···········**PU**110(240)
reduce ···676	run short of ···**595**	show ······································**PU**100(146)
refer to ···823	run the risk of *doing* ····················**772**	show me the way ······························**807**
refrain from ·······························829 / 930		show off ··**783**
refrain from *doing* ·························829	**S**	show that 節[疑問詞節] ···············**317**
refuse ···813 / 953		show up ···································89 / **377**
regain consciousness ·························669	satisfy ···734	silly ···**PU**2(18)
regard A as B ·····································**369**	save ··············412 / 945 / **PU**100(146)	since ·····························**266** / **267** / 985 / **PU**89(126)
regardless of ································274 / **286**	save A B ···**318**	sit up ···**784**
regret *doing* ··································**PU**26(48)	save A the trouble of *doing* ·········318	sit up late at night ····························784
regret to *do* ··································**PU**26(48)	Say hello to A ·····································**441**	situation ··**973**
regulations ···**967**	scarcely ·······················198 / **PU**65(96)	so ... as to *do* ··································**302**
reject ··813 / 953	scarcely ∼ when [before]	so ... (that)
release ··701	······································**262** / **263** / **PU**88(124)	···············296 / 980 / 984 / **PU**96(138)
relevant ··524	scarcely any + 名詞 ························**199**	so ∼ that + S + can't *do* ···········299
relieve A of B ·····················**PU**112(258)	scarcely ever ·······································199	so as not to *do* ·········292 / **PU**95(136)
rely on A (for B) ·····························**364**	search ···407	so as to *do*
remain to be *done*	search for ··**407**	···············**291** / 293 / 985 / **PU**94(136)
················217 / 218 / **PU**73(134)	see ∼ off ·································**776** / 961	so far ··**481**
remain + C ······························962 / 968	see A as B ·································369 / 996	so far as ···**653**
remember ···810	see A *do* ·········60 / **PU**21(42) / **PU**29(54)	so long as ··**651**
remember *doing* ············78 / **PU**26(48)	see A *doing* ······95 / 931 / **PU**29(54)	so that ∼ not ··························288 / 289
Remember me to A ···············**442** / 961	see A *done* ··································**PU**29(54)	so that ∼ will [may] not *do*
remember to *do* ············78 / **PU**26(48)	see if 節 ···217	··························992 / **PU**93(134) / **PU**95(136)
remind ··········**PU**20(41) / **PU**100(146)	see much [a lot] of ··························**777**	so (that) ···································**PU**93(134)
remind A of B ·······················**316** / 976	see nothing [little] of ························777	so (that) + S + can [will / may] *do*
remove ···699	see the sights ······································**683**	···············287 / 977 / **PU**93(134) / **PU**94(136)
replace ···795	see to ···18 / **775**	so, 代用の- ··336
represent ··572	see whether 節 ···································217	so + 形容詞(副詞) + that ···**PU**96(138)
reputation ··**960**	See you later [soon]. ·······················**778**	so + 形容詞 + a + 名詞 + that
request ···569	see (to it) that 節 ···············**18** / 759 / 775	···**PU**96(138)
request that + S (+ should) + 原形	seeing that ··**267**	So + 形容詞 + is + S + that ············296
···**967** / **PU**3(20)	seem ···**PU**6(22)	so + 助動詞[be動詞] + S ······**330** / 969
require ·······························**674** / **PU**3(20)	seize ··506	so-called ···133
resemble ·························738 / 786 / 942	seldom ···············35 / 199 / 950 / **PU**65(96)	society ··**993**
reserve ··412	select ··546	solve ··816
resolve ··**988**	sell ···**985**	some ∼ others ···············**24** / 200 / 930
respect ··502	send A for B ··**779**	some ∼ some ·······································24
restrain ···717	send for ··**779**	some ∼ the others ····························24
result from ···**557**	send in ··402	

INDEX **331**

something ·················PU11(28)
Something is wrong [the matter]
  with ························29 / 443
something of a ············PU11(28)
sometimes ·················448 / 870
soon ·································887
sooner or later ······940 / PU57(88)
spare ····················PU100(146)
spare A B ·························318
spare A the trouble of doing ···318
speak ill [badly] of ···497 / 520 / 933
speak out [up] ··········PU105(172)
speak to ···························915
speak up for ·······················573
speak well of ······················496
speaking of ················PU36(62)
specialize in ······················398
spend A (in) doing ·······87 / 387 / 958
stand ·······························768
stand by ···························574
stand for ···························572
stand out ··························785
stand up for ······················573
stare A in the face [eye(s)]
  ···························PU109(226)
start ···················379 / 655 / 697 /
                780 / 781 / PU111(248)
start for ·····················379 / 381
start from A for B ···············381
statistics ··························977
stay at ······························767
stay up ·····························784
stay up all night ·················12
steal B from A ····················833
step by step ············PU106(184)
still less ···················180 / 874
stop ························700 / 764 / PU25(46) /
                              PU100(146)
stop A from doing ···············313
strict ·····················967 / 993
strictly speaking ··········PU36(62)
strike ································11
strike A on the head ······PU109(226)
stupid ····························PU2(18)
subdue ····························409
subject ····························979
subject A to B ····················851
submit ···············401 / 948 / 952
submit to ··························577
succeed in ·························577
succeed in doing ·········67 / 920
succeed to ·························578
successively ·····················478
such ... as ············135 / PU43(70)
such ... (that) ·········297 / PU96(138)
such A as B ······················983
such as, A (,) - B ···············983
such that, S + is- ···············298
such + (a)(+ 形容詞) + 名詞 + that
  ···························PU96(138)
sudden desire ····················969
suddenly ···························458
suffer from ························827

suggest
  ···········317 / 598 / PU3(20)/ PU100(146)
suggest (to A)(that) + S(+ should) +
原形 ·······················PU16(36)
suggestion ························913
suit + 『人』··························707
supply A with B ···········424 / 981
supply B to [for] A ···············424
support ···············572 / 573 / 574
suppose (that) ···················236
supposing (that) ·················236
suppress ·························409
surely ·······························880
surprise ···········319 / 797 / PU100(146)
surrender to ······················403
switch on [off] ····················558
switch (A) on ·····················261
sympathize with ·················688

T

take ·······················PU100(146)
take ~ by surprise ···············797
take ~ for granted ·······17 / 970
take ~ into account [consideration]
  ·················346 / 941 / 991
take ~ off ·················798 / 944
take A by the arm ·········PU109(226)
take a day off ···················798
take A for B ·········17 / 326 / 792 / 840
take a look at ············PU98(142)
take a rest ···············85 / PU98(142)
take a risk ···············772 / 956
take A to B ·······················314
take a walk ···············PU98(142)
take account of ·················347
take advantage of ···············375
take after
  ··············738 / 786 / 942 / PU113(262)
take A's place ·············795 / 943
take care of ·······················386
take charge of ···················900
take down ························411
take hold of ······················506
take in ····························788
take it easy ······················799
take it for granted that節 ·······17
take no notice of ················388
take notice of ····················388
take off ·····················495 / 916
take on ·····················790 / 960
take one's seat ···················246
take one's time ···················793
take one's time to do ··········741
take over ···········578 / 789 / 957 / 997
take pains ························800
take pains to do ·················800
take part in ·······················390
take place ·················659 / 794
take pride in ·····················356
take the place of ···············795
take the risk of doing ··········772
take the trouble to do ···709 / 796
take to ·····························791

take turns (at [in]) doing ····801 / 939
take up ····························787
talk A into B ······················804
talk A out of B ···················804
talk about ·························802
talk over ···················803 / 809
talking of ·····················PU36(62)
tap A on the shoulder ····PU109(226)
teach A a lesson ················535
tease ······························382
technological innovations ···946
telephone ·························672
tell ········317 / PU20(41) / PU100(146)
tell A about B ····················806
tell A from B ·····················359
tell a lie [lies] ···················808
tell me the way ··················807
tell on ····························805
tell the truth ·····················808
tend to do ··········69 / 174 / 431
than 関 ····························139
thanks to ·························274
Thanks to + S, A can do ·······312
that ~ not ························138
that is (to say) ·······470 / PU9(26)
that 関 ············120 / 123 / PU38(64)
that 代 ·····························19
That's no business of yours. ···447
That's none of your business. ···447
the A of B ·························988
the fact that節 ····················941
the first time ···············PU85(120)
the instant ·······················261
the last A to do ···········212 / 991
the last A + 関係詞節 ···········212
The line is busy. ···············544
the minute ························261
the moment ···········261 / 974 / PU88(124)
the other day ·····················915
the reason ························143
the rest ····························930
the same ~ as [that] ···135 / PU43(70)
the world ·························996
the + 形容詞 ······················917
the + 序数詞 + 最上級 ·········189
the + 比較級 ~, the + 比較級
  ···························176 / 995
the + 比較級 + 『理由文句』, (all)-
  ···························177 / 1000
the + 比較級 + of the two
  (+ 複数名詞) ·············PU57(88)
the + 名詞 + of, (倍数 +)-··PU52(80)
There be + S + doing 107 / PU34(58)
There be + S + done ··108 / PU34(58)
There is no choice [alternative] but
  to do ···························344
There is no doing ···············89
There is no good (in) doing ···90
There is no point (in) doing ···90
There is no use (in) doing ···90
There is no + 名詞 + but V ···138
There is nothing for it but to do ··345

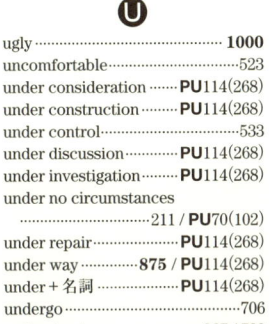

There is nothing + 比較級 + than A ································195	traffic jam, a-································918	**W**
There is something wrong [the matter] with································30	treat································549	wait for································**547**
There is something + 形容詞 + about································**PU**11(28)	True 〜, but································**282**	wait for A to *do*································**547**
these days································914	try *doing*································**983** / **PU**26(48)	wait on································**548**
things································**992**	try on································495 / 974	wake (up) to find····**303** / **PU**97(140)
think better of································**812**	try to *do*································**953** / **PU**26(48)	wander································**958**
think little [lightly] of········505 / **811**	try to find································406	want································921 / 948 / **PU**20(41)
think much [highly] of········**504** / **811**	turn down································378 / **813** / 953	want *doing*································**PU**26(48)
think nothing of································504 / 811	turn in································**402** / 927 / 948 / 952	want to *do*································47 / **PU**26(48)
think of································598 / **810** / 996	turn off································**558** / 928	watch································**723**
think of A as B································**371**	turn on································**558**	watch A *do*································**PU**21(42)
think of [about] *doing*································**683**	turn out (to be)································**814**	watch out································**736**
think over································346 / **809**	turn to A (for B)································**366**	watch out for································**736**
This is how 節································**144**	turn up································**378** / 813	We cannot *do*································**89**
those································**20** / 21	twice as + 原級 + as ····163 / **PU**51(80)	wear out································**815** / 940 / **PU**105(172)
those present································**22**		well spoken of, be-································**497**
those who 節································**21** / 309	**U**	Were I 〜 ⇔ If I were [was] 〜····**227**
though································276	ugly································**1000**	Were it not for································**PU**79(110)
thoughtful································**PU**2(18)	uncomfortable································523	What a pity (it is) 〜!································**249**
thrifty································**942**	under consideration ········**PU**114(268)	What about *doing*?································**85**
till································**252**	under construction ········**PU**114(268)	What becomes of 〜?································**949**
till [until] now································**481**	under control································533	What do you say to *doing*?································**85**
to a certain extent [degree]····**895**	under discussion ········**PU**114(268)	What do you think of 〜?································**898**
to a great [large] extent································**895**	under investigation ····**PU**114(268)	What happens to 〜?································**949**
to a [the] day································**629**	under no circumstances ································211 / **PU**70(102)	What is A like?································**712**
to an inch································**629**	under repair································**PU**114(268)	what is better················**132** / **PU**42(68)
to A's face································**521** / 933	under way································**875** / **PU**114(268)	what is called················**133** / **PU**42(68)
to be brief································**468**	under + 名詞 ················**PU**114(268)	what is more················**131** / **PU**42(68)
to be frank [honest] with you ································167, **PU**19(40)	undergo································**706**	What is S (all) about?································**929**
to be sure································**PU**19(40)	understand································367 / **788**	what is worse················**132** / **PU**42(68)
to be sure, but································**282**	undertake································790 / **990**	what is = 比較級················**PU**42(68)
to begin [start] with································**PU**19(40)	undertaking································**990**	What makes A *do*?································**311**
to do A justice································**PU**19(40)	unless································**PU**80(112)	what to *do*································**PU**17(39)
to make a long story short····**468**	unless, if の代用································**234** / 923	what we [you / they] call ································**PU**42(68)
to make matters [the matter] worse ································**132** / **PU**19(40)	unsparing································**999**	what with A and (what with) B ································**PU**42(68)
to no effect································**476**	until································**252**	what (few [little]) + 名詞 + S + V **156**
to no purpose [avail]································**477**	up································**PU**105(172)	what, A is to B-C is to D ································**134** / **PU**42(68)
to *one's* surprise································**319**	up to································**909** / 987	what 関················**128** / **129** / **PU**42(68)
to *oneself*············724 / 915 / **PU**13(31)	up to date································**529**	what + S + appears [seems] to be ································**PU**42(68)
to put it briefly································**468**	up to now································**481**	what + S + has················**130** / **PU**42(68)
to say nothing of ································**56** / 180 / 874 / 981 / **PU**19(40)	up-to-date································**529**	what + S + is················**130** / **PU**42(68)
to say the least (of it)································**PU**19(40)	use································372 / **935**	what + S + should be················**PU**42(68)
to some extent [degree]····**895** / 962	use up································**596** / **PU**105(172)	what + S + was [used to be] ································**130** / **PU**42(68)
to sum up································**468**	used to *do*································**35** / **36** / 950	what + S + will be················**PU**42(68)
to tell (you) the truth··**55** / **PU**19(40)	utilize································372 / **935**	whatever (否定の強調)································**324**
to the best of A's ability································**190**		whatever 関················**151** / **154** / **158** / 997 / **PU**47(76) / **PU**49(78)
to the best of A's knowledge····**190**	**V**	What's the matter (with you)?····**443**
to the contrary································**631**	value································**504**	What's up (with you)?································**445**
to the minute································**629**	very································**942**	What's wrong (with you)?································**444**
to the point································**524**	very busy or active································**879**	when it comes to *doing*································**83** / 965
tolerate································**768**	very few [little] + 名詞································**199**	when S + V, S + always + V ································**PU**86(120)
too ... to *do*································**299** / 946	very + 名詞································**323**	when to ································**52** / **PU**17(39)
total································**826**	via································**908**	when 関副················**142** / **147** / **PU**44(72)
to 不定詞, if 節の代用································**241**	view A as B································**369**	when 接································**94**
tradition································**987**	visible································**983**	whenever 関····**152** / 958 / **PU**48(76)
traditional································**987**	visit································671 / **848**	
traffic accident, a-································**918**	voluntarily································**639**	
	vote against································**930**	
	vote for································**930**	
	vote in favor of································**930**	

whenever 接 ············254 / PU86(120)
where to *do* ····················PU17(39)
where 関副 ·······140 / 141 / PU44(72)
wherever 関 ·········153 / PU48(76)
whether
 whether ～ or (not)
  ··················281 / PU92(132)
 whether or not
  ··········281 / 992 / PU92(132)
which to *do* ··················PU17(39)
which 関·········124 / 141 / 145 / 148 /
   149 / 960 / PU38(64)
whichever
  ·······157 / PU47(76) / PU49(78)
while ············94 / 251 / 279 / 652
who [whom] to *do* ·······PU17(39)
who 関················120 / PU38(64)
whoever 関 ·········150 / PU47(76)
wholly ···························955
whom ························PU38(64)
whose 関·······121 / 122 / PU38(64)
Why ～? ························311
Why don't you *do*? ·········944
Why not *do*? ·················944
why 関副 ·········143 / PU44(72)
wide of the mark ··············525
will do ···························464
wise ·························PU2(18)
wish for ·························618
wish + S + 仮定法過去·····248 / 948
wish + S + 仮定法過去完了 249 / 971
With ·······················PU79(110)
with a view to *doing*
  ·······················294 / PU94(136)
with all ···························285
with care ··················PU99(144)
with difficulty ············PU99(144)
with ease ········310 / PU99(144)
with nothing in *one's* hands ····119
with *one's* arms folded ·········117
with *one's* mouth full ··········118
with patience ·············PU99(144)
with pleasure ············PU99(144)
with regard to ···················492
with respect to ·········189 / 493
with which ······················125
with, if節の代用 ················240
with + A + 形容詞 ·······118 / PU37(62)
with + A + 場所を示す句
  ·····················119 / PU37(62)
with + A + 副詞 ············PU37(62)
with + A + 分詞 ··117 / 984 / PU37(62)
with + 抽象名詞
  ·················310 / 990 / PU99(144)
within A's reach ··············540
within easy reach (of A) ······540
within (the) reach of A ·········540
without ············233 / PU79(110)
without fail ·····················880
work on ·························817
work *one's* way through college
  ·····················PU110(240)
work out ························816

worth *doing*, A is- ········91 / PU28(52)
worth while / worthwhile ··PU28(52)
would ····························34
would like A to *do* ············48
would like to *do* ···········47 / 979
would rather *do* (than *do*)····49 / 188
would rather not *do* ···········50
would rather + 仮定法······PU84(118)
Would you mind *doing*? ·············75
Would you mind my *doing*? ·······75
write a letter to A ·············980
write down ·····················410
write to ·························561

X / Y / Z

X times as many + 複数名詞 + as
  ································164
X times as + 原級 + as
  ····················163 / PU51(80)
X times the size of ············165
yield to ··························403
You cannot be too careful ·········209

文法項目 INDEX

か

過去 ····················PU76(106)
仮定法
 直説法か～かの識別 ·········219
 未来の事柄についての～
  ·········225 / 226 / PU77(108)
 if を省略した～
  ·········227 / 228 / 229 / PU78(108)
 if の代用 ·······234 / 235 / 236 / 237
 if節の代用 ·········238 / 239 / 240 / 241
 if節の省略 ··············PU82(114)
 命令文 + and [or]····242 / 243 / 244
 ～の慣用表現
  ·········245 / 246 / 247 / 248 / 249 / 250
仮定法過去·········220 / 221 / PU74(106)
仮定法過去完了
  ·········222 / 223 / PU75(106)
仮定法過去・仮定法過去完了の
 ミックス型························224
関係形容詞
  ·········156 / 157 / 158 / PU49(78)
関係代名詞
 ～の基本
  ··120 / 121 / 122 / 123 / PU38(64)
 ～の省略 ·············124 / PU39(64)
 前置詞 + 関係代名詞
  ·········125 / 126 / 127 / PU40(66)
 what の用法 ···········128 / 129
 what を用いた慣用表現 ·······130 /
  131 / 132 / 133 / 134 / PU42(68)
 as / but / than
  ·········135 / 136 / 137 / 138 / 139
 as を用いた表現
  ·········135 / 136 / 137 / PU43(70)
 非制限用法の関係代名詞
  ·············145 / 146 / 148 / 149

離れた先行詞の発見
  ····················160 / PU50(78)
 ～ + 挿入節·····················159
 ～の二重限定·····················161
関係副詞 ·······140 / 141 / 142 / 143 /
   144 / PU44(72)
先行詞の省略 ···············PU45(72)
強調
 ～構文 ·············320 / 321 / 322
 語句による～···323 / 324 / 325 / 326
共通関係·········339 / 340 / PU104(154)
形式主語
 ～構文 ························PU1(18)
 ～の it とその慣用表現···· 1 / 2 / 3 /
  4 / 5 / 6 / 7 / 8 / 9 / 10 / 11
強調構文と～構文の見分けかた
  ·····················PU101(148)
形式目的語 ·········14 / 15 / 16 / 17 / 18
形容詞
 不定詞の意味上の主語に of を用
  いる主な～·············2 / PU2(18)
 that節で should または原形を用
  いる～·················7 / PU3(20)
 注意すべき語順·········PU63(94)

さ

再帰代名詞
 ～の用法 ···············PU12(30)
 ～の慣用表現 ·········31 / 32 / 33
 〈前置詞 + *oneself*〉··33 / PU13(31)
時制
 seem の 4 つの～関係
  ···················12 / PU5(22)
主語と動詞の一致
 相関的表現が主語の場合
  ·····················PU68(100)
 most of A 型の表現が主語の場合
  ·····················PU69(100)
受動態
 目的語が that節の場合の～
  ·····················8 / PU4(20)
 see A *do* / make A *do* の～
  ················60 / 62 / PU23(42)
省略 ·············333 / 334 / 335
助動詞
 〈助動詞 + have *done*〉
  ·········37 / 38 / 39 / 40 / 41 / 42 /
   PU14(32) / PU15(34)
 would *do* と used to *do*
  ·····················34 / 35 / 36
 must [may / cannot] have *done*
  ·····················37 / 38 / 39
 should [ought to] have *done*
  ·····················40 / 41 / 42
 ～を用いた慣用表現 ·······43 / 44 /
  45 / 46 / 47 / 48 / 49 / 50
接続詞
 『時』を表す注意すべき～
  ·········251 / 252 / 253 / 254 / PU86(120)
 time を用いた～表現
  ·················253 / 254 / PU85(120)
 『時』の～を用いた重要構文
  ·········255 / 256 / 257 / 258 / 259

『原因・理由』を表す〜
………… 265 / 266 / 267 / 268 / 269
『譲歩』を表す〜 ………… 276 / 277 /
　　　　　　　278 / 279 / 280 / 281 / 282
『目的』を表す〜
　　　　　　　………… 287 / 288 / 289 / 290
『程度・結果』を表す〜
　　　　　　　………………… 296 / 297 / 298
前置詞
『原因・理由』を表す群〜
………… 270 / 271 / 272 / 273 / 274
『譲歩』を表す(群)〜
…………………… 283 / 284 / 285 / 286

た

代名詞
　that / those の用法
…………………… 19 / 20 / 21 / 22
　something / nothing を用いた慣用
　表現 … 26 / 27 / 28 / 29 / **PU**11(28)
　代用 ………………… 336 / 337 / 338
動詞
　that節で should または原形を
　用いる〜 ……………… **PU**3(20)
　seem と類似の構文をとる〜
　……………… 12 / 13 / **PU**6(22)
　〈S＋V＋O to *do*〉の形をとる〜
　……………… 57 / 58 / 59 / **PU**20(41)
　〈S＋V（知覚動詞）＋O *do*〉
　……………………… 60 / 61 / **PU**21(42)
　〈S＋V（使役動詞）＋O *do*〉
　……………… 62 / 63 / 64 / 65 / **PU**22(43)
　動名詞のみを目的語にとる〜
　……… 74 / 75 / 76 / 77 / **PU**25(46)
　目的語が動名詞か不定詞かで意味
　が異なる〜
　……………………… 78 / 79 / 80 / **PU**26(48)
　lie と lay ……… **95** / **PU**30(54)
倒置
　強調のための〜 …… 327 / 328 / 329
　補語・目的語の〜 …… **PU**102(150)
　慣用的な〜 ………… 330 / 331 / 332
動名詞
　〜意味上の主語 ……………………**72**
　〜完了形 ……………………………**73**
　〜を用いた慣用表現— to *doing*
　の構文 ……… 81 / 82 / 83 / 84 / 85
　〜を用いた慣用表現— in が省略
　可能な表現 ………… 86 / 87 / 88
　〜を用いた慣用表現 … 89 / 90 / 91 /
　　　　　　　　　92 / 93 / 94 / **PU**27(50)
　独立不定詞 …… 55 / 56 / **PU**19(40)
　独立分詞構文
　…… 113 / 114 / 115 / 116 / **PU**36(62)

は

比較
　原級比較の基本 ………………… **162**
　倍数表現 ………… 163 / 164 / 165 /
　　　　　　　　PU51(80) / **PU**52(80)
　原級を用いた慣用表現
　………… 166 / 167 / 168 / 169 / 170

最上級に近い意味を表す原級表現
…………………… **PU**53(82)
〜の強調
………… 171 / 172 / 173 / **PU**54(84)
劣勢〜 ……………………………… **174**
〜の差を表す形 ………… **PU**55(85)
比較級を用いた慣用表現
………… 175 / 176 / 177 / 178 /
179 / 180 / 181 / **PU**57(88)
否定語を含む〜表現
………… 182 / 183 / 184 / 185 / 186 /
PU58(90) / **PU**59(91)
ラテン系比較級
………… 187 / 188 / **PU**60(92)
最上級を用いた表現
………… 189 / 190 / 191 / **PU**61(92)
原級・比較級を用いた最上級表現
………………… 192 / 193 / 194 /
195 / **PU**62(94) / **PU**64(95)
否定
　弱い〜
　… 196 / 197 / 198 / 199 / **PU**65(96)
　部分〜と全体〜
　… 200 / 201 / 202 / 203 / **PU**66(98)
　not と接続詞を用いた構文
　………………… 204 / 205 / 206 / 207
　〜の慣用表現
　………………… 208 / 209 / 210 / 211
　強い〜を表す副詞句
　………………… **211** / **PU**70(102)
　否定語を用いない否定表現 … 212 /
　　　　　213 / 214 / 215 / 216 / 217 / 218
複合関係代名詞 ………… 150 / 151 / 154
複合関係副詞 ……………… 152 / 153 / 155
付帯状況 … 117 / 118 / 119 / **PU**37(62)
不定詞
　〈疑問詞＋to *do*〉
　………………… 51 / 52 / **PU**17(39)
　〈be＋to *do*〉 ……… 53 / 54 / **PU**18(38)
　〈動詞＋to *do*〉
　………… 66 / 67 / 68 / 69 / 70 / 71
　『程度・結果』を表す〜
　………… 299 / 300 / 301 / 302 / 303 /
　　　　　　　　　304 / **PU**97(140)
不定代名詞 …… 23 / 24 / 25 / **PU**10(26)
分詞
　S＋V（知覚動詞）＋O *do* / *doing* /
　done ……… 95 / 96 / 97 / 98
　S＋V (have / get / make)＋O *done*
　……………… 99 / 100 / 101 / 102 / 103
　S＋V (keep / leave)＋O *doing* /
　done … 104 / 105 / 106 / **PU**33(58)
　There be＋S＋*doing* / *done*
　……………… 107 / 108 / **PU**34(58)
分詞構文
　〜の作り方 …………… **PU**35(60)
　〜の基本 …………………… **109**
　〜の否定形 …………………… **110**
　完了形の〜 …………………… **111**
　受動態の〜 …………………… **112**

ま

無生物主語
…… 311 / 312 / 313 / 314 / 315 / 316 /
317 / 318 / 319 / **PU**100(146)
名詞
　基本動詞＋a＋(形容詞＋)動詞派
　生の〜 ………… **305** / **PU**98(142)
　〈of＋抽象〜〉と〈with＋抽象〜〉
　………… 309 / 310 / **PU**99(144)
　〈out of＋〜〉の表現
　…………………… **PU**107(194)
　〈under＋〜〉の表現
　…………………… **PU**114(268)
　〈at＋〜〉の表現 ……… **PU**115(270)
名詞構文
　……… 305 / 306 / 307 / 308 / 309 / 310
目的語と補語(目的語と句)の逆転
　………………… **129** / **PU**41(66)